Sebastian Haffner, geboren 1907 in Berlin, emigrierte 1938 nach England und arbeitete dort als Journalist, vor allem für den *Observer.* 1954 kehrte er als Auslandskorrespondent des *Observer* nach Deutschland zurück, war dann (ab 1961) politischer Kolumnist, erst für die *Welt,* später (ab 1963) für den *Stern.* Er ist Autor mehrerer Bücher – darunter »Winston Churchill«, »Der Selbstmord des Deutschen Reiches«, »Die deutsche Revolution 1918/19«, »Anmerkungen zu Hitler« – und lebt heute als freier Publizist in Berlin.

Vollständige Taschenbuchausgabe
Droemersche Verlagsanstalt Th. Knaur Nachf. München

Lizenzausgabe mit freundlicher Genehmigung
des Kindler Verlags, München

Umschlaggestaltung Mendell & Oberer
Gesamtherstellung Clausen & Bosse, Leck
Printed in Germany 6 5
ISBN 3-426-03785-8

Sebastian Haffner
zur Zeitgeschichte

36 Essays

Knaur

Inhalt

Statt eines Vorworts

Es ist mit Meinungen, die man wagt, wie mit Steinen, die man voran im Brette bewegt; sie können geschlagen werden, aber sie haben ein Spiel eingeleitet, das gewonnen wird.

Goethe, Maximen und Reflexionen

Wenn ich die Meinung eines anderen anhören soll, so muß sie positiv ausgesprochen werden; Problematisches hab' ich in mir selbst genug.

Derselbe, ebenda

Über Geschichtsschreibung

Geschichtsschreibung ist in erster Linie eine Kunst; wie jede Kunst besteht sie hauptsächlich im Weglassen. Die meisten englischen und französischen Geschichtsschreiber wissen das instinktiv; deswegen sind sie so lesbar und so wirksam. Die meisten deutschen und amerikanischen Geschichtsschreiber wissen es nicht; fast alle ihre Werke sind überdokumentierte, unlesbare Wälzer (die Unlesbarkeit fängt schon damit an, daß man sie im Bett, wo die meisten Leute lesen, nicht in der Hand halten kann). Die meisten deutschen Historiker wollen dem Leser mit ihren Detailkenntnissen imponieren und ertränken ihn in Material. Der Historiker ist aber gerade dazu da, dem Leser die Materialverarbeitung abzunehmen und ihm Extrakte und Resultate zu liefern, und zwar in pointierter, griffiger Form. Das ist schwerer, als einfach seine Zettelkästen über den Leser auszuschütten; aber man wird auch dafür belohnt: Man wird gelesen, und zwar mit Genuß und Dankbarkeit.

Geschichtsschreibung ist aber auch eine Art Wissenschaft. Ich sage vorsichtig »eine Art Wissenschaft«, denn eine wirkliche Wissenschaft, wie etwa Philologie und Mathematik, Physik und Biologie, ist sie nicht. Das Material ist zu widerstrebend, und die Werkzeuge sind zu stumpf. Die »Quellen« – du lieber Gott! Die Quellen sind hauptsächlich die Zwecklügen von verstorbenen Politikern oder Höflingen. Politische Geschichte ist ja, ähnlich wie Kriminalistik, immer mit der Sisyphus-Arbeit beschäftigt, Taten aufzuklären, deren Täter alles Interesse daran hatten, sie der Aufklärung zu entziehen; während Sozialgeschichte und Ideengeschichte wiederum nachträglich wissen und verstehen möchten, was die Leute damals, als sie es erlebten, selber nicht wußten und nicht verstanden. Im Grunde genommen versucht die »Geschichtswissenschaft« ständig das Unmögliche.

Trotzdem, wenn die Geschichtsschreibung den Versuch der Wissenschaftlichkeit ganz und gar aufgibt, artet sie in reine Legendenproduktion und Propaganda aus, und das ist auch wieder nichts. Mindestens zwei wissenschaftliche Erfordernisse muß ein Geschichtswerk erfüllen: Es muß sein Thema definieren, sozusagen eine beantwortbare Frage stellen; und es muß ein Denk- und Begriffssystem erkennen lassen, mit dem es seinem Material zu Leibe geht. Viele Historiker sind sich selbst nicht darüber im klaren, von welchem Standpunkt aus und mit welchem begrifflichen Koordinatensystem sie eigentlich arbeiten, sie betrügen sich und ihre Leser mit der Illusion der »Voraussetzungslosigkeit«. Dabei kann nichts Brauchbares herauskommen.

Arthur Rosenberg stellt sich in der »Entstehung der Weimarer Republik« eine klare Frage, er operiert wie ein Physiker, der ein Experiment macht und Nebenerscheinungen möglichst eliminiert. Er will wissen – genau wissen –, wie aus dem Bismarckschen Kaiserreich die Weimarer Republik geworden ist. Dazu muß er die Vorgeschichte und Geschichte des Ersten Weltkrieges erforschen, erzählen und zum Teil analysieren, und das tut er – knapp, glänzend, pointiert, sozusagen mit zusammengekniffenen Augen scharf hinsehend; aber immer nur unter dem ihn interessierenden Gesichtspunkt der verfassungspolitischen Transformationen, die damals unter dem Druck der Ereignisse erst fast unmerklich, dann immer überstürzter in Deutschland vonstatten gingen. Er läßt sich durch die (an sich ja hochinteressanten) außenpolitischen und militärischen Seiten des Ersten Weltkrieges nicht ablenken, er bleibt streng bei der Sache, und das macht seine Darstellung schlüssig, sinnvoll und, nebenbei, enorm spannend.

Diese Konzentration aufs Thema, die übrigens eine höllische Selbstdisziplin erfordert – es gibt, wenn man in eine Geschichtsperiode forschend eindringt, immer so viele verlockende Seitenwege, es ist immer noch so viel anderes passiert, was eigentlich auch schrecklich interessant war –, ist meiner Lesererfahrung nach das Hauptgeheimnis erfolgreicher Geschichtsschreibung. Dadurch schaltet der Historiker nämlich den Zufall aus.

In gewissem Sinne könnte man ja sagen, daß Geschichte nur aus Zufall besteht, und das ist es, was sie oft so langweilig macht. Was ist ermüdender als eine unabsehbare Folge und Häufung von Zufällen? Aber wiederum, was ist Zufall? Nur eine Frage der Betrachtungsweise. Stell dich quer zur Geschichte, sieh das Geschehen eines Tages oder eines Jahres oder auch einer ganzen Epoche sozusagen von der Seite an, wie es die Zeitungen tun,

und du siehst nur Zufall. Stell dich längs, konzentriere dein Fernrohr auf eine und nur eine Frage, schirme alles ab, was nicht zur Sache gehört, und der Zufall verschwindet wie durch Zauber. Das ist Historik, im Gegensatz zum Journalismus. Leider sind viele Historiker nur Journalisten des Gestern. (Rankes berühmtes Leitziel, wissen zu wollen, »wie es eigentlich gewesen ist«, ist als Arbeitsanleitung nicht ungefährlich. Man muß sofort zurückfragen: »Wie *was* eigentlich gewesen ist?«).
Rosenberg ist ein Marxist, also ein Mann, für den der Klassenkampf der Schlüssel zur Geschichte ist. Das mag manchen nichtmarxistischen Leser abschrecken (ich bin selber kein Marxist), aber es hat seine Vorteile. Mindestens hat er überhaupt einen Schlüssel, mindestens weiß man, woran man bei ihm ist, und fühlt sich nicht, wie bei so vielen Historikern, in der Hand eines Fremdenführers, der sich in der Gegend, durch die er einen führt, selber nicht auskennt. Außerdem aber ist die marxsche Kartographie gerade für die Periode, durch die Rosenberg seine Leser führt, eben doch sehr ergiebig; man kommt mit ihr auf manche Aussichtspunkte, die anders kaum zugänglich sind.
Marx war ja nicht nur ein Prophet, sondern auch ein Wissenschaftler; nicht nur der Erzvater aller kommunistischen Parteien, von denen heute freilich keine mehr marxsche Politik macht, sondern auch der eigentliche Begründer der wissenschaftlichen Soziologie, die sich seither freilich auch von Marx wegentwickelt hat. Marx' Soziologie war sozusagen soziologische Mechanik; die heutige ist mehr soziologische Chemie. Marx sah die Klassen als gegebene feste Größen und analysierte ihre Beziehungen, die sich bei ihm fast wie Beziehungen zwischen Staaten ausnehmen: Herrschaft, Unterwerfung oder Kompromiß, Kampf, Waffenstillstand, Bündnis. Heute interessiert man sich mehr dafür, was Klassen eigentlich sind, wie sie entstehen und vergehen, sich wandeln, verschmelzen, scheinbar verschwinden und sich unversehens neubilden. Man kann mit dem Marxschen Begriffsinventar den heutigen sozialen Entwicklungen gerade in den sozialistischen Ländern nicht beikommen und denen in den kapitalistisch gebliebenen oft auch nicht mehr so recht.
Aber für sein eigenes Jahrhundert, das europäische Jahrhundert zwischen der Französischen und der Russischen Revolution, bleibt der wissenschaftliche Marxismus eine sehr fruchtbare Betrach-

tungsweise; und mit diesem Jahrhundert hat es Rosenberg ja zu tun.

Dies Jahrhundert war nämlich wirklich das klassische Jahrhundert des Klassenkampfs, und ein sozialanalytischer Geist wie Marx wurde auf seine Theorien und Doktrinen geradezu mit der Nase gestoßen durch das, was rund um ihn herum überall vor sich ging. Das 19. Jahrhundert war, sozusagen, das marxistische Jahrhundert. Seine aristokratischen und bürgerlichen Politiker ebenso wie seine Revolutionäre waren im Grunde alle gute Marxisten, wenn auch natürlich gänzlich unbewußte; sie alle machten in aller Unschuld im Interesse der einen oder anderen Klasse die Art von Klassenpolitik, die Marx analysierte. (Wo Marx meiner Meinung nach irrte, war darin, daß er den Klassenkampf seiner Zeit in die gesamte Vergangenheit zurückprojizierte und aus der gesamten Zukunft verbannen zu können glaubte.) Heutige Klassenpolitik wird in Ost und West etwas anders gemacht; sie wartet noch auf ihren Marx. (Es ist ähnlich wie mit Freud, dessen Entdeckungen auch nur so lange stimmten, wie sie noch schockierten; als man aufhörte, die Sexualität zu verdrängen, füllte sich das Unterbewußtsein alsbald mit anderen, neuen Verdrängungen, die noch auf ihren Freud warten.) Da Rosenbergs Geschichte sozusagen in der spätmarxistischen Periode spielt, vor der russischen Revolution, trifft es sich sehr gut, daß sie von einem Marxisten erzählt wird; er kann sie uns viel besser erklären, als es z. B. ein Katholik oder ein Liberaler könnte.

Es ist ja überhaupt so, daß zeitgenössische Geschichte die beste Geschichte ist. Thukydides bleibt nicht zufällig das unerreichte Vorbild aller Historiker. Im Grunde weiß eben doch nur der Zeitgenosse, »wie es eigentlich gewesen ist«. Alle Quellenforschung und Quellenkritik ersetzt nicht die eigenen Augen, die es wirklich gesehen haben, und vor allem nicht die eigene Nase, die es wirklich gerochen hat. Es gibt für den Historiker räumlich und zeitlich eine Art Idealdistanz zu seinem Gegenstand: räumlich die des gerade noch Beteiligten, der dabei war und ein bißchen mitgemischt hat, ohne geradezu im Mittelpunkt zu stehen; zeitlich ungefähr zehn bis zwanzig Jahre danach, wenn sich die Erinnerung gesetzt hat, aber noch nicht verblichen ist. Genau dies war Rosenbergs Distanz von den Ereignissen, als er die Entstehung der Deutschen Republik schrieb. Daß er außerdem noch ein Mann von hoher Wahrheitsliebe und Fairneß war, ein gelernter Fachhistoriker und ein glänzender Schriftsteller, ergab einen Glücksfall, für den ich in Deutschland im 20. Jahrhundert keine Parallele weiß.

Arthur Rosenberg
Entstehung der Weimarer Republik
Europäische Verlagsanstalt, Frankfurt/Main

Der Dreißigjährige Krieg
(geschrieben 1965)

C. V. Wedgwoods »Dreißigjähriger Krieg«, den ich gerade zum zweitenmal gelesen habe, ist immer noch die beste Monographie über den Dreißigjährigen Krieg, die es gibt, immer noch das letzte Wort der Geschichtsschreibung über diesen Gegenstand, und es ist heute aktueller als je – wie ich beim Wiederlesen, auf Kosten meines Schlafs, bemerkt habe.

Als ich das Buch zum erstenmal las, noch in meiner Londoner Zeit, las ich es hauptsächlich mit ästhetischem Vergnügen. Es ist wunderbar geschrieben (für meinen Geschmack viel besser als Ricarda Huchs überopulent instrumentierter »Großer Krieg in Deutschland« – viel sparsamer, präziser, federnder), und es ist wunderbar komponiert. Die ganze Wirrnis wird durchsichtig, die verschlungene politische Handlung verständlich, das Ineinandergreifen der Motive, die Riesenbesetzung an dramatis personae – alles ist so sauber und appetitlich auseinanderseziert wie eine Wagnerpartitur in einer Toscanini-Aufführung. Außerdem hat man ein höchst angenehmes Gefühl von Verläßlichkeit, man fühlt sich sozusagen in guten Händen. Denn Miß Wedgwood ist die Fairneß selbst, nicht nur gegenüber den historischen Personen, mit denen sie es zu tun hat (sie nimmt nicht Partei, sie nimmt es niemandem übel, daß er seinen eigenen Interessen und auch seinen eigenen Vorurteilen folgt, sie schreibt mit Nachsicht und Mitleid, sie versteht und verzeiht sogar viel Fanatismus und Uneinsichtigkeit, nur gegen eitle Unzulänglichkeit wird sie manchmal empfindlich) – aber sie ist vor allem fair gegenüber dem Leser. Wenn sie etwas nicht weiß oder wenn etwas verschiedene Auslegungen zuläßt, dann sagt sie das. Welche Wohltat!

Damals also, vor fünfzehn Jahren in London, habe ich das Buch einfach genossen. Jetzt aber, 1965 in Deutschland, als ich den Genuß wiederholen wollte, bin ich erschrocken und habe mehrfach nach der Lektüre nicht schlafen können, denn ich habe mit Bestürzung in dem Deutschland des Dreißigjährigen Krieges das Deutschland von heute wiedererkannt. Es ist vollkommen unheimlich, wie porträtgetreu alles damals schon da war – die schreckliche Mittelmäßigkeit der Politiker, der kleinkarierte, pedantische Stil, die phrasendrescherische Wichtigtuerei, die Freude an der Rechtsfiktion als Mittel der Politik, die ständige Bereitschaft, ein Haus anzuzünden, um eine Suppe daran zu kochen, die Realitätsblindheit, die selbstverständliche und ungraziöse Korruption, die (damals theologischen) großen Worte für kleinste und kleinlichste Interessen, die jederzeitige Bereitschaft, fremde Mächte als Verbündete gegen den andersgläubigen Landsmann und Nachbarn zu suchen, das Sture, Enge, Verbiesterte, Unduldsame, Verfolgungssüchtige – und unten, beim Volk, die Lammsgeduld, die unerschütterliche Untertänigkeit, die unerschöpfliche Bereitschaft, alles mit sich machen zu lassen, aber leider auch die unbegrenzte Bereitschaft zur Brutalität auf Befehl – o Gott, o Gott! Es war alles ganz genauso schon damals da. Und es hat damals immerhin schon einmal Deutschland an den Rand der Selbstausrottung gebracht – obwohl es damals noch keine Atombomben gab.

Auf Schritt und Tritt begegnet man in dieser vor fast dreißig Jahren geschriebenen Geschichte einer mehr als dreihundert Jahre zurückliegenden deutschen Katastrophe lieben bekannten Gesichtern aus der deutschen Gegenwart. Soviel vertraute Mittelmäßigkeit – und so ungeheuerliche Resultate! Auf den ersten Blick scheint das Mißverhältnis zwischen Taten und Tätern unfaßbar. Aber es ist wohl so, daß eine bestimmte Sorte von Dummheit das Allerschrecklichste auf der Welt anrichtet. Diese Art von Dummheit, und dazu die heutigen Waffen – nicht auszudenken.

Die ungeheure Verwüstung Deutschlands durch den Dreißigjährigen Krieg bleibt übrigens etwas Rätselhaftes – auch wenn man, mit Miß Wedgwood, ausrechnet, daß Deutschland in den dreißig Jahren nicht, wie die Legende behauptet, drei Viertel, sondern »nur« etwas über ein Drittel seiner Bevölkerung verlor, etwas über sieben von ungefähr einundzwanzig Millionen. Es gab ja damals noch nicht einmal Sprengstoff, Gas und Flammenwerfer; die Artillerie war nach heutigen Begriffen spielzeughaft, und die Armeen waren klein; selten mehr als 20000 bis 30000 Mann, und selten operierten mehr als höchstens drei oder vier davon gleichzeitig – in einem Gebiet, das ja auch damals schon ebenso groß war wie heute. Wie brachten sie es fertig, halb Deutschland zur Wüste zu machen und mehr als sieben Millionen Menschen umzubringen?

Offensichtlich nicht mit dem bloßen Säbel. Offensichtlich wurde der allergrößte Teil der Verwüstung nicht direkt angerichtet, sondern indirekt. Die wenigsten Opfer fielen in der Schlacht oder bei Plünderungen, die meisten kamen durch Seuchen um oder durch Hunger und Kälte, und die wenigsten Landstriche wurden direkt verwüstet, die meisten verkamen durch die Flucht ihrer Bewohner – die dann ihrerseits irgendwo starben und verdarben. Offenbar begann von einem gewissen Zeitpunkt an – besonders im letzten Drittel des Krieges – die aus ihrer Ordnung geworfene, in ihren Funktionen gestörte Gesellschaft hilflos gegen sich selbst zu wüten, so wie heute eine bombardierte Großstadt selbst für ihre Bewohner tödlich wird, so daß am Ende die einstürzenden Häuser und die ausströmenden Gasleitungen mehr Leute töten als die Bomben selbst. Der Krieg selbst schuf nur eine Infektion, die dann unkontrollierbar um sich griff.

Offensichtlich hantierte die damalige Strategie mit Mitteln, deren Auswirkungen sie nicht im Griff hatte und nicht berechnen konnte; sie wußte ganz buchstäblich nie, was sie tat. Die Art der Kriegführung sprengte den Rahmen der damaligen Zivilisation – genau wie heute, wo ja die Kriegsmittel noch deutlicher den Rahmen der gegebenen Zivilisation sprengen und vollkommen unabsehbare Kettenreaktionen von Zerstörung auslösen würden. Diesmal weiß man das ja sogar im voraus.

Wenn man sich dadurch nur abschrecken ließe! Aber gerade in Deutschland tut man das ja keineswegs. Die Politik, die man heute hier macht, ist bis in Einzelheiten dieselbe, die man damals machte. Dieselbe behagliche Unduldsamkeit, die in aller Unschuld bis zur Ausrottung des Andersdenkenden zu gehen bereit ist; und dieselbe naive Unbedenklichkeit in der Wahl der Mittel, die dann schließlich auch die eigene Ausrottung in Kauf nimmt. Die deutschen Politiker, die heute die Freiheit mit Atombomben retten wollen, sind getreue Nachfolger des Kaisers Ferdinand II., eines persönlich liebenswürdigen Mannes, der erklärte, er wolle lieber keine Untertanen haben als ketzerische.

Die allerunheimlichste Parallele aber bietet die Bereitschaft, ja die Sucht der damaligen Deutschen, sich zum Zweck der gegenseitigen Ausrottung mit fremden Mächten nicht nur zu verbünden, sondern zu identifizieren. Damals genau wie heute waren die Deutschen geradezu darauf versessen, gegeneinander übernationale, ideologisch bestimmte Verbindungen einzugehen und einen deutschen Bürgerkrieg nach Möglichkeit zum Weltkrieg in Deutschland zu machen. Die Protestanten holten nacheinander die Dänen, Schweden und Franzosen ins Land, die Katholiken die Spanier und Italiener. Die deutschen Fürsten und ihre Kanzler und Berater kamen sich genauso weise und staatsmännisch vor wie die heutigen deutschen Politiker, wenn es ihnen mit Gottes Hilfe glücklich gelungen war, sämtliche fremden Konflikte nach Deutschland hereinzuhüten. Und genau wie heute mußte das Supranationale dazu herhalten, das Subnationale möglich zu machen, und der Separatismus spielte sich als Kreuzzug auf. Die eigentlich furchtbarste Pointe des Dreißigjährigen Krieges ist noch nicht einmal, daß sämtliche in Europa schwelenden Brände allmählich nach Deutschland wie in einen Feuerwirbel hereingesaugt wurden und daß Deutschland darüber beinah zugrunde ging: sondern daß genau dies von den maßgebenden deutschen Politikern der Epoche ständig als ihr höchstes Interesse (wohl gar als höchstes deutsches Interesse) angesehen wurde, und daß sie mit dem besten Gewissen selbst in den letzten und schlimmsten Jahren alles taten, um diesen erwünschten Zustand nach Kräften zu erhalten und zu verlängern. Die Veranstalter der Katastrophe präsidierten über sie bis zum Ende mit störrischer Selbstzufriedenheit und bieder-behaglicher Pedanterie, vollkommen überzeugt, alles prächtig gemacht zu haben.

1643, nach fünfundzwanzig Jahren Krieg, bot der Kaiser, inzwischen Ferdinand III., allen seinen deutschen Feinden einen Reichsdeputationstag in Frankfurt an und allen fremden Mächten einen Friedenskongreß in Münster. Aber die Reichsstände – heute würde man sagen: die deutschen Parteien – bestanden darauf, die innerdeutschen Streitigkeiten auf den internationalen Kongreß zu tragen – heute würde man sagen: die vier Mächte nicht aus ihrer Verantwortung für Deutschland zu entlassen; und hielten dann den Doppelkongreß von Münster und Osnabrück fünf Jahre lang durch gegenseitige Nichtanerkennung, Verhandlungsverweigerung und genießerisch ausgetüftelte protokollarische Haarspalterei auf (die Unmöglichkeit, nichtanerkannte und daher nichtexistente Potentaten am selben Ort zu treffen, spielte eine große Rolle), während Deutschland fünf Jahre lang weiter verwüstet wurde. Das alles ist heute unheimlich zu lesen. Vielleicht wird man sagen, daß ja heute immerhin nicht geplündert und gebrandschatzt wird und daß wir, während die Politiker ihren Vorfahren aus den 1640er Jahren nacheifern, in den 1960er Jahren immerhin ganz behaglich in Deutschland leben. Das stimmt schon. Wenn sich nur nicht inzwischen immer mehr und immer bessere Atomwaffen in Deutschland anhäuften. Wozu die Dummheit damals dreißig Jahre brauchte, das könnte sie heute schließlich doch noch in dreißig Stunden schaffen; sogar in dreißig Minuten.

C. V. Wedgwood
Der Dreißigjährige Krieg
List Verlag, München

Preußen

Wenn man anfängt, über Preußen ernsthaft nachzudenken, kommt man aus dem Staunen nicht mehr heraus. Die Geschichte Preußens ist die phantastischste Geschichte, die es gibt.
Sie ist kurz wie ein Gewitter. Bis 1700 hat es kein Preußen gegeben, und jetzt gibt es auch keins mehr. Kein europäischer Staat ist je so spurlos, so gänzlich unwiederherstellbar von der Bildfläche verschwunden wie Preußen.
Aber keiner hat in so kurzer Zeit so viel erlebt und so viel getan. Preußen, das war ein ununterbrochenes Drama, ständige Hochspannung, ständige Entladungen, Schlag auf Schlag. Und alles aus dem Nichts. Und danach plötzliche Stille – und wieder: nichts.
Die eigentliche preußische Geschichte dauerte nur gut anderthalb Jahrhunderte, von Friedrich Wilhelm I. bis Bismarck. Die sogenannte Vorgeschichte ist nichtssagend. Die Kurfürsten von Brandenburg waren Duodezfürsten wie viele andere; die Ordensritter längst nur noch dekorative Scheinexistenzen (was sie nicht hinderte, aufs heftigste dagegen zu protestieren, daß der Kurfürst von Brandenburg sich 1701 »König in Preußen« nennen durfte; wenn es nach ihnen gegangen wäre, hätte es Preußen nie gegeben). Im übrigen hatte das Königtum Friedrichs I. ja wirklich etwas nicht ganz Ernstzunehmendes, etwas von Großtuerei.
Und dann geht es plötzlich los: unter Friedrich Wilhelm I. die unheimliche, gewaltsame Machtakkumulation in diesem armen kleinen Sandstaat, und unter Friedrich dem Großen dann seine unglaubliche internationale Karriere: erst nur ein frecher Raubritterstreich, aber dann die sagenhafte Zähigkeit und Tapferkeit, mit der Preußen, seinen Raub verteidigend, sich gegen drei Großmächte durchbeißt. Und nun, ehe man sich's versieht, ist es selber Großmacht und beginnt, in Europa herumzuregieren . . .
Bei alldem ist es immer noch ein merkwürdig künstliches Gebilde, auf der Landkarte wie ein dünner Bumerang anzusehen, mit überlangen Grenzen und einem lächerlich schmalen, wurmförmi-

gen Körper, übrigens immer noch arm wie eine Kirchenmaus, ganz Knochen und Muskel, keine Unze Fett. Aber dann setzt es auch Fett an oder wenigstens Fleisch: 1795 bedeckt Preußen, jetzt ein Zweivölkerstaat, fast dasselbe Gebiet wie heute die DDR und Polen zusammen (wenn sie sich zusammentäten, könnten sie sich mit historischem Recht Preußen nennen), und gleichzeitig beginnt es in Preußen auf einmal kulturell hoch herzugehen: In Berlin blüht die romantische Schule auf, in Königsberg lehrt Kant. Außerdem wird Preußen hochmodern. 1799 kann ein preußischer Minister zum französischen Gesandten sagen: »Die heilsame Revolution, die ihr von unten nach oben gemacht habt, wird sich in Preußen langsam von oben nach unten vollziehen. Der König ist Demokrat auf seine Weise« – wie Friedrich Wilhelm I. Sozialist gewesen war, auf seine Weise.

Die preußische Geschichte, die meine Generation auf der Schule gelernt hat (und die wohl noch heute in manchen deutschen Schulen spukt), redet um diese glänzende Periode schamhaft herum, genau wie um die Zusammenarbeit mit Napoleons Frankreich nach dem Frieden von Basel, die Preußen die Vorherrschaft in ganz Norddeutschland eintrug – 1806 war Preußen schon nicht mehr nur Polen plus DDR, sondern Polen plus DDR plus die halbe Bundesrepublik; es regierte vom Bug bis zum Niederrhein. Dann wurde es übermütig, und dann war plötzlich alles vorbei, und 1807 existierte Preußen überhaupt nur noch von Gnaden Rußlands, und zwar wieder nur als Friedrichs schmaler Bumerangstaat. Und 1815 ist es dann doch, fast ebenso plötzlich, wieder eine Beinah-Großmacht und Deutschlands Nummer zwei, aber nun mit einem ganz anderen Staatskörper: ohne Polen (bis auf einen kleinen Rest), dafür mit dem ganzen Rheinland und dem halben Sachsen, ein merkwürdig zerrissener norddeutscher Staat, dessen getrennte Teile einander, ohne sich zu berühren, die Zeigefinger entgegenstrecken wie Gottvater und Adam bei Michelangelo.

Abenteuer genug, aber das größte und tollste Abenteuer kommt erst noch. Immerhin, der Charakter Preußens ist jetzt etabliert. Er hat vier Merkwürdigkeiten.

Erstens: Preußen existierte immer am Rande des Nichts. Eben noch ganz unbedeutend, dann Großmacht, dann zweimal plötzlich fast wieder ausgelöscht (1761, 1806), dann doch wieder

Großmacht. Graf Thun, der österreichische Vertreter beim Frankfurter Bundestag, sagte 1851 zu Bismarck: »Preußen ist wie ein Mann, der in der Lotterie gewonnen hat und seitdem einen solchen Gewinn jedes Jahr in seinen Haushalt einsetzt.« Bismarck antwortete: »Wenn Sie das meinen, werden wir wohl noch einmal in dieser Lotterie spielen müssen.« Tat's und behielt recht. Aber der Österreicher hatte auch recht. Preußen hatte wirklich immer etwas Hochgefährdetes, bei aller Tüchtigkeit fast Unwirkliches, fast Spukhaftes – man konnte es sich jederzeit wegdenken, es konnte plötzlich wieder ganz zu nichts werden, so wie es ja jetzt tatsächlich ganz zu nichts geworden ist.
Zweitens: Es hatte keine geographische Stabilität. Es dehnte sich aus und zog sich wieder zusammen wie ein Schifferklavier, und es rollte auf der europäischen Landkarte hin und her wie eine Quecksilberkugel auf einer Glasplatte – reichte einmal bis Warschau und dann wieder nur bis Frankfurt an der Oder, einmal bis Aachen und dann wieder nicht einmal bis Magdeburg. 1795 war Preußens Strom die Weichsel, zwanzig Jahre später hielt es die Wacht am Rhein. Es war unverwechselbar immer derselbe Staat – aber mit immer wechselnden Untertanen. Von denen es übrigens hieß:

»Niemand wird Preuße denn durch Not.
Ist er's geworden, dankt er Gott.«

Drittens: Es hatte den widersprüchlichsten politischen Charakter – es war, und zwar fast sein Leben lang, zugleich das reaktionärste und das fortschrittlichste, zugleich das ungemütlichste und das duldsamste Land Europas. Der Militarismus, die barsch in alles hineinredende Bürokratie, die Steuerlast, die Junkerherrschaft, der Korporalstock – das alles war preußisch, ohne Zweifel. Aber preußisch war auch vollkommene Religionsfreiheit und Toleranz zu einer Zeit, als man anderswo noch nicht einmal davon zu träumen wagte, das weitherzigste Asylrecht, Volksschulen in jedem Dorf, eine Justiz ohne Folter, Aufklärung, Freigeisterei, sogar, schon im 18. Jahrhundert, eine gewisse Pressefreiheit. Fontane schrieb 1892 in einem Brief: »Solange in den obersten Behörden der altpreußische liberale Geist lebt und sich nicht bange machen läßt, so lange ist keine Gefahr.« Der altpreußische liberale Geist! Klingt ungewohnt, aber es gab ihn tatsächlich, und nicht nur in den Zeiten Humboldts und Hardenbergs. Aber im-

mer zugleich mit einer furchtbar harten und fordernden, manchmal brutalen Staatsdisziplin.
Viertens: Preußen war reiner Staat – der Staat an sich, der abstrakte Staat wie kein anderer. Es gab kein preußisches Volk, keine preußische Nation; nicht einmal einen preußischen Stamm. Der König war bekanntlich der erste Diener des Staates, der Adel war privilegiert, aber nur, damit er dem Staat seine Offiziere und Beamten stellen konnte (einen privilegierten Adel gab es im 18. Jahrhundert überall in Europa; was es nur in Preußen gab, war ein privilegierter Adel, der seine Privilegien nicht genießen durfte, sondern lebenslänglich für den Staat schuften und bluten mußte). Alle Preußen dienten dem Staat. Aber wem diente der preußische Staat? Nur sich selbst – das war das Erschreckende. Keiner Idee oder Ideologie, keiner »Sendung«, keiner Religion, keiner Nation. (Gerade das erklärt vielleicht seine eigentümlich kühle Liberalität.) Dieser Staat war Selbstzweck. Niemals und nirgends sonst hat es ein solches l'art pour l'art reiner Staatlichkeit gegeben, und von hier aus wird es verständlich, daß Hegel, immerhin ein unbestechlicher Denker und obendrein ein Schwabe, den preußischen Staat als die vollkommenste Verkörperung der Staatsidee schlechthin ansehen konnte.
Aber die Menschen mögen die Abstraktion und das l'art pour l'art nicht, ertragen es vielleicht nicht einmal, es ist ihnen unheimlich. Preußen war unheimlich. Und von 1815 an ließen die Deutschen nicht ab, diesem unheimlichen Preußen, da es offenbar nicht abzuschaffen war in seiner trotzigen Zwecklosigkeit, einen Zweck anzudienen und anzuhexen, eine Aufgabe, eine Mission, eine Sendung. Und zwar eine »deutsche Sendung«. Die nachnapoleonischen Deutschen wollten ihren Nationalstaat – und Preußen sollte ihn schaffen. Das sollte Preußen von seiner Zwecklosigkeit befreien, es mit einer Aufgabe und Sendung versehen. Schmeichelhaft für Preußen, verführerisch – und tödlich.
»Preußens deutsche Sendung« – das ist Treitschkes große Erfindung, er hat die ganze deutsche und preußische Geschichte daraufhin neugedichtet, und später haben es ihm dann alle nachgebetet. Preußen, der Einiger Deutschlands – das war nun seine historische Bestimmung und war es immer gewesen, dazu 1740 und 1757 und 1807 und 1813, dafür hatte es sich großgehungert und großgekämpft, das war seine Tat und sein Ruhm. Alles Un-

sinn. Die Preußen wollten gar nicht. Fünfzig Jahre wehrten sie sich verzweifelt gegen die ihnen aufgedrängte Sendung. Selbst Bismarck sprach in den 1850er Jahren noch von dem »deutschnationalen Schwindel«. Er wollte preußische Politik machen, weiter nichts. Und als seine preußische Politik ihn dann doch, im Zuge des preußischen Duells mit Österreich, zum Bündnis mit dem deutschen Nationalismus und zur Reichsgründung führte, war niemand unglücklicher als die Altpreußen. Mit Recht. Für Preußen war das Bismarcksche Abenteuer glorios, aber auch paradox und der Anfang vom Ende.
Bismarcks Reich ließ drei Deutungen zu. Er selbst wollte es als ein Großpreußen, aber das blieb es nicht einmal in den zwanzig Jahren, die er es regierte. Denn das deutsche Bürgertum wollte es als deutschen Nationalstaat, in dem Preußen aufgehen sollte; und zwischen 1871 und 1918 setzte es seine Vorstellung durch. Schließlich aber steckte in »Kaiser und Reich« auch noch der alte römische und mittelalterliche Gedanke der europäischen Universalherrschaft – und am Ende wurde auch daraus noch Ernst. Mit Preußen hatte das alles nichts mehr zu tun; nicht erst der Untergang des Reichs brach ihm endgültig das Genick, sondern schon sein Aufgang, nicht erst 1945 und 1947, sondern schon 1932 und 1933. Ja, als Keim lag das alles schon in Bismarcks Tat – wenn man nicht gar sagen will: Auf die eine oder andere Art war ein tragisches Ende von vornherein in Preußens Wesen und Geschichte angelegt.
Immerhin: Was für eine Geschichte! Sie ist wie ein Drama von Kleist – fulminant, extrem auf eine auch wieder kecke Art, gleichzeitig befremdend und hinreißend, endlos interessant und jedenfalls großartig. Es ist begreiflich, daß sie zur Nacherzählung reizt wie nichts sonst in der deutschen Geschichte. Und erst jetzt, da sie wirklich ganz zu Ende ist und überschaubar vor Augen liegt, kann sie richtig erzählt werden. Die vielen Darstellungen, die glaubten, Preußens Geschichte von dem scheinbaren Happyend von 1871 aus deuten zu können, sind überholt.
Die beiden Bücher, die mir zu dieser kleinen Betrachtung Anlaß gegeben haben, sind allerdings wohl nur Vorläufer der neuen preußischen Geschichte, die jetzt möglich ist. Professor Schoeps schreibt als Apologetiker. Es ist immer sympathisch, wenn ein Historiker seinen Gegenstand mit den Augen der Liebe betrach-

tet. Aber Liebe macht bekanntlich auch blind – und manchmal nicht nur für die Fehler und Schwächen, sondern gerade für die interessantesten Eigenschaften und Eigentümlichkeiten des geliebten Gegenstandes. Wer verteidigt, verharmlost – und Verharmlosung ist das letzte, womit man Preußen gerecht wird. Schoeps ist gut über die Epoche Friedrich Wilhelms IV., die sein Spezialgebiet ist, und interessant in seiner verhaltenen Kritik Bismarcks. Vorher bleibt doch manches recht konventionell.

Das andere Buch, keine zusammenhängende Darstellung, sondern eine Folge von sechs Einzelvorlesungen über Spezialthemen, ist literarisch anspruchsloser, aber inhaltlich wichtiger. Fast jeder der sechs Essays enthält neues Material oder neue Gesichtspunkte; der des Herausgebers, Richard Dietrich, über Preußen und Deutschland im 19. Jahrhundert, sogar so etwas wie einen neuen Denkansatz. Auch die beiden vorangehenden, über den Kampf zwischen Monarchie und Junkertum unter Friedrich Wilhelm I. und den sehr eigenartigen Kompromiß zwischen beiden unter seinem Nachfolger, sind, auf eine etwas trockene Weise, höchst lehrreich, und die Ehrenrettung des republikanischen Nachpreußen im Weimarer Staat (von Professor Kotowski) läßt sich hören. Wenn nur das peinliche Ende nicht wäre – jener ewig blamable 20. Juli 1932, den auch der andere 20. Juli, zwölf Jahre später, nicht ungeschehen macht. Für die, die es nicht mehr wissen: Am 20. Juli 1932 wurde Preußen vom Reich die Gurgel durchgeschnitten – und zwar durch einen General aus preußischer Junkerfamilie, von Rundstedt; und Preußen wurde von einem Sozialdemokraten, Severing, verteidigt – nein, eben nicht verteidigt. An diesem 20. Juli 1932 hätte Preußen, indem es sich selbst verteidigte, vielleicht noch Deutschland retten können, vor Hitler und vor sich selbst. Es war seine allerletzte Chance. Die Preußen des 20. Juli 1944 konnten es schon nicht mehr.

Hans-Joachim Schoeps
Preußen, Geschichte eines Staates
Propyläenverlag, Berlin

Richard Dietrich (Hrsg.)
Preußen, Epochen und Probleme seiner Geschichte
Walter de Gruyter, Berlin

1870/71 – Vorspiel zum 20. Jahrhundert

»Das ist eine blöde Geschichte von lang nachwirkenden schädlichen Folgen« – so beginnt das Kapitel »1870« in Golo Manns »Deutscher Geschichte«, und damit ist die heutige Einstellung der bundesrepublikanischen Öffentlichkeit zu dem deutsch-französischen Krieg von damals wohl ziemlich treffend umrissen: Verlegenheit, leises Bedauern, im Grunde ein Wunsch, zu vergessen. Verglichen mit dem Hurrapatriotismus, der sich früher von der Erinnerung an 70/71 nährte – in meiner Kindheit war der Sedantag noch ein alljährlicher Nationalfeiertag –, ist das zweifellos ein Fortschritt, aber der Weisheit letzter Schluß ist es nicht. Was sich 1870/1871 zwischen Deutschland und Frankreich – und in Deutschland und Frankreich – abgespielt hat, ist schon wert, daß man es sich einmal wieder vor Augen führt und darüber nachdenkt. Denn der Krieg von 1870/71 ist sozusagen ein Scharnier der Kriegsgeschichte, zugleich der letzte Kabinettskrieg und der erste Volkskrieg, zugleich ein Nachhall Friedrichs und Napoleons und eine Vorstudie für Mao. Gerade aus der Perspektive des Vietnam- und Palästinakriegs ist er nach mehr als hundert Jahren wieder aktuell. Wenn man gewissermaßen noch einmal zum Augenzeugen gemacht wird, kann man gar nicht umhin, zu bemerken, wie brandaktuell diese Geschichte ist.

Die Franzosen waren nämlich 1870 ganz dicht daran, das zu entdecken, was dann in den dreißiger Jahren unseres Jahrhunderts Mao entdeckt hat: Die Unüberwindlichkeit des Volkskriegs im eigenen Land. Sie scheiterten daran, daß sie eine bürgerliche Gesellschaft waren; eine bürgerliche Gesellschaft kann einen Volkskrieg nicht führen – auch das wurde 1870 zum erstenmal sozusagen experimentell erwiesen. Sie waren aber immerhin weit genug in der Mobilisierung der Massenguerilla gegangen, um zu bewirken, daß nach der Kapitulation die entfesselten Volkswiderstandskräfte (die sie losgelassen hatten, ohne ganz zu wissen, was sie taten) im Bürgerkrieg auf sie zurückschlugen: Mit der Pariser Kommune, diesem Vorklang der Revolutionen des 20. Jahrhunderts, explodierte die freigesetzte und dann frustrierte Massenenergie sozusagen nach innen. Es ist, als ob Leute mitten im 19. Jahrhundert ein dilettantisches Experiment mit Kernenergie gemacht und ganz aus Versehen eine kleine Atombombe gezündet hätten.

Bekanntlich hatte der siebziger Krieg drei Phasen: den »schönen« Krieg des August, kulminierend am 1. und 2. September in der klassischen Vernichtungsschlacht bei Sedan – ein Duell gleichartiger, konventioneller, im Kern professioneller Armeen, das die Deutschen dank Moltkes überlegener Generalstabsarbeit glatt und einwandfrei für sich entschieden; den »häßlichen« Winterkrieg, der auf der französischen Seite der mißglückte Versuch eines improvisierten Volkskriegs war und der mit seinen vielen furchtbaren Episoden Franzosen und Deutsche für drei Generationen zu »Erbfeinden« machte; und schließlich den französischen Bürgerkrieg, der der schrecklichste von allen dreien war und dessen Spuren in der französischen Gesellschaft bis heute nicht getilgt sind.

Die erste Phase – jahrzehntelang nachher als beinah einzige in Deutschland mit immer erneuertem Triumph erinnert und gefeiert – ist heute die uninteressanteste; sie ist eigentlich nur noch von militärgeschichtlichem Interesse. Einen solchen Feldzug hat es später nie wieder gegeben und wird es nie mehr geben. Diese Art von kunstreichem Schachspiel mit lebenden (und sterbenden) Figuren ist ausgestorben; ebenso wie die Art von kuriosem Ehrenhandel, die den Krieg auslöste, das berühmt-berüchtigte Intrigenspiel um die spanische Thronkandidatur der Hohenzollern und die Emser Depesche. Das alles hat mehr Gemeinsamkeiten mit dem Trojanischen Krieg als mit den Konflikten unserer Zeit.

Und dann, unvermittelt, geht dieser altmodisch-ritterliche Feudalkrieg, in dem sich die kriegführenden Potentaten, wenn sie »ihren Degen« übergeben, mit »Mein Herr Bruder« anreden, in Geschehnisse über, die reines vorweggenommenes 20. Jahrhundert sind: Die Revolution in Paris, die nach Sedan das Kaiserreich stürzt, ist eine genaue Parallele der russischen Februarrevolution von 1917, die Revolution der Kommune ein halbes Jahr später eine Vorskizze der Oktoberrevolution; und in dem dazwischenliegenden Winterkrieg tauchen zum erstenmal die Ideen

auf, die in den sechziger Jahren unseres Jahrhunderts den Vietnamkrieg beherrschten.
Die bürgerliche französische Revolutionsregierung vom September 1870 stilisierte sich bekanntlich, mit Bismarcks Forderung nach Gebietsabtrennungen konfrontiert, als »Regierung der nationalen Verteidigung«. Was gab ihr den Mut dazu – nachdem doch alle französischen Armeen seit Sedan ausgeschaltet waren? Nichts anderes als die Grundidee, die viele Jahrzehnte später Mao so formulierte: »Die Mobilisierung des gemeinen Mannes im ganzen Land muß ein riesiges Meer schaffen, in dem der Feind ertrinkt.« Der grundrevolutionäre Gedanke, daß nationaler Widerstand nicht das gleiche ist wie konventioneller Krieg nach vorgeschriebenen Regeln, daß ein zum Widerstand mobilisiertes Volk auf die Dauer stärker sein kann – stärker sein muß – als der ins Land gedrungene Fremdkörper relativ kleiner und künstlicher Invasionsarmeen: dieser Gedanke, der im 20. Jahrhundert in China entwickelt worden ist und dann in Jugoslawien, Indonesien, in Algerien, in Vietnam immer wieder triumphiert hat – im Frankreich des Herbst 1870 hat er seinen ersten Auftritt in der Geschichte.
Freilich in sehr unvollkommener, ja dilettantischer Form. Nichts von den tief durchdachten Maoschen Doktrinen der Verbindung von politischer mit militärischer Kriegführung, der Massenindoktrinierung, der Bindung des Kampfwillens an das Klasseninteresse, der ausweichenden und hinhaltenden Ermattungsstrategie, des lang hingezogenen Kleinkriegs, des »Kriegführung-durch-Kriegführung-Lernens«. Die Organisatoren des französischen Widerstands, die Gambetta und Freycinet, waren ungeduldige Leute. Die Energie, mit der sie improvisierte neue Armeen aus dem Boden stampften, muß man bewundern – Trotzkis Leistung 1918 war nicht großartiger. Aber dann sollten diese Armeen auch gleich siegen – so siegen, wie es Napoleons professionelle Soldaten nicht gekonnt hatten. Kaum zusammengestoppelt, kaum bewaffnet, kaum ausgebildet, sollten sie in großen Entscheidungsschlachten mit Moltkes Veteranen fertig werden und Paris entsetzen. Kein Wunder, daß sie ebenso schnell geschlagen und vernichtet wie aufgestellt waren; kein Wunder auch, daß der gleichzeitig proklamierte, unorganisierte, mit der Gesamtkriegführung in keiner Weise koordinierte Volkskrieg der Franctireurs

verpuffte – nachdem er furchtbare Repressalien entfesselt hatte. Moltke, der ja alles andere als ein Dummkopf war, merkte damals, daß sich hier eine ganz neue Art von Kriegführung ankündigte, daß ein Experiment gemacht wurde. »Wir erleben jetzt eine sehr interessante Zeit«, bemerkte er im November 1870, »in der die Frage: Miliz oder stehendes Heer durch die Praxis entschieden werden wird. Wenn es den Franzosen gelingt, uns aus dem Lande zu werfen, werden in Zukunft alle Staaten zum Milizsystem übergehen; wenn wir Sieger bleiben, wird jeder Staat unser Wehrpflichtsystem im Rahmen einer stehenden Berufsarmee nachmachen.« Freilich, daß die Frage, die hier aufgeworfen war, weit über Militärverfassung und Militärorganisation hinausreichte, ahnte er so wenig wie seine französischen Gegenspieler.
Diese Gegenspieler, also Gambetta oder auch Trochu, der Militärgouverneur des belagerten Paris und nominelle Präsident der Septemberrepublik, blieben eben doch letzten Endes nicht weniger als Moltke befangen in den Grenzen ihres Klassendenkens. Sie waren eben Bürger, Großbürger. Die Art von Klasseneinebnung und Klassenlosigkeit, die den wirklichen Volkskrieg erst möglich macht, war ihnen unvorstellbar – oder wenn vorstellbar, ein Greuel. Trochu machte, ehe er sein Amt annahm, zur Bedingung, daß die neue Republik »die Religion, das Eigentum und die Familie entschlossen verteidigen« würde – als ob er ahnte, daß sie würden aufgeopfert werden müssen, wenn der Volkskrieg mehr als Rhetorik werden sollte. Und es war wieder Moltke, der, nicht ohne psychologisches Feingefühl, die merkwürdige Passivität, mit der Trochu das schwerbewaffnete belagerte Paris seinem Schicksal entgegentreiben ließ, damit erklärte, daß er im Grunde eben doch die rote Revolution mehr fürchte als die Niederlage.
»Nous sommes trahis« riefen die roten Nationalgarden von Paris, als die Kapitulation dann kam. Man hat sich darüber lustig gemacht; es steckte aber mehr als ein Korn Wahrheit darin, auch wenn von bewußtem Verrat natürlich keine Rede sein konnte. Was sie verraten hatte, waren einfach die Denkscheuklappen ihrer bürgerlichen Minister. Als die bürgerliche Republik, die die Nation – aber selbstverständlich immer auch zugleich »Religion, Eigentum und Familie« – verteidigen wollte, die proletarischen Massen bewaffnete und zum Volkskrieg aufrief, wußte sie einfach nicht, was sie tat; sie hatte sich da auf etwas eingelassen, das sie

nicht durchdacht hatte und im Ernst gar nicht wollen, gar nicht durchhalten konnte. Auf die mobilisierten Massen aber mußte die Kapitulation, die die nationale Sache der bürgerlichen Normalität opferte, natürlich als Verrat wirken. Und ihre ganz folgerichtige Antwort war die zweite, ihre eigene Revolution. Es ist sehr bezeichnend, daß diese Revolution dadurch ausgelöst wurde, daß man den Nationalgarden »ihre« Kanonen – die sie tatsächlich während der Belagerung, patriotischen Aufrufen folgend, mit ihren abgesparten Groschen finanziert hatten – wieder abnehmen wollte.
In der Pariser Kommune vom März 1871 erkennt man heute das Vorspiel zu fast allen Revolutionen des 20. Jahrhunderts. Die Pariser Kommune verlor bekanntlich nach zwei Monaten ihren Bürgerkrieg; immerhin, an Mut zur letzten Konsequenz fehlte es ihr nicht. Die sechstägige Straßenschlacht der »blutigen Maiwoche«, in der sie ihr Paris in schon hoffnungsloser Lage verteidigte – teilweise mit den Methoden der verbrannten Erde –, war die schrecklichste und opferreichste des ganzen Krieges, verlustreicher als fast alle deutsch-französischen Schlachten.
Verglichen mit der erschütternden Aktualität dieses Geschehens auf der französischen Seite verblaßt die einst so hoch gefeierte deutsche Seite der Ereignisse von 1870/71 ein wenig. Bismarcks Reichsgründung ist heute, Jahrzehnte nach dem Untergang seines Reichs, nur noch eine melancholische Erinnerung; selbst die nachträgliche Enthüllung der teilweise recht unerbaulichen Mittel, mit denen dabei gearbeitet wurde, hat heute keine rechte Würze mehr. De mortuis . . . Wen regt es noch auf, daß zum Beispiel Ludwig II. für den »Kaiserbrief«, den er so widerwillig nach Bismarcks Konzept abschrieb, vier Millionen aus dem Welfenschatz bekam? Requiescat in pace . . .
Wer auf der deutschen Seite aus dem Abstand von so viel Jahren erstaunlich gute Figur macht, das sind die frühen Sozialdemokraten. Was war das damals für eine anständige und tapfere Partei! Was für eine weitsichtige auch! Herre zitiert, was August Bebel am 26. November 1870 im Norddeutschen Reichstag sagte, als die Sozialdemokraten gegen die Annektion Elsaß-Lothringens protestierten und statt dessen eine Volksabstimmung in Elsaß und Lothringen verlangten: »Wenn wir heute das Selbstbestimmungsrecht mit Füßen treten, wenn wir heute, was uns beliebt,

ohne Ausnahme nehmen können, dann vergeben wir damit das eigene Selbstbestimmungsrecht, dann müssen wir es uns ebensogut gefallen lassen, wenn andere, wo die Gelegenheit sich bietet, auch Stücke unseres Landes nehmen!«
An dieser Stelle – schreibt Herre – verzeichnete das Protokoll des Norddeutschen Reichstags: »Große Heiterkeit.«

Franz Herre
Anno 70/71: Ein Krieg, ein Reich, ein Kaiser
Kiepenheuer & Witsch, Köln

Alistair Horne
Paris ist tot – es lebe Paris!
Der deutsch-französische Krieg 1870/71 und der Aufstand der Kommune in Paris
Scherz Verlag, Bern/München/Wien

Wer zerstörte Mitteleuropa?

Mitteleuropa, das Gebiet, in dem die Deutschen, die Westslawen, die Ungarn und die Norditaliener leben, hatte vom späten Mittelalter bis zur Mitte des 19. Jahrhunderts eine gemeinsame Geschichte: Unmöglich, in diesem Halbjahrtausend die Nationalgeschichten seiner Völker sauber voneinander zu trennen. Während dieser ganzen Zeit war Mitteleuropa kulturell selbständig und politisch sein eigener Herr. Die Türken bedrängten es zu Zeiten und rissen im Südosten Teile davon ab, die Franzosen knabberten manchmal an seinen Westrändern; aber ganz überrannt, überschwemmt, überfremdet war es nie. Es mochte weniger weltweite Ausstrahlung haben als andere Mächte und Kulturen – die angelsächsische, die romanische, die russische, die chinesische; seine politischen Formen mochten kompliziert sein bis zur Unverständlichkeit; aber seine Eigenständigkeit und Eigenwürde standen nie in Frage.

In den letzten hundert Jahren hat sich daran zweierlei geändert. Die Einheit Mitteleuropas ist zu Ende gekommen, seine Nationen haben sich, unter Krisen und Krämpfen, auseinandersortiert; und seine Selbständigkeit ist verloren worden. Es ist heute Provinz geworden, es ist politisch, militärisch und kulturell beherrscht und überlagert von fremden Mächten, Amerika im Westen, Rußland im Osten.

Professor Renate Riemecks Buch ist der erste Versuch, diese gewaltige historische Umwälzung, deren Ablauf ein Jahrhundert füllt, als Ganzes in den Griff zu bekommen. An Einzelstudien – über Bismarck und die deutsche Reichsgründung etwa, über das italienische Risorgimento, die Krise und Auflösung des Habsburgerreichs, die beiden Weltkriege, Hitler, sogar schon über 1945 und die Folgen – herrscht kein Mangel; natürlich gibt es auch Geschichten Polens, der Tschechoslowakei, Ungarns, Jugoslawiens, geschrieben vom jeweiligen Nationalstandpunkt. Einen Versuch aber, das Ganze zu übersehen und in seinem Zusammenhang zu verstehen – so als ob ein Mitteleuropäer der alten Zeit

plötzlich aus einem hundertjährigen Schlaf erwacht, sich die Augen reibt und sich ungläubig fragt, was da nun eigentlich geschehen ist und wie alles so hat kommen können –, einen solchen Versuch hat es bisher nicht gegeben. Professor Riemecks Buch ist eine Pionierarbeit.
Von Pionieren darf man nicht das letzte Wort über ihren Gegenstand erwarten. Schon das erste Wort darüber zu sprechen: das Thema zu entdecken, den Horizont aufzureißen, ist eine intellektuelle Gewaltleistung. Die Thesen und Hypothesen, die Frau Riemeck zur Erklärung der mitteleuropäischen Katastrophe aufstellt, scheinen mir nicht alle überzeugend. In einigen Fällen, scheint mir, bietet sogar ihre eigene Darstellung andere Schlußfolgerungen an. Aber darauf kommt es wenig an. Hier ist zum erstenmal ein Thema angeschlagen, das nun schwerlich wieder zur Ruhe kommen kann.
Von den vielen Fragen, die es aufwirft, möchte ich drei herausgreifen. Die erste: Ist Mitteleuropa von außen zerstört worden oder hat es sich selbst zerstört? Frau Riemeck meint, daß es wenigstens teilweise das Opfer bewußter von langer Hand angelegter englischer oder anglo-amerikanischer Vernichtungspläne geworden ist, und sie weiß diese Auffassung mit einigem neuen (mir wenigstens neuen) Material zu belegen, das bis in die 1880er Jahre zurückreicht. Sie folgt damit dem Anthroposophen Rudolf Steiner, dessen Memorandum von 1917 über angelsächsische Kriegsziele sie als Anhang abdruckt.
Mich hat dieser Teil ihrer Darstellung nicht überzeugt. Es mag schon sein, daß in England in den späten 1880er Jahren im Kreise des damaligen Prinzen von Wales politische Gedankenspiele gespielt worden sind, die mit den Ergebnissen des Zweiten Weltkriegs eine frappante Ähnlichkeit haben. In England wird immer sehr viel laut gedacht. Aber man kann unmöglich im Ernst sagen, daß diese Gedanken sich in der offiziellen Politik Englands – geschweige Amerikas – nachhaltig niedergeschlagen und über siebzig Jahre hinweg durchgesetzt haben. Es gab auch ganz andere Konzeptionen, die zwischendrein zum Zuge kamen, zum Beispiel die der Chamberlains; und außerdem überschätzen sowohl Rudolf Steiner wie Renate Riemeck, dies kann ich aus eigenem Wissen mit Sicherheit bezeugen, bei weitem das englische Interesse an Mitteleuropa.

Das englische politische Weltbild besteht vorwiegend aus Küsten; das Innere der Kontinente ist fremd, fern und komisch-unheimlich. Suez, Kapstadt und Singapore liegen, von London aus gesehen, um die nächste Straßenecke; Prag und Budapest sind weit weg. Sicher gab es bei den Engländern und gibt es neuerdings bei den Amerikanern einen Zug von missionarischem Universalismus und Imperialismus, der mit naivem gutem Gewissen die eigenen Werte als allgemeinverbindlich betrachtet und am liebsten die ganze Welt nach dem eigenen Bilde gestalten würde. Aber an Mitteleuropa dachte und denkt man dabei so ungefähr als letztes, gewiß nicht als erstes. Wenn Mitteleuropa die Engländer in ihrem Bereich zufriedengelassen hätte, sie hätten es bestimmt zufriedengelassen. Sie hatten auch so alle Hände voll zu tun.

Eine zweite Frage: Ist Mitteleuropa am Nationalismus zugrunde gegangen? Waren die großen nationalen Staatengründer von Cavour und Bismarck bis zu Masaryk und Pilsudski das wahre Unglück? Frau Riemeck sagt das nicht geradeheraus, aber es scheint ihre innere Meinung zu sein. Meine Meinung ist es nicht: Ich glaube, die nationale Umgestaltung Mitteleuropas war unvermeidlich, und sie hätte für sich allein seine Nationalstaaten keineswegs die Selbständigkeit zu kosten brauchen. Die nationalen Revolutionen und Staatengründungen im mitteleuropäischen Raum waren ja schließlich keine Dekadenzerscheinung, kein müdes Auseinanderfallen, sondern ziemlich großartige Leistungen; und die neuen Nationalstaaten waren alles andere als lebensunfähig. Der größte von ihnen, das Bismarck-Reich, ist ja gewiß nicht an Schwäche zugrunde gegangen, sondern eher an Überkraft und Maßlosigkeit; und sogar einer der kleineren, Jugoslawien, spielt heute eine interessante selbständige Rolle in der Welt, dank einer Mut- und Geschicklichkeitsleistung, die sich sehen lassen kann. Wie denn überhaupt die Frage ist, ob die gegenwärtige Entmündigung Mitteleuropas ein Dauer- und Endzustand ist oder schließlich doch nur eine geschichtliche Episode. Einige seiner Nationen (allerdings nicht die deutsche) sind ja schon wieder halb emanzipiert.

Eins allerdings wird man Professor Riemeck zugestehen müssen: Mitteleuropa konnte nicht halb national, halb international existieren. Was wirklich unhaltbar war, war das Österreich-Ungarn, das Bismarcks preußische Reichsgründung lebensunfähig übrigließ und dem Bismarck doch nicht zu sterben erlaubte. Vielleicht das glänzendste Kapitel ihres Buches ist das, in dem Frau Riemeck Bismarck einmal nicht als Gründer des Deutschen Reichs, sondern als Gründer der k. u. k. Doppelmonarchie betrachtet, der er ja gewissermaßen auch war. Wie der Verlust des Rückhalts an Deutschland den Ausgleich mit Ungarn erzwang; wie dieser Ausgleich den slawischen Nationalismus entzündete; wie das in die Minderheit und in die Verteidigung gedrängte Deutschösterreichertum fast unvermeidlich die antislawischen Ressentiments und großdeutschen Rassenideen produzierte, die sich dann später in Hitler verkörperten: das ist großartig herausseziert. Hitler war gewiß nicht der Erbe und Fortsetzer Bismarcks, nicht einmal im Sinne einer Übertreibung und Karikatur, sondern eher sein historischer Gegenspieler; aber er war eben doch ein Produkt – ein Abfallprodukt, wenn man will, aber ein fatales – der Bismarckschen Politik. Er war, wie es der tiefste Witz der Nazizeit unübertrefflich formulierte, »Österreichs Rache für Königgrätz«.

Aber mußte diese Rache so gründlich gelingen, wie es tatsächlich der Fall war? (Dies meine dritte Frage.) Wenn es schon unvermeidlich war, daß das nachbismarcksche Rumpfösterreich früher oder später einen Hitler produzierte: war es deswegen auch unvermeidlich, daß Deutschland sich ihm blind-begeistert zur Verfügung stellte? Oder kamen hier nicht vielleicht ganz andere, spezifisch deutsch-nationale oder deutsch-bürgerliche Elemente ins Spiel, die sich aus dem mitteleuropäischen Gesamtkomplex nicht mehr herleiten lassen?

Frau Riemecks Buch enthält auch zu dieser Frage einen Ansatz, den sie dann allerdings nicht durchführt und weiterverfolgt. Ich meine das Kapitel über das politische Versagen des deutschen Bürgertums, ein Thema, das aus dem Buch eigentlich herausfällt. Sie beschreibt dies Versagen hauptsächlich in der Bismarckzeit; sie schildert, wie sich das deutsche Bürgertum von Bismarck erst den Schneid abkaufen ließ, dann vor dem außenpolitisch-kriegerischen Erfolg kritiklos kapitulierte und schließlich der materiellen Bestechung durch die Schutzzollpolitik erlag. Alles richtig, aber doch nur ein Teilstück einer viel größeren Tragödie, deren innerster Kern ein unheilbarer Klassensnobismus zu sein scheint: Das deutsche Bürgertum ließ sich 1848 lieber von der Oberklasse besiegen und demütigen, als sich mit der Unterklasse zu verbünden; es zog 1930 bis 1933 die Unterwerfung unter Hitler der Koalition mit der Sozialdemokratie vor, und es ließ nach 1945 lieber die nationale Einheit und Existenz fahren, als mit Kommunisten in einem Haus zu wohnen. In dieser Tragödie stecken wir noch mitten drin.

Renate Riemeck
Mitteleuropa.
Bilanz eines Jahrhunderts
Verlag Die Kommenden, Freiburg i. Br.

1914 – »Krieg der Illusionen«

1963 hat der Hamburger Geschichtsprofessor Fritz Fischer mit seiner These, daß der Erste Weltkrieg für Deutschland vom ersten Augenblick an kein Verteidigungs-, sondern ein Eroberungskrieg war, in der deutschen Historikerzunft einen Sturm entfesselt. Die große Debatte, die sich damals an sein Buch anschloß, hat Fischer im wesentlichen gewonnen. Daß das Deutsche Reich im Ersten Weltkrieg nur um Selbsterhaltung und Selbstbehauptung, um einen »Hubertusburger Frieden« gekämpft hätte, wird heute kaum mehr behauptet; daß es sich vom ersten bis zum letzten Augenblick Eroberungsziele setzte, ist heute, dank Fischer, gesicherte historische Erkenntnis – auch in Deutschland, wo man sich gegen diese Erkenntnis lange mit Händen und Füßen gesträubt hat.
Aber ganz geschlagen gegeben hat sich die konservative deutsche Historikerschule doch noch nicht. Die Rückzugsstellung, auf die sie sich nach Fischers erstem Buch zurückgezogen hatte, läuft auf etwa folgende These hinaus: »Gut, zugegeben, nachdem der Krieg einmal da war, hat man ihn natürlich gewinnen und aus dem Sieg das Äußerste herausholen wollen und ist dabei vielleicht auch über das Ziel hinausgeschossen. Aber gewollt hat Deutschland den Krieg nicht. Er war ein Unglücksfall, in den das Deutsche Reich hineingeschlittert ist wie alle anderen, dabei bleibt es.«
Mit seinem neuen Buch, das die innerdeutsche Vorgeschichte des Ersten Weltkriegs mit der gleichen unbarmherzigen Gründlichkeit bloßlegt wie das vorangehende die Geschichte der deutschen Politik im Krieg, hat Fischer nun auch diese Rückzugsstellung unhaltbar gemacht. Mit einer überwältigenden Materialfülle (seine Gegner spotten bereits: »Materialschlacht«) weist er nach: Die Kriegsziele waren früher da als der Krieg, und um dieser Kriegsziele willen ist der Krieg nicht nur geführt, sondern auch vorbereitet und entfesselt worden. Hinter dem Entschluß zum Krieg standen nicht etwa nur die Alldeutschen und andere

Rechtsradikale, sondern praktisch alle maßgebenden politischen Bevölkerungsgruppen: Armee und Marine, alle politischen Parteien mit Ausnahme der SPD, Industrie, Banken und Handel, Presse und – nicht zuletzt – Professoren und Pastoren. Man wird sogar sagen müssen – wer Fischers Dokumentation auf sich wirken läßt, kommt um diesen Eindruck gar nicht herum –, daß der Erste Weltkrieg weit mehr als der Zweite von der Nation und nicht nur von der Staatsführung gewollt war: Es gab vor 1914 nicht, wie vor 1939, eine durch Terror erzwungene Meinungsgleichschaltung, und doch gab es, weit mehr als vor 1939, einen Konsensus der Kriegswilligkeit und antizipierenden Kriegsverherrlichung, dessen geballte Manifestationen einem heutigen Leser die Haare zu Berge stehen lassen. (Nur die Sozialdemokraten machten vor 1914 nicht mit – und auch sie erlagen dann, als es soweit war, der allgemeinen Kriegsbegeisterung.) Der Jubel, mit dem der Kriegsausbruch 1914 – sehr im Gegensatz zu dem von 1939 – begrüßt wurde, spricht Bände.

Nun, Kriegshysterie gab es 1914 auch anderswo, und eines wird man zugeben müssen: Krieg galt 1914 noch auf der ganzen Welt als ein legitimes Mittel der Politik, der Begriff »Aggression« spielte noch keine Rolle, zwischen Angriffs- und Verteidigungskriegen wurde kaum unterschieden, und das Wort »Kriegsschuld«, gegen das man dann in Deutschland nach 1918 jahrzehntelang so empört protestierte, paßt in die Begriffswelt von 1914 tatsächlich schlecht hinein: Schuld setzt Verbrechen voraus, und Krieg, auch absichtlich herbeigeführter Krieg, galt damals noch nicht als Verbrechen. Erst die Erfahrung von 1914/18 selbst hat darin zu einem allgemeinen Umdenken geführt. Aber man muß sauber unterscheiden: Es mag berechtigt sein, wenn man dagegen protestiert, daß einem ein Verhalten, das bis dahin als durchaus erlaubt und normal galt, nachträglich als »Schuld« angekreidet wird; aber das gibt einem noch nicht das Recht, dieses Verhalten als Tatsache zu leugnen. Fischer moralisiert nicht. Es kommt ihm gar nicht mehr so sehr darauf an, den Deutschen zu beweisen, daß der Erste Weltkrieg kaum weniger als der Zweite ihr Werk war (schließlich ist das heute alte Geschichte). Sondern worauf es ihm ankommt, das ist, ihnen klarzumachen, wie schief, falsch und illusionär der Gedankengang war, der sie zum Krieg führte; und das ist nun wahrhaftig keine alte Geschichte, sondern

es ist von höchster Aktualität. Denn dieser Gedankengang ist auch heute noch höchst lebendig; das, was Fischer »die Kontinuität des Irrtums« in der deutschen Politik des 20. Jahrhunderts genannt hat, ist noch keineswegs erledigt und abgetan. Und wenn man mit dieser Kontinuität des Irrtums endlich fertig werden will, ist die Analyse des ersten deutschen Krieges und seiner Ursachen sogar viel wichtiger als die des zweiten. Denn Hitler wird heute ja von den allermeisten preisgegeben; aber mit dem Deutschland von 1914 identifizierte sich die Bundesrepublik der sechziger Jahre durchaus noch. Und solange seine Illusionen weiter genährt wurden, konnte man nicht sicher sein, daß sich die ganze Tragödie nicht eines Tages nochmals wiederholen würde.
Was waren diese Illusionen? Wer sich die Mühe macht, sich durch die fast erdrückende Materialfülle, mit der Fischer die Ideenwelt des kaiserlichen Deutschland von 1914 dokumentiert, durchzuarbeiten, wird bemerken, daß sie auf zwei Ebenen lagen. Ganz vereinfacht gesprochen gab es erstens die strategische Illusion, daß Deutschland den Krieg, auf den es sich einstellte, gewinnen könnte; und zweitens die politische Illusion, daß es diesen Krieg nötig habe. Das Ziel, das das kaiserliche Deutschland sich gesetzt hatte, war unerreichbar; es war aber außerdem ein Ziel, das für Deutschlands Wohlstand und Sicherheit ganz überflüssig war.
Dieses Ziel war, wiederum ganz kurz und grob gesagt, ein deutsches Großraumimperium, vergleichbar dem damaligen britischen; ein »großes Stück Erde im unmittelbaren europäischen Machtbereich«, wie es die »Deutsche Arbeitgeberzeitung« 1913 formulierte. Wo dieses Stück Erde liegen sollte, darüber stritt man sich; manchen schwebte ein mittelafrikanisches Kolonialreich vor, mit Kongo, Angola, Mozambique; auch Nordostfrankreich und die russischen Randgebiete spielten schon vor dem Krieg in der deutschen Kriegszieldebatte eine Rolle, die im Kriege dann immer größer wurde. Aber das eigentliche deutsche Ziel, auf das sich die verschiedenen Gruppen und Parteien des deutschen Imperialismus schließlich geeinigt hatten, war, wie Fischer überzeugend nachweist, in den letzten Jahren vor 1914 die Linie Berlin-Bagdad geworden, also ein von Deutschland abhängiger Wirtschafts- und Herrschaftsraum von der Nordsee bis zum Persischen Golf, der das damalige Österreich-Ungarn, den ganzen Balkan und das Osmanische Reich umfassen sollte – interessan-

terweise im wesentlichen Länder, die im Krieg selbst nicht als Feinde, sondern als Verbündete eingeplant waren. Das Mittel, aus dem Bündnis ein Abhängigkeitsverhältnis zu machen, war eben der Krieg – ein Krieg, in dem sich die Abhängigkeit der Verbündeten sozusagen automatisch herstellen mußte, während gleichzeitig die Mitbewerber aus dem Felde geschlagen werden sollten.

Diese Mitbewerber waren hauptsächlich Rußland und England. Zusammen waren sie ohne Zweifel stärker als Deutschland. Daher galt es, sie zu trennen. Namentlich der Reichskanzler Bethmann Hollweg zielte die ganze Zeit darauf ab – und glaubte gerade in der Konstellation des Juli 1914 eine besonders glückliche Gelegenheit dafür zu sehen –, England, wenigstens für die erste Zeit, in dem beabsichtigten Krieg neutral zu halten. Vielleicht wäre das in einem reinen Ostkrieg sogar möglich gewesen; aber da kam ihm nun die deutsche militärische Planung in die Quere, mit dem berühmten Schlieffen-Plan. Um für einen Krieg gegen Rußland den Rücken frei zu haben, mußte nach diesem Plan erst Frankreich auf alle Fälle militärisch ausgeschaltet werden. Was immer der Kriegsanlaß, der Krieg mußte nach der Überzeugung des deutschen Generalstabs unter allen Umständen mit einem Frankreichfeldzug eröffnet werden, und zwar unter Durchmarsch durch das neutrale Belgien (ohne Durchmarsch durch Belgien keine strategische Überraschung und keine Aussicht auf schnelle Entscheidung). Dem aber konnte England nicht zusehen.

Wie man es auch drehte und wendete, die Rechnung konnte nicht aufgehen. Die Hoffnung, durch eine diplomatische Volte England neutral zu halten, war unvereinbar mit der Hoffnung, durch eine strategische Volte Frankreich auszuschalten, ehe man mit Rußland »abrechnete«. Der Gedanke, durch solche Unvereinbarkeiten aus dem Ring England-Frankreich-Rußland ausbrechen zu können, war eine Illusion. Ein Krieg, auf diese Illusionen gebaut, war verloren, ehe er begann. Das Wunder ist, daß Deutschland ihn vier Jahre lang durchhielt.

Aber diese strategische Illusion ist nicht die tiefste, die dem deutschen Kriegsdenken zugrunde lag. Die tiefste Illusion lag in der Zielsetzung selbst.

Warum brauchte Deutschland, dem es ja ausgezeichnet ging und

dessen Wohlstand von Jahr zu Jahr wuchs, ein zusätzliches Imperium, »ein großes Stück Erde«? Die überraschende, nahezu einstimmige Antwort war: Eben weil sein Wohlstand dauernd wuchs. »Wir übersehen offenbar, daß unsere ewig sich erweiternde Industrie auch einen ewig sich erweiternden Absatzmarkt braucht.« »Wir haben gesehen, wie die anderen Welten eroberten, während wir, deren ganze wirtschaftliche und Volkslage darauf hindrängte, größer zu werden . . ., die Welt unter dem Zepter anderer sahen.« »Gelingt es uns nicht, das zu erreichen, was andere Weltmächte längst haben: den Platz an der Sonne, dann haben wir den Traum, als deutsche Weltmacht die Jahrhunderte zu überdauern, ausgeträumt.« Und daher: »Der gordische Knoten der internationalen Lage muß durchhauen werden, er ist im Guten nicht zu lösen.« Gebraucht wird »eine befreiende Kraftprobe, hinter der uns ein klarerer und weiterer Himmel und die Möglichkeit winkt, an unsere ganze wirtschaftliche und politische Zukunft sehr viel größere Maßstäbe anzulegen, als wir es bisher in unserer Bescheidenheit getan haben«.
Man erkennt das wieder, nicht wahr? Manchem klingt es vielleicht heute noch ganz einleuchtend. Aber was für ein blühender Unsinn es alles war! Heute ist es doch mit Händen zu greifen: Die heutige Bundesrepublik, ohne irgendwelche Kolonien, ohne Lebensraum, halb so groß wie das ehemalige Deutsche Reich, ist zigmal so wohlhabend. Japan, seines ganzen Kolonialreichs beraubt, ist neuerlich auf den dritten Platz der Weltindustrieländer vorgerückt; sein Sozialprodukt hat sich in zehn Jahren verdoppelt. England, Frankreich, die Niederlande, Belgien – alle haben ihren »Platz an der Sonne« räumen müssen; und allen geht es wirtschaftlich besser als je zuvor. Der ganze Kolonialimperialismus hat sich, selbst vom kapitalistischen Standpunkt, als eine Fehlinvestition gigantischen Ausmaßes herausgestellt – eine Chimäre, der damals freilich alle Großmächte nachjagten; aber war das ein Grund, die verrückte Jagd blind mitzumachen? Es stimmt eben einfach nicht, daß »Größe«, »Weltgeltung« und Wohlstand im wissenschaftlich-industriellen Zeitalter vom Lebensraum, vom Besitz »eines großen Stücks Erde«, vom »Platz an der Sonne« abhängen. Das sind Denkrückstände aus vorindustriellen Zeiten. Die Eroberungen, die ein Land groß und reich machen, werden nicht erst heute, sie wurden in Wahrheit schon längst vor 1914 auf

den Gebieten von Forschung und Technik gemacht; und für diese Eroberungen bedarf und bedurfte es keines Kriegs. Die beiden deutschen Kriege des 20. Jahrhunderts waren vor allem deshalb »Kriege der Illusionen«, weil sie – Anachronismen waren.

Fritz Fischer
Krieg der Illusionen. Die deutsche Politik von 1911 bis 1914
Droste Verlag, Düsseldorf

Dr. Elefant

Das folgenreichste Ereignis des 20. Jahrhunderts bleibt wohl trotz allem immer noch Lenins und Trotzkis erfolgreicher Oktoberstaatsstreich von 1917, und das Phantastischste daran bleibt, daß er nur durch die aktive Hilfe und Förderung der kaiserlich deutschen Regierung ermöglicht wurde. Diese paradoxe Partnerschaft aber, die so weltverändernde Folgen gehabt hat, die Partnerschaft des hochkonservativen deutschen Kaiserreichs mit der bolschewistischen Revolution, war das Werk Parvus-Helphands, eines abenteuernden politischen Einzelgängers, der wenige Jahre später starb und dann viele Jahrzehnte vergessen blieb; denn weder die russischen Kommunisten noch die deutschen Konservativen hatten Grund, ihn in ihre Geschichtslegende aufzunehmen, und er selbst tat alles, um seine Spuren zu verwischen. Jetzt sind zwei junge Historiker diesen Spuren nachgegangen, und was sie zu Tage gefördert haben, ist einer der merkwürdigsten Charaktere, die je auf Erden gewandelt sind.
Geboren wurde er als Israel Lazarewitsch Helphand irgendwo zwischen Wilna und Minsk. Als Emigrant und junger Gelehrter in Basel, Berlin und München nannte er sich Dr. Alexander Helphand (der Doktortitel war ehrlich erworben). Für eine Weile berühmt wurde er unter dem literarischen Decknamen »Parvus«. »Parvus« übrigens heißt »der Kleine«; er war aber riesengroß und ungeheuer dick; die Kinder Karl Kautskys, des damaligen Chefideologen der SPD, in dessen Familie er jahrelang als geschätzter Mitarbeiter an der »Neuen Zeit« verkehrte, nannten ihn »Dr. Elefant«.
Zwanzig Jahre lang, von 1891 bis 1910, von seinem 23. bis 43. Lebensjahr, führte Helphand in Deutschland das Leben eines exilierten Revolutionärs, Publizisten und Privatgelehrten, mit Trotzki in wirklicher Freundschaft und geistiger Partnerschaft, mit Lenin in respektvoller Gegnerschaft, mit der SPD in einer merkwürdigen Mischung von Anhänglichkeit, unglücklicher Liebe, Präzeptorentum und Ungeduld verbunden. 1905 warf er sich

in die russische Revolution, war ein paar Wochen lang Trotzkis Nachfolger als Vorsitzender des berühmten ersten Petersburger Sowjets, wurde verhaftet, verurteilt und entfloh (an Mut hat es ihm nie gefehlt). Dann nahm er seine gewohnte Existenz in Deutschland wieder auf. Seine zahlreichen Schriften aus diesen zwei Jahrzehnten gehören durchaus zum Bedeutendsten und Originellsten, was es in der Epoche der Zweiten Internationale an Marxexegese und sozialistischer Publizistik und Polemik gibt; manches davon liest sich noch heute, gerade heute, fast unglaublich scharfsichtig und weitschauend; manchmal hat er natürlich auch danebengehauen, aber das haben Lenin und Trotzki weiß Gott auch manchmal getan. Wenn alle drei 1910 gestorben wären, würden sie wahrscheinlich heute in einem Atem genannt werden, als ein Dreigestirn marxistischer Nachklassiker und kleiner Propheten.
All diese zwanzig Jahre war Helphand ein armer Mann, praktisch staatenlos, von der Polizei herumgehetzt, von kärglichen Honoraren ein Bohemeleben fristend. Plötzlich muß ihm das alles zu dumm geworden sein – zumal auch die SPD, immer selbstzufriedener verspießernd, immer weniger Lust zeigte, den übergescheiten, eifernden ostjüdischen Außenseiter noch ernst zu nehmen. Jedenfalls brach er 1910 seine Zelte in Deutschland ab und verschwand südostwärts, erst nach Wien, dann nach Konstantinopel. Der sozialistische Publizist verstummte. Statt dessen war Helphand 1914, in knappen vier Jahren, plötzlich Millionär geworden. Wie, weiß der Teufel. Auf feine Art gewiß nicht; vielleicht mit Waffenschiebungen während der Balkankriege.
Und dann brach der Weltkrieg aus, und plötzlich stand an der Stelle des ehrbar armen sozialistischen Intellektuellen und des erfolgreichen Großschiebers ein dritter Helphand: ein Realpolitiker von – ich übertreibe nicht – wahrhaft Bismarckscher oder Leninscher Vereinfachungs-, Entscheidungs- und Tatkraft. Er sah mit einem Blick, daß der Krieg die Chance der Revolution war; und zwar in Rußland, nicht in Deutschland. Rußland mußte zum Sozialismus durch Revolution, Deutschland durch Evolution gelangen – darüber war er sich schon lange klar. Daher aber mußte Deutschland den Krieg gewinnen, und Rußland mußte ihn verlieren; und zwar ließ sich die Revolutionierung Rußlands an Deutschland als Mittel zum Sieg über Rußland verkaufen; und

die siegreiche Revolution in Rußland konnte dann ihrerseits als Motor der sozialistischen Evolution in Deutschland wirken. Eine vollkommen schlüssige und logische Konzeption – die aber sonst niemand hatte. Man mußte eben drauf kommen.
Außerdem aber mußte man sie verwirklichen; und auch das nahm Helphand auf seine Kappe – kalt und tollkühn entschlossen, als einzelner Mensch, ohne Macht, ohne Amt, ohne Staat, sogar ohne Staatsangehörigkeit, den Lauf der Weltgeschichte zu ändern. Später hat Klaus Fuchs in ähnlich ohnmächtiger Lage einen ähnlich einsamen Entschluß gefaßt und erfolgreich durchgeführt; aber Helphand mußte sich weit mehr einfallen lassen und sehr viel Unwahrscheinlicheres leisten als Klaus Fuchs.
Seine Existenz von 1914 bis 1917 hat etwas Napoleonisches. Der staatenlose Einzelgänger (erst 1915 wurde er in Deutschland naturalisiert) beginnt, ständig auf der Walze zwischen Konstantinopel, Wien, Berlin, Zürich, Kopenhagen, Stockholm, ein Spiel mit drei Bällen: den Bolschewiki, der SPD und der kaiserlich deutschen Regierung. Unerwarteterweise klappte es mit dem dritten am besten. Seine früheren Genossen – die russischen wie die deutschen – mißtrauten dem alten Außenseiter und frischgebackenen Millionär. Aber beim deutschen Außenamt kam er an; besonders mit dem Grafen Brockdorff-Rantzau, dem damaligen deutschen Gesandten in Kopenhagen, der großen Einfluß auf die deutsche Rußlandpolitik hatte, entwickelte sich eine intellektuelle Intimität und politische Partnerschaft wie sonst nur einmal in Helphands Leben – zehn Jahre vorher mit Trotzki. Ein seltsames Zweigespann, der spröd-kühle holsteinische Aristokrat und der vulkanische, funkensprühende ostjüdische Koloß. Zusammen haben sie die russische Revolution möglich gemacht.
Wie sie es gemacht haben, und auf wie halsbrecherisch schmalem Grat Helphand dabei ständig balanciert hat (ganz nebenbei übrigens immer noch weitere Millionen scheffelnd), das muß man im einzelnen bei Scharlau und Zeman lesen. Ihr Buch ist genaue, gewissenhafte Forscherarbeit, gut und griffig geschrieben, aber ohne jede Sensationshascherei. Die Sensation liegt im Inhalt; und der ist freilich viel aufregender als jeder Krimi. Es gibt da einen geradezu shakespeareschen Augenblick, als Helphand, unmittelbar nach der Oktoberrevolution, plötzlich innewird, daß ja jetzt eigentlich seine Rolle als freiwilliger deutscher Großagent, in die

er sich tief hineingefühlt und hineingewühlt hat, zu Ende ist. Jetzt redet er auf die deutschen Sozialdemokraten ein, der deutschen Regierung das Spiel aus der Hand zu nehmen durch einen Akt diplomatischer Revolution, einen Friedenskongreß aller sozialistischen Parteien; und zugleich – unglaubliche Kühnheit – bietet er Lenin an, nach Rußland zurückzukehren und in den Rat der Volkskommissare einzutreten. Beides scheitert. Die SPD versteht gar nicht, was er eigentlich will. Lenin weist ihn kalt ab. Er muß zurück ins kaiserliche Berlin – wo man ihn, herablassend, aber auch wieder ganz nett, als verlorenen Sohn willkommen heißt: »In dem Augenblick, da seine Interessen mit den unsrigen wieder parallel gehen, wird er wieder sehr wichtig . . . Er ist doch eine sehr starke Nummer und hat ausgezeichnete Ideen. Es kann sehr leicht sein, daß wir binnen kurzem das Interesse haben, unsere Stellung in Rußland auf etwas breitere Kreise als die Leninschen zu stützen, und dann brauchen wir ihn unbedingt.« (Aktennotiz des Auswärtigen Amts vom 24. 12. 1917.)
Nun, daraus wird nichts; und obwohl Helphand noch fast ein Jahr lang hinter den Kulissen der deutschen Kriegspolitik rastlos tätig ist, verblaßt jetzt sein Stern, und sein Genius verläßt ihn. Er vergißt allmählich, was er eigentlich wollte; wird zu einem Haupteinpeitscher der maßlosen deutschen Ostpolitik des Jahres 1918, merkt auch gar nicht mehr, daß inzwischen im Westen der Krieg verlorengeht – noch im September 1918 betreibt er das phantastische Projekt eines riesigen deutsch-finanzierten Zeitungskonzerns in Rußland, mit dem er die russische Meinungsbildung monopolisieren will. Als dann der deutsche Zusammenbruch kommt, ist er wie vor den Kopf geschlagen. Daß er ja immerhin das Ungeheure erreicht hat, das einmal sein eigentliches Ziel gewesen war, merkt er gar nicht mehr. Hat er sich etwa auf dem Wege zu diesem Ziel einfach in Deutschland verliebt, wie damals so viele Juden, und ist ihm diese hoffnungslose Liebe wichtiger geworden als die Revolution? Der einzige prominente Deutsche, der sich wegen der deutschen Niederlage 1918 das Leben nahm, war bekanntlich der Jude Albert Ballin. Der Jude Helphand nahm sich nicht gerade das Leben, aber er zog sich immerhin in die Schweiz zurück wie auf einen andern Stern, wund und gebrochen, wie Karl V. ins Kloster (immerhin auch, ebenfalls wie Karl V., mit allem Komfort).

Aber dorthin folgen ihm jetzt seine geschäftlichen Skandale (es ist wiederum ein Jude, Maximilian Harden, der sie eifernd aufdeckt). Er wird nach langem Hin und Her ausgewiesen und muß 1920 zurück nach Berlin (»ich habe das Gefühl, hier gehe ich diesmal zugrunde«), und was dann noch folgt, ist nichts mehr. Neureichenluxus in Schwanenwerder (wo kleinbürgerliche Politiker bei Helphand high life genießen, um sich nachher moralisch zu entrüsten), Zeitschriftengründungen, die zu nichts Rechtem mehr führen, neue Skandale, pathetische, peinliche öffentliche Selbstrechtfertigungen, vergebliche Versuche, noch einmal politische Konzepte zu entwickeln und Einfluß zu gewinnen. Er stirbt, vorzeitig verbraucht, 1924 an einem Schlaganfall – man könnte sagen, gerade noch rechtzeitig: Schon ist er eine Lieblingsfigur frühnazistischer Mythologie geworden – das mythische Urbild des gleichzeitig bolschewistischen und kapitalistischen jüdischen »Weltfeinds«. Als Person aber war er, kaum tot, wie auf Verabredung allgemein vergessen.

Nach dem Buch von Scharlau und Zeman wird es nicht mehr möglich sein, ihn aus der Geschichte des 20. Jahrhunderts wegzudenken. Es mag größere Männer in dieser Geschichte geben, einen interessanteren gibt es nicht, und auch kaum einen, der Gewaltigeres bewirkt hat. An Klarsicht, Energie, politischer Phantasie, Kühnheit, Realismus, Tatkraft kann er es mit den größten Staatsmännern aufnehmen. Wenn man ihn trotzdem keinen Staatsmann nennen kann, dann deswegen, weil er keinem Staat diente, sondern nur halsbrecherisch mit Staaten jonglierte – »Parvus«, der kleine Einzelmensch mit diesen übergroßen, erdrückenden Gewichten. Diente er denn also der Revolution? Bis 1917 wahrscheinlich; nachher gewiß nicht mehr. Vielleicht jonglierte er am Ende in Wahrheit auch mit ihr. Manchmal hat man das Gefühl, daß er sie wollte und machte, so wie Teller die Wasserstoffbombe wollte und machte – aus intellektueller Faszination, aus Virtuosentum, wenn man will aus Rechthaberei, um etwas zu beweisen. Als sie dann da war, wurde er ihr Feind.

Vielleicht war seine eigentliche Tragödie – man kann es ruhig Tragödie nennen – intellektuelle Überproduktion. Er mußte zuviel zugleich ausdenken, und er mußte alles ausführen und auf die Spitze treiben. So auch sein Millionenscheffeln, das er, einmal angefangen, nicht mehr lassen konnte.

Die Komödie – auch von Komödie darf man ruhig sprechen – ist, daß er alles, was er je gewollt hatte, wie mit einem Zauberschlag erreichte – und dann offenbar nicht mehr so recht wußte, was er nun noch wollen sollte. Ein Mann, der mit Elefantenkraft ein schweres eichenes Tor aufsprengt – und auf die Nase fällt, weil plötzlich kein Widerstand mehr da ist: ist das eine tragische oder eine komische Figur? Jedenfalls ist er eine interessantere und auch großartigere als die vielen braven Durchschnittspolitiker, die Tore nicht einmal mit dem Schlüssel öffnen können.

Winfried B. Scharlau/
Zbynek A. Zeman
Freibeuter der Revolution:
Parvus Helphand
Verlag Wissenschaft und Politik, Köln

Zwei Arten von Erfolg – Lenin und Rosa Luxemburg

Lenin bleibt, mehr als fünfzig Jahre nach seinem Tode, immer noch ein Rätsel. Er hat die Weltgeschichte wahrscheinlich einschneidender verändert als irgendein anderer einzelner Mensch seit Mohammed. Aber er war – übrigens wiederum wie Mohammed – kaum das, was man landläufig einen »großen Mann« nennt. Relative Episodenfiguren wie Napoleon, Bismarck, Churchill waren viel eindrucksvollere Persönlichkeiten. Es ist nicht einmal so leicht, präzise den Finger auf das zu legen, was denn nun eigentlich Lenins entscheidende Leistung war. Seine Leitideen und sein Denksystem hatte er von Marx – als sozialistischer Theoretiker hat er höchstens ein paar Fußnoten zu Marx geliefert. Die Oktoberrevolution (die eigentlich mehr ein Staatsstreich war, als solcher allerdings von genialer Perfektion) hat nicht Lenin geplant und geleitet, sondern Trotzki; und Trotzki, nicht Lenin, hat auch den Bürgerkrieg geführt und gewonnen. Der Aufbau einer sozialistischen Industrie und die Erhebung der Sowjetunion zur Weltmacht waren dann Stalins Werk. Wo bleibt Lenin?

Und doch ist es sicher, daß ohne Lenin Marx noch heute nicht mehr wäre als der Verfasser einer Utopie, daß Trotzkis revolutionsstrategisches Genie ohne Lenin nie zum Zuge gekommen wäre und daß Stalin für seinen imponierenden Gewaltbau kein Fundament gehabt hätte. Lenin bleibt die eigentliche Schlüsselfigur der russischen Revolution. Stattgefunden hätte sie sicher auch, wenn es Lenin nie gegeben hätte (sie hatte ja, 1905 und dann wieder im März 1917, ohne ihn begonnen), aber ihr Totalsieg ist ohne Lenins Beitrag nicht vorstellbar. Ohne Lenin wäre sie fast mit Sicherheit den Weg aller früheren Revolutionen gegangen.

Man muß sich nämlich klarmachen, daß die russische Revolution die erste vollständig siegreiche Revolution der Weltgeschichte war und daß es genau dies ist, womit sie die Welt verändert hat. Vorher hatte sich der Begriff »Revolution« vier Jahrhunderte lang immer fester mit dem Begriff »Niederlage« verbunden: Revolution war, in aller historischen Erfahrung, das, was nie gelang – was immer gewaltig anfing und traurig endete. Die Niederlage war nicht immer so total wie die der ersten großen europäischen Revolution, der deutschen von 1517 bis 1525. Die niederländische Revolution der 1570er und 1580er Jahre, die englische der 1640er, die amerikanische von 1776 und die französische von 1789 bis 1794 hatten Teilerfolge; die Revolutionäre sahen manchmal ein paar Jahre lang sogar wie die Sieger aus; aber am Ende war dann doch alles wieder mehr oder weniger beim alten, oben blieb oben und unten blieb unten; sogar die Stuarts und die Bourbonen kamen ja zurück, wenn auch nur vorübergehend. Die Revolutionäre, soweit sie nicht Märtyrer geworden waren, gingen zu guter Letzt immer ins Exil oder wurden vernünftig. Luther wurde der Stammvater der Hofprediger und der Erfinder der deutschen Innerlichkeit, Cromwell wurde eine Art Ersatzkönig, Napoleon der Gatte einer Habsburgerin. Das Jahr 1848 zog dann geradezu eine Art Schlußstrich; es lieferte, in ganz Europa, den scheinbar endgültigen Bewies, daß Revolution zu nichts führt – daß die paar Reformen und Modifikationen, die zum Schluß allenfalls als »Errungenschaften« übrigbleiben, mit all der Unordnung und all dem Blut, das eine Revolution kostet, viel zu hoch bezahlt sind.

So wäre es, ohne Lenin, wahrscheinlich auch in Rußland gegangen. Ein glänzender Staatsstreich, zündende Reden, hochherzige Ideen, Massenmobilisierung, sogar ein gewonnener Bürgerkrieg, das alles hatte es auch früher und anderswo gegeben. Marx war kein größerer Revolutionsdenker als der junge Luther, schon gar nicht als Calvin oder Rousseau, und was Trotzki konnte, das hatten Cromwell und Danton und Carnot auch gekonnt. Am Schluß war dann doch jedesmal alles ein Strohfeuer gewesen, und irgendein Goethe hatte sich immer gefunden, der, wenn alles wieder einmal überstanden war, behaglich feststellte:

> »Übermacht, ihr könnt es spüren,
> Ist nicht aus der Welt zu bannen;
> Mir gefällt, zu konversieren
> Mit Gescheiten, mit Tyrannen.«

Ohne Lenin wäre das wohl auch in Rußland schließlich das Endergebnis gewesen, aber mit Lenin kam es anders – das ist das Neue, das seit ihm in der Welt ist. Er war es, der zum erstenmal die Revolution zu der Übermacht machte, die nicht aus der Welt zu bannen ist, er war der erste, der der Revolution den längeren Atem einhauchte, als ihn die Tradition zu haben pflegt. So wurde zum erstenmal ein großes Reich, seine herrschende Klasse, sein Staat, sein Wirtschafts- und Gesellschaftssystem mitsamt seiner ganzen Mythologie und Ideologie total eingeebnet, seine Träger getötet oder in alle Welt zerstreut: zum erstenmal eine Tabula rasa geschaffen, auf der dann (allerdings nicht mehr von Lenin, sondern von Stalin) ein völlig neuer Bau errichtet werden konnte. Der Totalsieg einer Revolution – vier Jahrhunderte lang immer wieder verfehlt und nun schon allgemein als unmöglich, als historisch widerlegt betrachtet –, plötzlich wurde er in einem Lande Ereignis.

Und seitdem das einmal gelungen ist, gelingt es immer wieder. Es ist wie mit der »Traummeile«. Jahrzehntelang galt es als menschenunmöglich, die englische Meile unter vier Minuten zu laufen, auch die größten Athleten schafften es nicht. Nachdem es dann aber einer, wenn auch nur um ein paar Zehntelsekunden, geschafft hatte, können es plötzlich viele. Die Revolution, vom 16. bis zum 19. Jahrhundert immer am Ende erfolglos, ist im nachleninistischen 20. in einem Land nach dem andern siegreich: nicht, weil ein Verschwörergeneralstab in Moskau oder sonstwo die »Weltrevolution« steuert (ferngesteuerte Revolutionen scheitern immer noch), sondern einfach, weil der Bann gebrochen ist und Revolutionäre (die nicht immer Kommunisten zu sein brauchen) jetzt wissen, daß das Unmögliche möglich geworden ist. Das ist Lenins Werk.

Natürlich hat dies Werk auch seine Schattenseite. Seitdem die Revolution sich auf Erden durchgesetzt hat, hat sie ihren überirdischen Nimbus verloren. Die revolutionäre Utopie strahlte von übermenschlicher Güte und Reinheit, das Nieerreichte schien – wenn es nur jemals hätte erreicht werden können – wie ein Paradies auf Erden. Die siegreiche, verwirklichte Revolution ist Menschenwerk wie alles andere, unvollkommen, mit Blut und Schmutz behaftet wie alles Menschliche. So wie nach einer geistreichen Mystikerlehre die Schöpfung der Sündenfall Gottes war, so ist auch jede menschliche Schöpfung zugleich immer eine Art Sündenfall. Das Verwirklichte, Gelungene ist weniger wunderbar als das Gedachte, Geträumte. Und die siegreichen Revolutionäre sind keine solchen Idealgestalten wie ihre Vorgänger, die revolutionären Märtyrer.

Unter Stalin hat diese ernüchternde Wahrnehmung ja bekanntlich zu einer großen Abfallbewegung geführt. Das Heer der Ex- und Antikommunisten, die in den vierziger und fünfziger Jahren so viel von sich reden machten, bestand einfach aus Leuten, die die Reinheit der Niederlage dem Schmutz des Sieges vorzogen, aus den von Goethe als Dauerphänomen diagnostizierten »sehnsuchtsvollen Hungerleidern nach dem Unerreichlichen«. Es lag in ihrem – durchaus achtbaren – Charakter, sozusagen in der Natur ihrer Sache, daß sie nicht siegen und keine Spur in der wirklichen Geschichte hinterlassen konnten. Immerhin ist es ihnen, wenigstens für den Augenblick, gelungen, Stalin in der geschriebenen Geschichte einen ziemlich üblen Namen zu geben.

Lenin haben sie merkwürdigerweise verschont, aber im Grunde hätte Lenin ihre wirkliche Zielscheibe sein müssen. Denn es war Lenin und nicht erst Stalin, der die reine Idee verunreinigte, indem er sie verwirklichte, und die Revolution ihres Heiligenscheins beraubte, indem er sie zum Siege führte. Lenin hat schwerlich weniger Blut vergossen als Stalin, und mit ebenso gutem Gewissen; und auch die schrecklich strenge Parteidisziplin, von der Stalin dann so rücksichtslosen Gebrauch machte, hat Lenin ausgedacht und eingeführt. Darin lag sogar Lenins beweisbarste persönliche Leistung; darin und in dem rücksichtslosen, schwindelerregenden Entschluß, mit dem er 1917, im entscheidenden Augenblick, das Zweckbündnis mit dem kaiserlichen Deutschland schloß, das er in diesem Augenblick für seine Sache brauchte, ohne sich den Teufel darum zu scheren, daß das damalige Deutschland ein dreifacher Feind war: Landesfeind, Klassenfeind und ideologischer Feind. Warum soll man seinen Feind nicht für sich einspannen? sagte sich Lenin und behielt recht damit. (Natürlich konnte er das damals nicht zugeben, aber es ist eine traurige und überflüssige Ängstlichkeit, daß die Kommunisten Lenins Bündnis mit Ludendorff auch heute noch nicht zugeben wollen und als Verleumdung ihres Helden bestreiten, was vielleicht sein größter Ruhmestitel ist.)

Lenin war, ich sagte es schon, nicht eigentlich das, was man einen »großen Mann« nennt. Er wirkte unauffällig und nicht besonders sympathisch. Er hatte nur ein Gesprächsthema, er war rechthaberisch und intrigant, manchmal sogar zänkisch-kleinlich. Edelmut fehlte ihm völlig, sein einziger privatmenschlicher Zug war ein gewisser Humor, wie ihn übrigens auch Stalin besaß. Er war völlig frei von jeder Eitelkeit, aber war das ein reiner Vorzug? Trotzki, der sehr eitel war, war gerade darum auch sehr viel glänzender, geistreicher, hinreißender. Negative Tugenden haben wenig Begeisterndes, und Lenin fehlte neben Eitelkeit noch so vieles andere, was eigentlich erst einen ganzen Menschen macht. Er war fast ein »Mann ohne Eigenschaften«. Merkwürdigerweise fehlten ihm auch zwei, die man eigentlich bei Männern seiner Art mit Selbstverständlichkeit erwartet: persönlicher Mut und Grausamkeit. Er exponierte sich nicht gern ohne zwingenden Grund, war sogar eher übervorsichtig mit seiner Person (in den kritischen Monaten von Juli bis Oktober 1917 zum Beispiel entwich er ins finnische Versteck, darin wieder Mohammed vergleichbar, dessen entscheidender Durchbruch ja auch mit einer Ausweichbewegung, der Flucht von Mekka nach Medina, verbunden war); und er tötete ohne Skrupel, aber auch ohne Machtgenuß: sachlich, wie er alles tat.

Er war auch nicht etwa ein fanatischer Doktrinär; man könnte fast sagen, daß er auch seinen Marxismus nur »benutzte«. Solange er den Marxismus als ideologischen Kitt seiner Revolutionsorganisation, eben der bolschewistischen Partei, brauchte, gab es keinen eifrigeren Marxisten als ihn, aber im Augenblick der Tat hörte er praktisch auf, ein Marxist zu sein: Die berühmten Aprilthesen von 1917 postulierten eine Revolution, die »wissenschaftlich« nach der Marxschen Lehre gar nicht möglich war; und viele wirklich überzeugte Marxisten – sogar seine eigene Frau – sagten damals offen, Lenin sei verrückt geworden. Bemerkenswerterweise waren sie dann, nur ein paar Wochen später, doch wieder wie Wachs in seiner Hand.

Die Selbstverständlichkeit, mit der er zwanzig Jahre lang Autorität ausübte, und zwar ohne eigentliche physische Machtmittel und ohne große demagogische Gaben, ist ein Mysterium, und sie hängt eng zusammen mit dem zentralen Mysterium Lenins: seiner ungeheuren, fast übermenschlichen historischen Durch-

schlagskraft bei relativ unscheinbarer Persönlichkeit und schmaler Leistung. Die Frage: Wie machte er's? ist eigentlich unbeantwortet. Nicht einmal die einfachere Frage: Was hat er denn nun eigentlich getan? ist ganz leicht zu beantworten. Und wenn man eine einigermaßen befriedigende Antwort auf die zweite Frage zusammengekratzt hat, ist man der Antwort auf die erste, entscheidende, immer noch nicht viel nähergekommen.
Aber es gibt eine Antwort, und die Erklärung des Mysteriums liegt wahrscheinlich in einem Wort: Konzentration. Es hat seit Menschengedenken keinen andern Mann gegeben, der lebenslänglich so konzentriert, so völlig in einem Punkte gesammelt, so scharf auf ein Ziel zugespitzt und so eigenschaftslos und selbstlos hartgeschliffen war. Das erklärt zugleich, warum Lenin kein großer Mann war und warum er so viel mehr ausgerichtet hat als alle großen Männer. Große Männer fließen meist nach allen Seiten über, und das erhöht ihren Glanz, aber schwächt ihre Effizienz. Lenin glänzte nicht, aber er war effizient wie kaum ein zweiter Mann in der Geschichte. Er war ganz Wille, und er wollte nur eins. Das hat er denn auch erreicht.

Die Worte »Ich war, ich bin, ich werde sein«, mit denen Rosa Luxemburgs letzter Artikel, geschrieben am Tage ihrer Ermordung, dem 15. Januar 1919, abschließt, beziehen sich auf die Revolution, aber man kann sie auch als prophetisch auf ihre eigene Person bezogen verstehen. Denn nie war Rosa Luxemburg lebendiger als jetzt, Jahrzehnte nachdem ihre Mörder sie, tot oder auch nur halbtot, in das träge winterliche Wasser des Berliner Landwehrkanals warfen. Diese Mörder haben ihre Tat nie bereut, ebensowenig, wie sie je dafür bestraft worden sind. Aber etwas unheimlich mag ihnen vielleicht doch manchmal zumute gewesen sein, wenn die Kunde von der Auferstehung ihres Opfers zu ihnen drang. Diese »stumpfen Schergen« (so apostrophierte sie Rosa Luxemburg ahnungsvoll in ihrem letzten Artikel) sind nämlich unversehens in ein Mysterium hineingeraten. Mit dem Schreckenstod, den sie Rosa Luxemburg bereiteten, haben sie ein Nachleben in Gang gesetzt, so unabsehbar wie das, das einst mit der Kreuzigung auf Golgatha begann.
»Rosa Luxemburgs Statur hat seit ihrem Ende von Mörderhand an Größe fast ständig zugenommen«, konstatiert Flechtheim in

seiner Einleitung zu der von ihm besorgten neuen Auswahl von Rosa Luxemburgs Schriften; und Peter Nettl, der bei einem Flugzeugunfall vorzeitig umgekommene junge Oxforder Politologe, der ihr mit einer gewaltigen, wohl für lange Zeit nicht zu übertreffenden Biographie das gewidmet hat, was nun als sein Lebenswerk dasteht, sagt: »Ihr Einfluß reicht über den Umkreis des Marxismus hinaus. Niemand, der unvoreingenommen die Geschichte des politischen Denkens studiert, kann an einem Korpus von Ideen vorübergehen, das auf einmalige Weise vollkommene Treue zum dialektischen Materialismus vereinigt mit einem uneingeschränkten Bekenntnis zu den humanistischen, befreienden Aspekten der revolutionären Demokratie.«

Das ist wahr, und Nettls imponierendes Riesenwerk bezeugt selber (ebenso wie es sie weitergibt) die Faszination, die von der Gestalt Rosa Luxemburgs ausgeht – nicht weniger als die Plakate mit ihrem Bild, die später in aller Welt von jungen demonstrierenden Revolutionären herumgetragen wurden wie die Monstranz in der Fronleichnamsprozession. Die Nachwirkung dieser Frau hat schon heute etwas Überwältigendes, und dabei hat man den Eindruck, daß sie immer noch im Wachsen ist, ja, daß sie kaum begonnen hat: daß Rosa Luxemburg, so merkwürdig das klingt, nicht eigentlich der Geschichte angehört, sondern der Zukunft. Hier eben liegt das Mysterium, das an jenem nebligen Berliner Mordabend vor dreiundsechzig Jahren anhob.

Denn mit den üblichen Kategorien der Historie ist Rosa Luxemburgs postume Wirkung nicht zu erklären. Sie war zu ihren Lebzeiten in erster Linie eine aktive Politikerin, und als Politikerin war sie schlichtweg erfolglos. Sie machte von sich reden, sie imponierte und faszinierte, sie wurde berühmt und berüchtigt, sie erregte Haß und Liebe – glühenden Haß und glühende Liebe. Bewirkt, geschaffen hat sie nichts. Neben ihren Zeitgenossen Lenin und Trotzki steht sie sozusagen mit leeren Händen da.

Sie war daneben eine bedeutende Publizistin und Polemikerin, und ihre journalistische Hinterlassenschaft kann immer noch fesseln, ja ergreifen und mitreißen, trotz eines heute unmodern gewordenen, manchmal sogar ganz leise peinlichen Pathos, das sie allzu gewohnheitsmäßig als Stilmittel gebrauchte. Aber es hat andere ebenso große, vielleicht sogar größere Journalisten gegeben, auch zu ihrer Zeit – Karl Kraus zum Beispiel –, deren Werk

heute schon deutlich zu verblassen beginnt. Journalismus ist überhaupt kein Weg zur Unsterblichkeit.
Schließlich war Rosa Luxemburg eine politische Denkerin von respektabler Originalität, wenn man auch schwerlich sagen kann, daß sie dem Marxschen Gedankengebäude mehr als einige Innenausstattung, allenfalls den einen oder andern Anbau hinzugefügt hat. Den bedeutendsten vielleicht in einem fast vergriffenen Werk, »Die Akkumulation des Kapitals«, das sich heute prophetisch liest (wenn man es, mit einiger Mühe, auftreibt), weil es – 1911! – die entscheidende Bedeutung der »Dritten Welt« für das Schicksal des Kapitalismus und Imperialismus und damit auch, implicite, für die Chancen der Revolution diagnostiziert. Seine Entdeckung ist, kurz gesagt, daß die Primitivakkumulation, mit deren mangels Masse voraussehbarem Ende Marx die Krise des Kapitalismus beginnen sah, immer noch weitergeht und daß der Kapitalismus seine Krise immer noch vor sich herschieben kann, solange es noch irgendwo auf der Welt vorkapitalistische Gebiete zum Verschlingen, Einverleiben und Ausbeuten gibt – solange also das, was man heute die »Dritte Welt« nennt, dem entwickelten Kapitalismus weiter so als nährender Humus dienen kann wie einst dem frühen die verfallende Feudalwelt seiner eigenen Ursprungsländer. Das ist eine einleuchtende Theorie und heute hochaktuell. Ob es die ganze Wahrheit ist, steht dahin, und die unheimliche Ausstrahlung Rosa Luxemburgs erklärt es sicherlich nicht. Wie gesagt, das Buch ist so gut wie unzugänglich geworden, und die wenigsten wissen von ihm.
Wovon man weiß und immer noch singt und sagt, das sind Rosa Luxemburgs große klassische Kritiken der deutschen Sozialdemokratie und der russischen Bolschewiki, Kritiken, die die Geschichte des 20. Jahrhunderts, alles in allem genommen, voll bestätigt hat. Die SPD ist die kleinbürgerlich-ohnmächtige Reformpartei geworden, die Rosa Luxemburg schon vor 1914 mit Bitterkeit aus ihr werden sah, und die KPdSU die bürokratische Diktaturpartei, die sie nicht erst in ihrer berühmten Kritik der russischen Revolution, sondern schon in ihrer Polemik gegen Lenins Parteigründung 1903 hellsichtig voraussagte. Bemerkenswert immerhin die sehr verschiedene Art, wie die beiden Parteien auf Rosa Luxemburgs hartes und richtiges Urteil reagiert haben. Die SPD hat auch nach dem Mord, den sie nie von ihren Rock-

schößen abschütteln wird, nichts anderes als Krokodilstränen für Rosa Luxemburg gehabt. Die KP – Rußlands wie Deutschlands – hat nie aufgehört, sie zu ehren und stolz auf sie zu sein, sie rechnet die große Niezufriedene weiterhin zu den ihren, aufrichtig, wenn auch manchmal etwas gewunden. Großartig immerhin der Tribut ihres alten Gegners Lenin, der ein russisches Gedicht zitiert, nach dem ein Adler wohl manchmal niedrig fliegen kann wie ein Huhn, aber ein Huhn nie hoch wie ein Adler. »Rosa Luxemburg irrte in der Frage der Unabhängigkeit Polens; sie irrte 1903 . . . sie irrte 1914 . . . sie irrte . . . sie irrte . . . Aber trotz aller dieser Irrtümer war sie und bleibt sie ein Adler.« Das ist nobel gesagt, und es ehrt den, der es sagte, wie die, von der es gesagt ist. Es ist außerdem tiefer und ahnungsvoller als das meiste, was zum Lobe Rosa Luxemburgs sonst gesagt worden ist. Denn was sie groß macht, war nicht, was sie tat, auch nicht, was sie schrieb, sondern was sie war. Und erst ihr grauenvoller Tod hat das, was sie war, ganz zum Bild werden lassen – fast möchte man sagen: zum Sternbild.

Auch Lenin ist nun lange tot, und man hat das Gefühl, daß der intellektuelle Prozeß, den Lenin und Luxemburg zu ihren Lebzeiten austrugen, immer noch weitergeht – daß ihre Geister immer noch weiterkämpfen wie die Geister der Erschlagenen nach der Katalaunischen Schlacht. Für eine rein historische Betrachtung, eine Betrachtung nur der Vergangenheit, sieht Lenin freilich wie der endgültige Sieger aus. Seine Parteispaltung, Parteigründung, Parteiorganisation, die Rosa Luxemburg nicht müde wurde, als Irrweg zu verurteilen, hat sich geschichtlich bewährt. Mit dieser von ihm sozusagen erfundenen Partei hat er die russische Oktoberrevolution gemacht, diese Partei regiert noch heute die Sowjetunion und hat ein rückständiges Land zur Weltmacht umgeschaffen. Eine historische Leistung höchsten Ranges. Was hat Rosa Luxemburg dagegen vorzuweisen – außer einem Märtyrertod? Mit der deutschen Revolution von 1918 hat sie ernstlich nichts anzufangen gewußt, außer ihr Scheitern – hellsichtig wie immer – zu kommentieren. Weder in der SPD noch auch nur in der USPD hat sie im entscheidenden Augenblick Einfluß gewinnen können. Am Ende, viel zu spät, sah auch sie sich zu dem getrieben, was sie an Lenin fünfzehn Jahre lang so hart getadelt hatte: zur Parteispaltung und eigenen Parteigründung. Aber hatte sie auch nur die KPD, deren (sehr unleninistisches) Programm sie schrieb, wirklich in der Hand wie Lenin von Anfang an seine Bolschewiki? Keinen Augenblick. Bereits auf dem Gründungsparteitag wurde sie in einer wichtigen Frage überstimmt, und wie es weitergegangen wäre, wenn sie nicht vierzehn Tage später ermordet worden wäre, weiß niemand. Der Augenblick der revolutionären Hochflut war am Tage ihres Todes, ja eigentlich schon am Tage der KPD-Gründung vorbei; die Ebbe hatte schon eingesetzt. Nichts spricht dafür, daß Rosa Luxemburg, wäre sie am Leben geblieben, das Schicksal der deutschen Revolution noch hätte wenden können. Und was dann weiter? »Warum hätte sie fähig sein sollen, die Stalinisierung abzuwenden, wenn kein anderer dazu imstande war?« fragt ihr Biograph und Bewunderer Nettl, und sogar darüber spekuliert er traurig und mitleidig, was wohl nach 1933 das Los der dann Zweiundsechzigjährigen gewesen wäre: »Vielleicht eine außerordentliche Professur in Harvard, ein dickes schwarzes Buch voller Apologie und die aseptische Bewunderung junger, akademisch-neutraler Experten? Oder Soziologie, jenes Refugium kluger europäischer Marxisten? Oder der letzte Ausweg – Selbstmord? . . . In Rosa war etwas von jeder dieser Möglichkeiten.«

Wahr, wahr, und wenn man es so sieht, dann hat Lenin seinen Prozeß mit fliegenden Fahnen gewonnen, und Rosa Luxemburg steht arm und blamiert neben ihm da: keine Siegerin, keine Staatsgründerin, nur eine rührende Episodenfigur ohne wirkliche historische Potenz, eine tragisch Gescheiterte, aber eine Gescheiterte eben doch; gescheitert wie alle, denen nur das Vollkommene genügt, deren Wollen zu rein und deren Wesen zu stolz ist und die sich zu gut sind, sich die Hände schmutzig zu machen, geschweige denn blutig.

Aber kann man es nur so sehen? Oder spielte Rosa Luxemburg vielleicht immer, bewußt oder unbewußt, in einem ganz anderen Stück als Lenin? Und welches von den beiden ist das größere Stück? Wer hat mehr und nachhaltiger Geschichte gemacht – Bismarck oder sein Zeitgenosse Marx? Oder, um noch höher zu greifen: der Kaiser Tiberius oder der obskure Wanderprediger und erfolglose Provinzputschist, der irgendwann unter seiner Regierung fast unbemerkt gekreuzigt wurde? Und was wäre wohl aus einem ungekreuzigten, sechzig- oder siebzigjährigen Jesus

später im großen jüdischen Krieg geworden? »Was spricht dafür, daß er ihn hätte verhindern können, wenn es kein anderer konnte?« Hätte er ihn mitgemacht? Oder sich verzweifelnd in die Wüste zurückgezogen? Oder wäre schon er, und nicht erst Paulus, mit einer verzweifelten Volte zum Heidenapostel geworden? »In Jesus war etwas von jeder dieser Möglichkeiten.«
Müßige Fragen. Jesus wollte das Vollkommene (das Unmögliche?), wußte es, in den Augen einiger weniger, in seinem Leben darzustellen oder wenigstens ahnen zu lassen, und wurde gekreuzigt: Zusammen gab ihm das eine immer noch einzigartige, Jahrtausende vorhaltende Durchschlagskraft und Wirkungsgewalt. Der Gekreuzigte wurde zum Gottmenschen, zum Weltenzerstörer und Weltenschöpfer. Freilich hätte er in der Welt, die seinen Namen annahm, schwerlich selber die wiedererkannt und anerkannt, die der Lebende gewollt hatte.
Es könnte sein, daß Rosa Luxemburg eine ähnliche Art der Nachwirkung angetreten hat; könnte es sein, daß sie es, unbewußt, vielleicht sogar darauf angelegt hätte? Die nazarenische Mischung von Güte und Ungeduld, der unvermittelte Übergang von Feindesliebe zu »Ihr Otterngezücht«, das war auch ihre Sache. Auch sie predigte gewaltig und nicht wie die Schriftgelehrten, man spürt bei ihr dieselben furchtbaren Blitze aus heiterm Himmel wie im Matthäus-Evangelium. Auch sie wollte immer das Vollkommene, etwas anderes interessierte sie nicht, und auch daß das Vollkommene das Unmögliche war, interessierte sie erschreckenderweise nicht ernstlich. Auch sie hat, für einige wenige, in ihrem Leben augenblicksweise dargestellt oder ahnen lassen, was menschliche Vollkommenheit sein kann; und was ihrem Leben an Durchschlagskraft und Wirkungsgewalt noch gefehlt hatte, das gab ihr der Märtyrertod. Jetzt verkörpert sie die Revolution – die immer noch bevorstehende, die vielleicht unmögliche, aber nie aufzugebende, die, von der sie geschrieben hat: »Ich war, ich bin, ich werde sein.«
Lenin verkörpert, gerade weil er triumphiert hat, diese Revolution nicht mehr. Er gehört der Geschichte, er verkörpert Erreichtes, daher Unvollkommenes – nicht mehr das nie Erreichte, vielleicht Unmögliche, aber ewig Unverzichtbare. Er war am Ende nur ein ungewöhnlich erfolgreicher Politiker, ein Meister der blutigen und schmutzigen Kunst des Möglichen. Nicht das Bild des

Schöpfers der Sowjetunion inspiriert heute die Revolution in aller Welt, sondern das Bild Rosa Luxemburgs, der vor mehr als sechzig Jahren im Berliner Landwehrkanal wehrlos Ertränkten. Freilich: Auch wenn Rosa Luxemburgs unverbrauchte Revolution eines Tages triumphieren sollte, wie das Christentum einst triumphiert hat: Würde dieser Triumph mit Rosa Luxemburgs wirklichem Wollen mehr gemein haben als der Triumph des historischen Christentums mit dem wirklichen Wollen des Nazareners? Bleibt vielleicht doch das Vollkommene immer auch das Unmögliche, und behalten am Ende die Meister der Kunst des Möglichen und Unvollkommenen doch wieder recht?
Es könnte sein, daß der Prozeß Luxemburg kontra Lenin nie endgültig ausgetragen wird.

Rosa Luxemburg
Politische Schriften,
herausgegeben und eingeleitet
von Ossip K. Flechtheim (3 Bde.)
Europäische Verlagsanstalt, Frankfurt/Main

Stefan T. Possony
Lenin
Verlag Wissenschaft und Politik, Köln

Peter Nettl
Rosa Luxemburg
Kiepenheuer & Witsch, Köln/Berlin

Lenin und Stalin

Es gibt kein wirklich zulängliches Buch über Lenin, und wenn man sich fragt, warum, dann ist die Antwort wahrscheinlich, daß es in der Welt heute keinen Standpunkt gibt, von dem aus sich Lenin vollkommen übersehen und gerecht würdigen läßt. In der Sowjetunion ist er als eine Art Staatsgott jeder Kritik entrückt. Im offiziellen Westen geht er immer noch wie ein Gespenst um, das man um jeden Preis bannen muß. Die Revolutionäre der Dritten Welt würden ihn gern für sich in Anspruch nehmen, können aber im Grunde nichts mit ihm anfangen: Sie haben von Maos Methoden viel mehr zu lernen als von Lenins. Und die neue Linke im Westen kommt nicht über die Lenin-Kritik Trotzkis und Rosa Luxemburgs hinweg, die durch Stalin so schrecklich gerechtfertigt worden ist. Im Ernst möchte am Ende kein westlicher Revolutionär so wie Lenin dem Sozialismus die eine große Errungenschaft der bürgerlichen Revolution, die Gedankenfreiheit, opfern; und so mischt sich Verlegenheit in die Bewunderung. Es ist historisch bedeutungsvoll, daß der Marx-Renaissance der sechziger Jahre bei der westlichen Linken keine Lenin-Renaissance entsprochen hat.

Die beiden Bücher, die ich hier anzeige, sind, soweit ich sehen kann, so ungefähr das Beste, was es an Lenin-Literatur zur Zeit gibt. Sie sind aber beide bezeichnenderweise nur Spezialstudien, keine Gesamtdarstellung. Das Buch, für das Professor Schapiro verantwortlich zeichnet, enthält gleich acht davon, lauter »Lenin-und«-Studien, »Lenin und die Intelligenzija«, »Lenin und die Religion«, »Lenin und der Marxismus«, »Lenin und die Bauern« usw. Sie stammen alle aus dem Umkreis der London School of Economics, wo ein sehr behutsamer, sehr gradueller, mit viel Liberalismus versetzter Sozialismus oder Halbsozialismus spezifisch englischer Prägung gepflegt wird. Mir ist diese Denkrichtung keineswegs unsympathisch; und alle diese Essays sind interessant, sauber gearbeitet, um Objektivität bemüht und oft aufschlußreich. Trotzdem bleibt ein Gesamteindruck, als ob fleißige

und gewissenhafte Zwerge an einem Riesen herumfingern. Ihre Mühe bleibt am Ende unbelohnt: nie bekommen sie den ganzen Lenin wirklich in den Griff.
Das ist eher dem französischen Marxisten Moshé Lewin annäherungsweise gelungen, obwohl auch er ganz bewußt nur eine Spezialstudie geschrieben hat. Sein Buch handelt nur von den letzten tragischen zwei Jahren Lenins, von seinem dreifachen und dreifach verlorenen Kampf: mit der Krankheit, die ihn langsam auslöschte, mit Stalin, der ihm schon bei Lebzeiten zielbewußt die Macht entwand, und mit den furchtbaren Problemen des nachrevolutionären, ruinierten Rußland, für die er keine Lösung mehr hatte. Lewins Buch ist kein literarisches Meisterwerk: Er schreibt einen eigentümlich gehemmten, gleichzeitig überladenen und trockenen, irgendwie stotternden Stil, den die Übersetzung nicht besser macht. Manche von den Essays in Schapiros Buch sind viel eleganter geschrieben. Aber Lewin hat, anders als die Londoner Gelehrten, ein ungeheures Thema in den Griff bekommen; was er zu erzählen hat, ist so erschütternd, daß man die Mängel der Erzählweise vergißt. Und außerdem fällt von dem tragischen Ende her erstaunlich viel Licht auf den ganzen Lenin.
Lenin starb bekanntlich mit nur dreiundfünfzig Jahren an einem Gehirnschlag, ebenso wie übrigens sein Vater, von dem er wohl die Anlage geerbt hatte. Er starb sehr langsam, zwanzig Monate lang, und er kämpfte die ganze Zeit wie ein Löwe gegen den Tod – er hatte noch so furchtbar viel zu erledigen. Den ersten Schlaganfall, der ihn halbseitig lähmte und der Sprache beraubte, hatte er im Mai 1922. Im Oktober konnte er wieder leidlich gehen und sprechen und nahm seine Amtstätigkeit wieder auf. Im Dezember kam dann der zweite Anfall, und von da an kam er aus dem Krankenzimmer nicht mehr heraus. Aber noch vom Krankenzimmer aus hörte er nicht auf zu regieren, zu planen und zu kämpfen, bis zu dem dritten Anfall im März 1923, der ihn endgültig stumm machte. Von nun an lernte er nie wieder, mehr als einzelne, zusammenhanglose, mit äußerster Mühe geformte Worte herauszustoßen. Aber er blieb immer noch geistig vollkommen klar, ließ sich vorlesen, lernte auch wieder am Stock ein wenig gehen. Es gibt die beklemmende Episode vom 19. Oktober 1923, als er, seine Pfleger wegscheuchend, seinen Chauffeur mit Gesten und herausgezwängten Worten nötigte, ihn in den Kreml zu fahren,

wo er, in seinem Arbeitszimmer verzweifelt herumhumpelnd, offensichtlich etwas suchte – ein Dokument? –, das er nicht mehr fand. Gezwungen, alles, was geschah, wachen Geistes mitanzusehen, aber unfähig, den geringsten Einfluß darauf zu nehmen, lebte er noch bis zum 21. Januar 1924.
In diesen zwanzig Monaten begann Stalin, der im April 1922, ganz kurz vor Lenins erstem Schlaganfall, Generalsekretär der Partei geworden war, Lenin zu verdrängen und zu ersetzen, und er begann auch bereits, seinen persönlichen, so viel rücksichtsloseren Herrschaftsstil zu entfalten – zu Lenins wachsendem Entsetzen. Nicht nur, daß Stalin dem kranken Lenin gegenüber Töne anschlug, wie man sie vorher in der Partei nie gehört hatte – Lenin sei ein »nationaler Liberalist«, seine »Vorschläge« seien »nicht annehmbar« oder »überflüssig«, »ich glaube, man sollte Lenin gegenüber festbleiben«; nicht nur, daß er ganz offen Lenin den Zugang zu wichtigen Staatspapieren sperrte, seinen Sekretärinnen verbot, ihn über laufende Angelegenheiten zu unterrichten, und Lenins Frau am Telefon mit groben Worten abkanzelte, weil sie (im Dezember 1922) sich einen politischen Brief Lenins hatte diktieren lassen und zur Post gegeben hatte: Das Schlimmste für Lenin war Stalins brutale Behandlung der georgischen Kommunisten, in der sich der Stil der späteren Stalinschen Parteisäuberungen bereits ankündigte. Die Aufregung über die »georgische Affäre« mag sehr wohl Lenins zweiten und dritten Schlaganfall im Dezember 1922 und März 1923 verursacht haben. Jedenfalls setzte Lenin zwischen diesen beiden Anfällen seine letzte Kraft daran, Stalins Nachfolge in zwölfter Stunde zu verhindern. Aus dieser Zeit stammt Lenins berühmtes »Testament«: der mit äußerster physischer Anstrengung diktierte kurze Brief an das Zentralkomitee, in dem er die Ablösung Stalins verlangte; freilich hatte er keinen anderen Generalsekretär vorzuschlagen. Das Zentralkomitee sollte »jemand anderen« an Stalins Stelle setzen – aber wen? Lenin bemühte sich vom Krankenlager aus um ein erneuertes Bündnis mit Trotzki (seine Beziehungen mit Trotzki waren nie herzlich und in den letzten Jahren mitunter gespannt gewesen), aber Trotzki, selbst kränkelnd und zu dieser Zeit ziemlich verbraucht, entzog sich. Rastlos grübelnd, entwarf der Kranke einen vollkommenen Umbau seines Systems: überhaupt keinen Nachfolger, statt dessen eine Erweiterung des

Zentralkomitees zu einer fast parlamentsartigen Institution, und eine vom Zentralkomitee unabhängige Kontrollinstanz – beinah ein System von »checks and balances«. Die fünf letzten großen Artikel, die Lenin während einer Periode mühsamer Halb- und Scheingenesung im Spätwinter 1923 diktierte – seine »fünf letzten Quartette« –, haben mit Beethovens Spätwerk tatsächlich dies gemein, daß sie den Meister im Begriff zeigen, seine Form zu zerbrechen. Stalin ignorierte sie.

Die völlige Vergeblichkeit dieser letzten gigantischen Anstrengung eines sterbenden Großen hat etwas Schauriges, und die instinktive Sympathie, die Lenins letzter Kampf hervorruft, wird noch verstärkt durch den Gedanken an Stalins spätere Schrekkensherrschaft, die Lenin offenbar voraussah oder -ahnte und mit allen Mitteln zu verhindern wünschte. Wie zwanghaft wünscht man, wenn man diese bedrückende Geschichte liest, daß ein Wunder geschehen wäre und daß der Verlorene, Sterbende den Gesunden, Robusten, dreist und selbstsicher nach der Macht Greifenden doch noch überwunden hätte! Und doch ist dieser Wunsch unvernünftig. Denn die harte Wahrheit ist, daß Stalin in diesem Duell mit dem sterbenden Lenin nicht nur der Stärkere, und damit der unvermeidliche Sieger war, sondern daß er auch zu siegen verdiente – ähnlich wie Wilhelm II. in seinem Duell mit Bismarck im Winter und Frühjahr 1890.

Der Vergleich ist aufschlußreich. Natürlich sind auch bei der Entlassungsgeschichte Bismarcks alle gefühlsmäßigen Sympathien auf der Seite des großen Alten, der von einem überheblichen Jungen schnöde beiseite gestoßen wird. Aber trotzdem waltete in Bismarcks Ende historische Gerechtigkeit. Bismarck wurde das Opfer seiner eigenen Politik: Schließlich hatte er dem Monarchen das anachronistische Übermaß an willkürlicher Macht erkämpft, gegen das er nun wehrlos war. Und außerdem hatte der Kaiser in der Sache, um die es ging, ganz schlicht recht.

Genauso in Lenins letztem Kampf gegen Stalin: Die Machtkonzentration, von der Stalin jetzt so rücksichtslosen Gebrauch machte, war Lenins ureigenes Werk, und um ihrem künftigen Mißbrauch in letzter Minute vorzubeugen, hätte Lenin sein eigenes Werk zerstören müssen – wozu er ja auch schon in seiner Verzweiflung Miene machte. Außerdem aber – hart auszusprechen, aber wahr – hatte Stalin in der Sache recht. Denn der Lenin

von 1922, von seiner Krankheit ganz abgesehen, war am Ende, er wußte nicht mehr weiter. Stalin aber wußte weiter. Die drei großen Gedanken, die – mit fürchterlich harter Hand und unter schauerlichen Menschenopfern durchgeführt – schließlich, unter schrecklichen Kämpfen und Krämpfen, aus der damals fast leblos am Boden liegenden Sowjetunion die heutige Weltmacht gemacht haben, waren Stalins Gedanken, nicht Lenins. Sie waren: Sozialismus in einem Lande, forcierter Industrieaufbau mit sozialistischen Mitteln (Fünfjahrespläne) und gewaltsam erzwungene Kollektivwirtschaft auf dem Dorf.
Lenin glaubte nicht an die Möglichkeit des Sozialismus in einem Lande. Das Scheitern der Weltrevolution entmutigte ihn, und der Sieg im Bürgerkrieg tröstete ihn nicht darüber hinweg. Das Gleichgewicht, das so entstanden war, nannte er 1921 »ein äußerst unsicheres, äußerst labiles Gleichgewicht, das natürlich nicht der sozialistischen Republik für lange Zeit die Möglichkeit gibt, in kapitalistischer Umwelt fortzubestehen«. Er suchte denn auch allen Ernstes, wieder ausländisches Kapital ins Land zu ziehen, und die NEP, die er einführte, nannte er selbst mit entwaffnender Offenheit »Staatskapitalismus« – das heißt absichtliche Wiederbelebung des Kapitalismus durch einen sozialistisch regierten Staat. Er nannte das einen Rückzug; man hätte es auch ein Eingeständnis tiefer Ratlosigkeit nennen können. Es gibt eine erstaunliche Menge defaitistischer Äußerungen des Lenin von 1921/22. Die größte Sorge machte ihm damals das Überhandnehmen einer unkontrollierbaren Bürokratie; aber auch hier: »Wir wissen nicht, wie wir es machen sollen.« Und nun, 1923, schien er sogar bereit, das aufs Spiel zu setzen, was seine eigentliche Schöpfung und seine letzte Machtreserve war, das Machtmonopol der Partei. Der späte Lenin – der Lenin des trüben Morgens nach dem Siege – war ein Verzweifelnder, war es, schon ehe seine Gesundheit zusammenbrach; vielleicht brach seine Gesundheit zusammen, weil er am Verzweifeln war.
Stalin aber war nicht am Verzweifeln. Er sah einen Weg, der vorwärts zu führen versprach und – vergessen wir das nicht – der vorwärts geführt hat, auch wenn er mit furchtbarer, brutaler Gewalt durch das Dickicht gehauen wurde. Wenn Lenin diesen Weg nicht sehen wollte oder wenn er, durch Krankheit verfeinert und verweichlicht, seine Schrecken scheute, dann mußte er eben Platz

machen; der Sterbende, der zum Hindernis wurde, hatte keinen Anspruch auf Rücksicht. Ja, Stalin konnte sich sagen, daß er in Lenins Geist handelte, wenn er ihn so beiseite stieß: Denn hatte nicht auch Lenin in seinen starken und großen Zeiten jede persönliche Rücksicht der Sache untergeordnet? Lenin hatte früher oft über die Revolutionäre gespottet, die glaubten, eine Revolution »mit den Methoden eines Mädchenpensionats« machen zu können. Nun, der Aufbau des Sozialismus in einem isolierten, durch Krieg und Bürgerkrieg ruinierten, ohnehin rückständigen Lande war ebensowenig mit den Methoden eines Mädchenpensionats durchzuführen wie die Revolution.

Daß für Lenin Terror und Gewalt nur ein notwendiges Übel gewesen waren, während Stalin von Anfang an Gefallen an ihnen fand, steht auf einem andern Blatt. Natürlich war Lenin eine weit weniger abstoßende Persönlichkeit als Stalin, differenzierter, geistreicher, auch menschlicher (bei aller Fähigkeit zu sachlich-erbarmungsloser Härte). Aber das interessiert den Biographen, nicht den Historiker. Vor der Geschichte ist Stalin trotzdem der legitime Erbe und Fortsetzer Lenins. Er rettete, was Lenin schon fast verloren gab; er vollendete, auf seine schreckliche Art, was Lenin begonnen hatte und nicht mehr vollenden konnte; die Sowjetunion, wie sie heute dasteht, ist sein Werk mindestens so sehr wie Lenins; und in dem Kampf zwischen dem sterbenden Lenin und Stalin war Stalin der bessere Leninist.

Es ist möglich, daß einer der Gründe, die heute eine wahrheitsgemäße Erforschung und Würdigung Lenins so schwer machen, in dem Trauma liegt, das Stalins dreißigjährige Herrschaft der Welt – der östlichen wie der westlichen – hinterlassen hat. Man preist Lenin, weil man Stalin nicht preisen möchte; man macht Lenin zur Lichtgestalt, um Stalin um so tiefer in den Schatten zu stellen, und konstruiert einen Gegensatz zwischen ihnen wie zwischen Trotzki und Stalin; aber das geht nicht, auch wenn Lenins letzter Kampf Stalin galt. »Objektiv gesprochen«, um einen Lieblingsausdruck Lenins zu benutzen, gehören die beiden trotzdem zusammen. Wann immer man Lenin zu Ende denkt, stößt man auf Stalin. Ohne Stalins dreißigjährige Wirksamkeit, mit all ihren Schrecken, wäre Lenins Werk nicht nur Fragment geblieben; es wäre wahrscheinlich untergegangen.

»Wer nicht vom Kapitalismus reden will, soll auch vom Faschismus schweigen«, lautet ein berühmter Ausspruch Horkheimers. Ebenso kann man sagen: »Wer nicht von Stalin reden will, soll auch von Lenin schweigen.«

Leonard Schapiro (Hrsg.)
Lenin
Kohlhammer Verlag, Stuttgart

Moshé Lewin
Lenins letzter Kampf
Hoffmann & Campe, Hamburg

Alle Macht den Räten?

Die Räte-Idee – eine ungeheuer zählebige Idee, obwohl sie in hundert Jahren ihrer Geschichte nicht einen einzigen wirklichen Erfolg aufzuweisen hat – ist bisher keineswegs gründlich durchdacht. Drei Fragen sind unbeantwortet.

Erstens: Sind Räte nur ein Revolutionsinstrument oder sind sie ein denkbares Verfassungsorgan?

Zweitens: Wenn die Räte ein Verfassungsorgan sind, sind sie ein politisches oder ein ökonomisches, sollen sie die Parlamente oder die Unternehmensleitungen ersetzen?

Drittens: Ist Räteverfassung Herrschaft, sogar möglicherweise Diktatur (»Diktatur des Proletariats«), oder bedeutet sie Abschaffung von Herrschaft oder wenigstens vollkommenere, totale und direkte Demokratie?

Die erste Frage hat in der russischen, die zweite in der deutschen Revolution, die dritte in der Pariser Kommune eine zentrale Rolle gespielt. Endgültig beantwortet worden sind sie alle nicht. Gerade das erklärt vielleicht beides, die ewige Erfolglosigkeit der Räteexperimente und die Unverwüstlichkeit der Räte-Idee trotz aller Mißerfolge: Weil sie nie richtig bis zu Ende durchdacht worden ist, ist ihre Verwirklichung nie geglückt, aber aus demselben Grunde ist sie auch nie endgültig widerlegt worden. Sie hat keine Vergangenheit oder nur eine traurige, aber sie hat vielleicht immer noch eine Zukunft.

Die erste Frage ist wenigstens von einem Mann theoretisch und praktisch eindeutig beantwortet worden, und zwar von Lenin. Allerdings ist Lenins Antwort heute wieder mehr als je weltweit umstritten. Sie war ganz klar: Räte als Revolutionsinstrument: ja, Räte als dauernde Staatsgrundlage: nein. Lenin hat selber 1917 die Parole »Alle Macht den Räten« ausgegeben, aber aufrichtig gemeint hat er sie nie oder höchstens in einem dialektischen Sinn. Rätebildung war für ihn ein Symptom revolutionärer Massenbewegung, eine revolutionär-dynamische Energiequelle, die natürlich genutzt werden konnte und mußte – aber genutzt, um den für

Lenin einzig möglichen wirklichen Revolutionsträger ans Ziel zu befördern, nämlich die »Vorhut« der Arbeiterklasse, die straff organisierte Partei des von ihm geschaffenen Modells. Die Partei mußte die Räte erst durchdringen, dann beherrschen und dann ausschalten. Das geschah zwischen 1917 und 1921. Die Niederwerfung des Kronstadter Aufstands im März 1921, der ja unter der Parole »Räte ohne Bolschewiki« stattfand, war der Schlußakt des dialektischen Dramas, das 1917 unter der Parole »Alle Macht den Räten« eingeleitet worden war. Heute ist die Sowjetunion nur ganz formal eine Räterepublik, so wie das Vereinigte Königreich von Großbritannien und Nordirland nur ganz formal eine Monarchie ist. Die Sowjets, die Räte, haben in der Sowjetunion soviel zu sagen wie in England die Königin, nämlich nichts. Die Macht liegt bei der Partei und der von ihr gestellten Regierung, so wie in England beim Parlament und der von ihm gestellten Regierung.
So ist es gegangen, aber muß es immer so gehen? Die Frage ist noch heute offen, und der Erfolg des Leninschen Revolutionsmodells ist ja ein zweischneidiger Erfolg: Die Sowjetunion Leninscher Prägung ist zwar eine Großmacht geworden, vielleicht die stabilste aller Großmächte, aber die Verwirklichung des revolutionären Traums von 1917 ist sie schwerlich, und ihre Ausstrahlung auf die Weltrevolution ist heute beinahe gleich Null. Die Weltrevolution orientiert sich immer noch am ursprünglichen Räte-Ideal; die Parteidiktatur, die Lenin ihm so erfolgreich unterlegt hat, inspiriert sie nicht.
Andererseits: Hat nicht das Scheitern der deutschen Revolution von 1918, im Kontrast zu dem Sieg der russischen von 1917, bewiesen, daß »Räte ohne Bolschewiki« machtlos sind? Die deutsche Revolution vom November 1918 war, als spontane Massenaktion, nicht kraftloser als die russische Revolution vom März 1917. Wie diese war sie eine reine Räterevolution, aber im Gegensatz zu dieser hatten die deutschen Räte nicht das Stahlkorsett einer leninistischen Partei. Die deutsche Räterepublik vom November und Dezember 1918 ließ sich kampflos in den Parlamentarismus oder Scheinparlamentarismus von Weimar abdrängen – und erlag dann sofort der bewaffneten Gegenrevolution und den protonazistischen Freikorps unter Ebert und Noske. In Rußland war das Ergebnis der Revolution – immerhin – eine

formale Räterepublik (»Sowjetunion«) mit einer sozialistischen Partei als wirklichem Machtträger, in Deutschland eine formale Parlamentsdemokratie mit einer nationalistisch-militaristischen Machtelite als wirklichem Machtträger.

Offensichtlich: So wie es in Deutschland 1918 versucht wurde, ging es nicht. Aber wo lag der Fehler? Und war er unvermeidlich? Hier ist Kolbs Buch aufschlußreich. Es zeigt vor allem eins: Die deutschen Arbeiter- und Soldatenräte begriffen sich als rein politische Institution, und zwar als Exekutive, als Staats- und Militärverwaltung. Eine wirtschaftliche Machtübernahme in den Betrieben wurde von vornherein nirgends versucht, nirgends auch nur angestrebt. Auch die zentrale Staatsregierung überließen die Räte vertrauensvoll und arglos den beiden sozialistischen Parteien, von denen sich die eine als gegenrevolutionär, die andere als unfähig erwies. Worauf die Räte zielten, was sie übernehmen, demokratisieren und ersetzen wollten, einen Augenblick lang auch tatsächlich übernahmen, das war nur die alte Militärgewalt und die alte Bürokratie; in gewissem Sinne setzten sie sich an die Stelle der militärischen Generalkommandos, die im Kriege die zivile Administration unter dem Belagerungszustand kontrolliert hatten. Das aber war ein zu enger Ansatz. Von der bloßen Militär- und Zivilverwaltung her sind Staat und Gesellschaft nicht in den Griff zu bekommen, und überdies sind gerade Militär und Bürokratie am schwersten, wenn überhaupt, zu demokratisieren. Die antimilitaristischen Soldatenräte brachten keine revolutionäre Streitmacht auf die Beine, die den gegenrevolutionären Freikorps die Spitze bieten konnte. Und selbst wenn es gelungen wäre, die zivile Verwaltung gründlicher als es geschah zu revolutionieren und zu demokratisieren: eine revolutionäre Verwaltung kommt gegen eine gegenrevolutionäre Regierung auf die Dauer nicht auf. Die deutschen Räte von 1918 scheiterten, schlicht gesagt, an zu großer Bravheit und zu geringem Ehrgeiz.

Die Pariser Kommune von 1871 dagegen scheiterte an zu hohem Ehrgeiz – an dem atemberaubenden Versuch, den Staat nicht nur zu revolutionieren, sondern überhaupt abzuschaffen. Sie ist immer noch der größte Wurf, den die Rätebewegung in über hundert Jahren unternommen hat – der Versuch, mit einem Sprung aus dem bürgerlichen Staat in die klassenlose Utopie, die herrschaftslose, totale, direkte und ko-operative Selbstregierung zu gelangen. Aber die Pariser Kommune hatte Krieg zu führen – welche Revolution hätte das übrigens nicht? –, und Krieg ist ohne Staat nicht zu führen. Wenn die Kommune ihren furchtbaren Bürgerkrieg nicht verloren, sondern gewonnen hätte, hätte sie ihn mit an Sicherheit grenzender Wahrscheinlichkeit nicht als das gewonnen, als was sie angetreten war; und tatsächlich gab es in der kurzen Geschichte der Kommune bereits den Ansatz eines inneren Bürgerkriegs zwischen »Anarchisten« und »Jakobinern«, wobei die letzteren im Begriff waren, die Rolle der Bolschewiki in der russischen Revolution zu übernehmen. Etwas Ähnliches hat sich übrigens sogar in der noch kürzeren und unglücklicheren Geschichte der Münchener Räterepublik von 1919 abgespielt, in der es ebenfalls in der Mitte einen Knick gibt: eine kommunistische Machtübernahme und einen Versuch, in letzter Minute Ordnung in den Laden zu bringen – Ordnung, die vielleicht eine Überlebenschance, aber zugleich einen Verzicht auf das ursprüngliche Ziel bedeutet hätte.

Soweit der historische »Record« der Räte-Idee. Daß er alle ihre Möglichkeiten erschöpft, wird man nicht sagen können, aber daß er ihren Anhängern viel Grund gibt, diese Möglichkeiten genau und realistisch zu durchdenken, sich nicht mit großen Worten und abstrakten Begriffen zu benebeln, sondern sich ganz handgreiflich klarzumachen, was Räte allenfalls leisten können und was nicht: das dürfte sich nicht bestreiten lassen.

Ein großer Grundwiderspruch, insbesondere, läßt sich nicht übersehen: Ein enger Ansatz ist tödlich für die Räte. Von der einzelnen Fabrik, der einzelnen Behörde, der einzelnen Truppe aus ist das ungeheuer komplizierte Geflecht moderner Staats-, Wirtschafts- und Gesellschaftsorganisation nur in Unordnung, nicht in eine neue und bessere Ordnung zu bringen. Ein breiter Ansatz aber scheint dem Wesen der Räte – der Spontaneität und Direktheit massenhafter Selbstregierung – zu widersprechen. Direkte Demokratie hat bisher immer nur im kleinen, überschaubaren Umkreis funktioniert, von der antiken Polis bis zur schweizerischen Landgemeinde. Man könnte sich vorstellen, daß sich das eines Tages von der Technik her ändern ließe – direkte Knopfdruckabstimmungen nach Fernsehdebatten etwa; aber das ist nicht mehr der Rätegedanke. Persönlich neige ich dazu, die mögliche Zukunft der Räte eher als die eines Korrektivs, eines demokratischen Brems- und (segensreichen) Hemmungsinstruments gegenüber einer unaufhaltsamen Technokratie zu sehen. Aber daß ich damit der Frage auf den letzten Grund gekommen wäre, will ich nicht behaupten.

Eberhard Kolb
Die Arbeiterräte in der deutschen
Innenpolitik 1918–19
Droste Verlag, Düsseldorf

Eric Ertl
Alle Macht den Räten?
Europäische Verlagsanstalt, Frankfurt/Main

S. Fischer und die deutsche Literaturblüte 1890 bis 1933

Als Thomas Mann im Doktor Faustus seinen Saul Fitelberg sagen ließ: »Die Deutschen sollten dem Juden erlauben, den médiateur zu machen zwischen ihnen und der Gesellschaft, den Manager, den Impresario, den Unternehmer des Deutschtums – er ist durchaus der rechte Mann dafür«, da hat er wahrscheinlich an Samuel Fischer gedacht, seinen eigenen Entdecker, Manager, Impresario und lebenslänglichen Verleger.

S. Fischer ist eine der wichtigsten Figuren der deutschen Literaturgeschichte: die Zentralfigur eines goldenen Zeitalters der deutschen Literatur, des Zeitalters der zweiten deutschen Klassik, 1890 bis 1933, das mit gutem Recht die Fischerzeit heißen könnte. Man hat ihn den Cotta des Naturalismus genannt, aber das tut ihm Unrecht – gleich doppelt. Erstens war er der verlegerische Sammelpunkt nicht nur des Naturalismus, sondern auch seiner Gegenbewegung, des Symbolismus, und dann des kritischen Realismus und der Neuen Sachlichkeit – einer ganzen deutschen Literaturepoche eben, und zwar der glänzendsten seit der Goethezeit; und zweitens war er für diese Epoche viel mehr, als Cotta für die klassische gewesen war.

Goethe und Schiller hatten nicht von Cotta gelebt, aber Hauptmann und Dehmel, Schnitzler und Hofmannsthal, Thomas Mann und Hesse, Wassermann, Schickele, Flake und Döblin lebten von Fischer. Sie waren in gewissem Sinn seine Geschöpfe, seine Entdeckungen – fast könnte man sagen, seine Erfindungen. Er war vor ihnen allen da, und sie waren sozusagen in seinem Kopf da, ehe es sie gab – er suchte und fand sie, setzte sie durch, baute sie auf, versammelte ihnen ihr Publikum und schuf ihnen die Atmosphäre, die sie in Gang hielt, die »Verlagsfamilie«, die ihnen über Schaffenskrisen hinweghalf.

Die Weimarer Klassiker waren ja Sonntagsdichter gewesen, von ihrer Schriftstellerei hätten sie allesamt nicht existieren können. Goethe war Staatsminister und Theaterdirektor, Schiller Geschichtsprofessor, Herder Hofprediger, und wer nicht das Glück hatte, einen solchen Job zu finden, der ging eben unter wie der arme Hölderlin und der arme Kleist. Das ist heute übrigens wieder ganz ähnlich. Die Leute, deren Namen wohl oder übel die deutsche Literatur von heute darstellen, leben (vielleicht mit ein oder zwei Ausnahmen) von Fernsehen und Rundfunk, von Journalismus oder Dramaturgie oder auch von irgendeinem ganz prosaischen Job in der Wirtschaft oder bei den Gewerkschaften.

Das Buch als solide Existenzgrundlage seines Verfassers, der Schriftsteller als gesellschaftlich etablierter full-time-Professional, der von seiner Praxis so sicher und angesehen existiert wie ein Rechtsanwalt oder Arzt – das hat es in Deutschland nur ein Menschenalter lang gegeben, eben von 1890 bis 1933, und diese Epoche war das Werk einer ganz kleinen Gruppe von Literaturverlegern mit nicht nur kommerziellem, sondern kulturellem Ehrgeiz – kaum mehr als einem halben Dutzend: neben und nach Fischer Kippenberg, Diederichs, Albert Langen, Kurt Wolff, Rowohlt, Szolnay – und damit ist schon so ungefähr Schluß. Aber unter diesen sechs oder sieben steht Fischer ganz einzigartig da: Er erfand diese Art von schöpferischem Geschäft, und er blieb zeitlebens der unbestrittene König der großen Literaturverleger; die anderen waren nur seine Nachahmer oder Nachfolger, und keiner hat es ihm je ganz gleichgetan. Heute gibt es diesen Verlegertyp überhaupt nicht mehr.

Natürlich war es ein Geschäft auf Gegenseitigkeit. Nicht nur eine große deutsche Literaturepoche lebte von Fischer, Fischer lebte auch von ihr. Er war ja kein fürstlicher Mäzen, der aus dem vollen schöpfen konnte, er war ein kleiner, fast mittellos aus dem Ungarischen zugewanderter Buchhändler, und er gründete seinen Verlag 1886 mit 10000 Mark, die ihm durch einen Glücksfall – eine Abfindung für einen vorzeitig geräumten Laden – ins Haus geweht waren. 10000 Mark waren damals mehr wert als heute, vielleicht zehnmal soviel, aber 100000 Mark in heutigem Gelde wären immer noch eine lächerliche Kapitalgrundlage für einen Verlag, von dem sich ein Dutzend Autoren Häuser bauen sollten (und der Verleger natürlich auch). Damit auf dieser lächerlich schmalen Grundlage das Literaturimperium S. Fischer erstehen konnte, mußte etwas hinzukommen, wofür das Wort »Genie« nicht zu hoch gegriffen ist: ein unfehlbares Gespür für das Talent einerseits, für den Zeitgeist andererseits; für das, worauf ein hin-

länglich großes und hinlänglich bildungswilliges Publikum jeweils wartete, ohne es selbst noch zu wissen.
Die Autoren, die er einmal erwählt hatte, baute Fischer mit einer dienenden Pflege auf, die in der deutschen Verlegergeschichte ihresgleichen nicht hat. Manchen, vor allem seinem frühesten Starautor, Gerhart Hauptmann, bekam die Hochstilisierung nicht, sie wurden dadurch allmählich korrumpiert; andere spornte der Klassikerstatus, den Fischer seinen Autoren zu suggerieren wußte, die Aussicht auf die »Gesammelten Werke«, die ihm immer vorschwebte, zur Höchstleistung an. Der Idealautor des Verlages war natürlich Thomas Mann. Schwer zu sagen, ob es Thomas Mann, die Figur und das Œuvre, ohne Fischer gäbe – ob er ohne Fischer durchgehalten hätte; er war schließlich, bei aller stillen Zähigkeit, keine robuste Natur, es war viel Zart-Empfindliches, Verwundbares, auch Selbstzerstörerisches in ihm. Thomas Mann ohne S. Fischer hätte sehr vorstellbarerweise enden können wie sein Sohn Klaus.
Die Geschichte des Hauses Fischer ist natürlich eine kapitalistische Geschichte, nicht anders als die Geschichte der Buddenbrooks. Es handelt sich um Aufstieg, Glanz und Niedergang eines Geschäfts, wenn auch in diesem Fall, anders als bei der Getreidehandlung Buddenbrook, eines Geschäfts mit dem Geist. Ohne Ausbeutung ging es dabei nicht ab. Freilich, nicht die Autoren waren die Ausgebeuteten, aber die Angestellten und »Markthelfer« und, nicht zuletzt, die Lektoren. Der arme Oskar Loerke zum Beispiel, nach dem Tode Moritz Heimanns Cheflektor und Faktotum des Verlages (von Hause aus ein feiner, spröder und hoffnungslos erfolgloser Lyriker) klagt in seinen Tagebüchern: »Gefühl der Demütigung, fortdauernd ganz dumme, schlechte, leere, teilweise nur aus merkantilen Gründen geschriebene Romane lesen zu müssen und damit die schöne Zeit zu verlieren . . . Dienstag den ganzen Tag über Waschzettel gemacht. Mittwoch im Verlage. Es ist unmenschlich, welche Lesebürde ich zu bewältigen habe. Immer Dinge, die geringer sind, als was ich denken und fühlen kann. Selbst das Gute mit der Hetzpeitsche im Rücken.«
Loerkes Obliegenheit war es auch, des späten Gerhart Hauptmann achtlos herunterdiktierte, oft ungrammatisch hingeschluderte Manuskripte druckreif zu machen. Er wohnte in einem

Hinterhaus in Halensee, und es war eine merkwürdige Erfahrung für ihn, dann gelegentlich, etwa zur Abfassung einer Festrede, zu Hauptmanns Hofhaltung auf dem Wiesenstein zugezogen zu werden und, sozusagen an der herrschaftlichen Tafel mitessend, schwere Weine und schwere Speisen vorgesetzt zu bekommen, die sein unverwöhnter Magen nicht vertrug, und dazu die anakoluthen Weisheitssprüche des falschen Goethe, dessen Produkte ihm die Lesbarkeit verdankten, dankbar aufblickend bewundern zu dürfen ... Ja, auch dieses kapitalistische Literaturparadies hatte seine Bedientenquartiere und trüben Hinterhöfe.
Trotzdem, ein Literaturparadies war es. Nie vorher und nie nachher haben es Literaten und Literatur so gut gehabt. Ein Wort wie das Peter Härtlings, eines späteren Leiters des Fischer Verlages: »Tja, wie lange wir die Literatur noch mitschleppen können ...« wäre dem alten Fischer nicht über die Lippen und nicht einmal in den Sinn gekommen. Seine Zeit war eben noch nicht die Zeit der Buchfabriken und der synthetischen Bestseller; und wer heute, von der Buchmesse kommend, die Geschichte S. Fischers und seines Verlages liest, ermißt den ganzen Abstand zwischen dem Verlagswesen in seiner produktiven Hoch- und Glanzzeit und in seiner jetzigen Epoche, die mit aller überbordenden Hektik wohl doch eine Dekadenzepoche ist.
Es ist dem großen alten S. Fischer erspart geblieben, sie zu erleben. Er starb 1934, gerade noch rechtzeitig, und sein Werk wurde von den Nazis zerstört. Der unter seinem Namen wiederhergestellte Nachkriegsverlag hat wenig mit diesem Werk zu tun, auch wenn er die Klassiker der großen Verlagsperiode noch »mitschleppt«.
Immerhin, Peter de Mendelssohns monumentales Werk »S. Fischer und sein Verlag« ist noch unter dem alt-neuen Verlagssignum erschienen, und es ist – das Höchste, was sich über ein Buch von heute sagen läßt – ein Werk, das auch dem alten S. Fischer Freude und seinem Verlag Ehre gemacht hätte. Ich habe eine Woche lang in diesem Buch gelebt wie die Made im Speck (es ist 1300 Seiten lang) und wieder einmal Thomas Manns Diktum bestätigt gefunden, »daß nur das Ausführliche wahrhaft unterhaltend ist«.
Peter de Mendelssohn gehört einer literarischen Generation an, die durch die Zeitläufte um ihre Entfaltung gebracht worden ist.

Etwa zwischen 1926 und 1932 kam diese Generation auf, eine Generation von Enkeln und Erben, »frühgereift und zart und traurig«, eine Art Rokoko der Fischer-Epoche. Klaus Mann hatte den Ton angeschlagen, und ein ganzes Kammerorchester von Talenten nahm ihn auf: zum Beispiel Herbert Schlüter (»Die Rückkehr der verlorenen Tochter«); W. E. Süskind (»Tordis«, »Mary und ihr Knecht«), Joachim Maass (»Boheme ohne Mimi«), Joe Lederer (»Musik der Nacht«) und eben auch Peter von Mendelssohn, wie er damals noch hieß (»Schmerzliches Arkadien«). Man hört den Titeln schon an, was für zärtliche Zierpflanzen diese junge Generation von 1930 darbot, so kurz vor der Kulturkatastrophe. Die meisten dieser Epheben sind in den schaurigen Jahrzehnten, die folgten, verdorben und gestorben; alle sind sie aus der Bahn geweht worden.
Mendelssohn, immerhin, hat seinen Mann gestanden. Er wurde Engländer, lernte die neue Sprache schreiben und sprechen wie ein Eingeborener und war in den vierziger Jahren ein erfolgreicher und angesehener englischer Journalist geworden. In Deutschland sah man ihn nach dem Krieg als alliierten Kulturoffizier und Zeitungsgründer wieder – der Berliner »Tagesspiegel« und die Hamburger »Welt« verdanken ihm ihr Entstehen. Alles hochachtbar, eine Lebensleistung, die sich sehen lassen kann. Nur der zarte und besondere Künstler, der sich in den letzten Jahren vor 1933 angekündigt hatte, schien darüber gestorben. Nun sieht man – und einem Generationsgenossen wie mir sei verziehen, daß er es mit Rührung und Genugtuung sieht –, daß er nicht gestorben, sondern in aller Stille großartig ausgereift ist. Der Wunderknabe von einst präsentiert sich heute als ein Meistererzähler großen, alten Stils.
Altmodischen Stils, wenn man will. Das Sensitive, Hingestrichelte seiner Jugendwerke erkennt man auch in dem reifen Meisterwerk noch wieder. Die Handschrift ändert sich nicht, und auch seine Epoche trägt eben jeder mit sich, lebenslänglich; immerhin denkbar, daß die von 1930 vor der heutigen auch ein paar Dinge voraus hatte. Die Kunst der Adjektivwahl, der Kritik durch Weglassen, der ironisch-zurückhaltenden Charakterisierung, des unbetonten Hinplauderns, das ganze Erbe Fontanes und Thomas Manns – das wird hier noch so unbefangen gehandhabt, als ob es inzwischen nie eine Kahlschlagliteratur gegeben hätte.

Als ich vorhin die Geschichte des Verlages S. Fischer mit der Geschichte der Firma Buddenbrook verglich, passierte mir das wahrscheinlich, weil ich ganz unwillkürlich Vergleiche zwischen Thomas Manns frühem und Peter de Mendelssohns spätem Meisterwerk zog. Auch von Mendelssohns Magnum opus kann man sagen, was Samuel Lublinski, der frühe prophetische »Buddenbrook«-Rezensent, vor achtzig Jahren schrieb: »Eines jener Kunstwerke, die wirklich über den Tag und das Zeitalter erhaben sind, die nicht im Sturm mit sich fortreißen, aber mit sanfter Überredung allmählich und unwiderstehlich überwältigen.«

Peter de Mendelssohn
S. Fischer und sein Verlag
Fischer Verlag, Frankfurt/Main

Ricarda Huchs Nein

»Inge Jens hat erstmals die Geschichte der Sektion für Dichtkunst aus den Akten der Preußischen Akademie der Künste erschlossen und hat es verstanden, die Tragik der Entwicklung deutlich werden zu lassen«: so der Klappentext. Die Tragik? Ich würde eher sagen: die bittere Komik.

Zugegeben: Frau Jens hat wenig Sinn für diese Komik. Sie nimmt ihr Thema ernst, und es hat ja auch eine ernste Seite: Die »Sektion für Dichtkunst«, die der preußische Kultusminister Becker im Jahre 1926 der Preußischen Akademie der Künste angliederte, war der erste und einzige in Deutschland je gemachte Versuch, der Literatur einen öffentlichen Status zu geben; und dieser Versuch ist kläglich, zum Schluß schmählich, gescheitert. Das kann man bedauern, und Frau Jens bedauert es offensichtlich. Sie schreibt die Geschichte einer verlorenen Sache mit all der Sympathie und leidenden Parteinahme, die Geschichtsschreiber einer verlorenen Sache so oft auszeichnet; auch mit dem – wie soll ich sagen? – menschenfreundlichen Optimismus, der im Grunde immer noch hofft, daß wir aus vergangenen Fehlern lernen und es ein zweites Mal besser machen können.

Aber die Dokumente, die sie in dankenswerter Fülle ausbreitet, sind stärker als sie. Sie zeigen – und zwar auf eine oft unwiderstehlichen Lachreiz erregende Weise –, daß es sich um eine bizarr-verfehlte Unternehmung handelte. Es bekommt Schriftstellern nicht, staatliche Weihen anzunehmen, und dem Staat nicht, sich mit literarischen Federn zu schmücken. Zusammengespannt machen beide, Staat und Literatur, eine traurig-lächerliche Figur – die Literatur noch mehr als der Staat. Dichter auf der Staatsbühne, das sind Schwäne auf dem Lande.

Frau Jens hat ein äußerst lesenswertes, hochinteressantes und, wie gesagt, oft auf eine etwas peinliche Weise hochkomisches Buch geschrieben; aber ein wenig so wie der Erzähler Zeitblom in Thomas Manns Doktor Faustus, der glaubt, ein Musterleben zu beschreiben und in seiner Gutmütigkeit und seinem liebenden

Eifer gar nicht merkt, was für eine heillose Geschichte er da aus Versehen erzählt.
Dies hier ist eine rechte Literatengeschichte und eine rechte Weimarer Geschichte. Als die Weimarer Republik – oder, um genau zu sein, der Staat Preußen, der ja immer noch ihren Kern bildete – sich eine Dichterakademie zulegte (was die preußische Monarchie wohlweislich nie getan hatte), geschah das nicht aus Stärke, sondern aus Schwäche. Die Weimarer Republik war bekanntlich eine Republik ohne Republikaner, ein nicht geliebter, kaum geachteter, links und rechts nie so recht akzeptierter Staat. Sie hatte kein Prestige und keinen Glanz, kaum ein Gesicht. Begreiflich, daß sich ein paar Minister Gedanken darüber machten, wie man das Fehlende heranschaffen könnte. Begreiflich auch, daß sie dabei auf die Literatur verfielen. Die deutsche Literatur hatte ja im ersten Drittel dieses Jahrhunderts eine Blütezeit. Es fehlte nicht an großen Namen und großen Talenten. Wenn der Staat sie an sich zog, sich mit ihnen verband, sie auszeichnend auf ein Podest stellte, sie sozusagen zu Staatsdichtern und sich selbst zu einem Dichterstaat machte – würde ihm das nicht helfen, ihm Würde geben, die Republik sozusagen mit einem neuen Geistesadel ausstatten? Die Dichterakademie sollte den Staat aufwerten: Das war der Grundgedanke, der sie entstehen ließ.
Nur leider, diejenigen Schriftsteller, die sich darauf einließen, dachten gar nicht daran, den Staat aufzuwerten. Bestenfalls wollten sie die Literatur aufwerten, den Schriftstellerstand, oft aber auch wohl – wie sollte es anders sein – die eigene Person. Man kann ihnen das nicht übelnehmen. Der Schriftsteller führte und führt ja in Deutschland (und nicht nur hier) eine unsichere, gefährdete, oft bemitleidenswerte Existenz. Er spielt in einer Lotterie mit vielen Nieten. Er investiert Jahre heimlicher, einsamer, leidenschaftlicher, verzehrender Arbeit; und das Ergebnis? Reichtum so gut wie nie. Ruhm in jeder Generation für drei oder vier, bestenfalls ein halbes Dutzend; für ein paar Dutzend eine kleine Fachreputation, eine kleinere oder größere »Gemeinde«, eine bescheidene, immer vom Modewechsel bedrohte Existenz, solange der kleine Vorrat an produktivem Antrieb reicht; für den riesigen Rest Enttäuschung, Demütigungen, Tadel und Spott der Kritik, Resignation oder Verbitterung – und Armut und Elend. Wenn die Literatur plötzlich sozusagen geadelt wurde, dann hoff-

te natürlich jeder auf eine Hebung des ganzen Standes; aber noch mehr hoffte natürlich jeder, der es nötig hatte, auf eine Hebung der eigenen Person, mehr Resonanz, mehr Geld, mehr Würde, mehr Wichtigkeit, und dies natürlich auf Kosten anderer, die es nicht so nötig hatten. Denn Literaten haben keine Solidarität; wer ihre Lage bedenkt, kann sich darüber nicht wundern. Jeder ist dem andern im Wege (Goethe: »Lebt man denn, wenn andere leben?«), jeder hat ein scharfes Auge für die Schwächen des Konkurrenten, und ständig hacken sie alle aufeinander ein, einzeln oder in Cliquen . . . Die Welt der Literatur ist unter anderem auch eine Art Unterwelt, und eine Staatseinrichtung und Geistesaristokratie daraus zu machen – das konnte nicht gutgehen.
Es ging nicht gut, von Anfang an nicht. Inge Jens' wahrheitsliebender, ehrlich bekümmerter, wohlwollender, aber nichts vertuschender Bericht führt von Peinlichkeit zu Peinlichkeit. Die Berühmten machten sich rar. Die »Halben, die Beschränkten« machten sich wichtig. Die Zukurzgekommenen machten Stunk. Was war denn auch sonst zu erwarten? Tonangebend waren, mit wenigen Ausnahmen, von Anfang an Schriftsteller der zweiten Garnitur.
Mit Stunk fing alles an – öffentlichem Stunk, veranstaltet von einem Armen, Alten, Verkannt-Verbitterten, Arno Holz. Immerhin, nachdem das überstanden war, wurde das Schifflein flott und segelte in die ruhige See der goldenen zwanziger Jahre. Aber nun zeigte sich zweierlei: Die Dichterakademie hatte nichts zu tun, und sie hatte kein Geld. Das Geld hatte der Staat ganz einfach vergessen; Geistesabwesenheit? Preußische Sparsamkeit? Jedenfalls, das Budget sah in einem der besten Jahre so aus (Bericht Oskar Loerkes): »Wir empfingen 3000 RM etatsmäßig für das Haushaltsjahr 1928; aus dem Haushaltsjahr 1927 ersparten und übernahmen wir 1097 RM. Diese insgesamt 4079 RM sind für Wettbewerbe und Veranstaltung von Vorträgen auf dem Gebiet der Dichtkunst bestimmt. Aus Fonds des Herrn Ministers erhielten wir 5000 RM ›zur Förderung der Aufgaben der Sektion für Dichtkunst‹ durch Erlaß vom 20. 6. 28 (U IV Nr. 11650). Von der für den gleichen Zweck früher bewilligten Summe besitzen wir noch 2300 RM, insgesamt 7300 RM.« Als man in diesem selben Jahr einen Akademiepreis »für die Lebensarbeit eines Dichters« aussetzen wollte, entschloß man sich nach langem Hin

und Her, es lieber bleiben zu lassen: Der Preis wäre zu ärmlich gewesen. Allenfalls konnte man an notleidende Kollegen »Werkbeihilfen« von ein paar hundert Mark schicken – und was für Bettelbriefe man bekam! Frau Jens hat sie alle getreulich in ihr Protokoll geschrieben. Unter einigen stehen berühmte Namen.

Kein Geld und kein Arbeitsprogramm – man könnte darüber streiten, was tödlicher war. Die Sektion für Dichtkunst hatte nichts zu tun, sie litt an Überflüssigkeit. Die spätere, private Gruppe 47 war Gold dagegen. Da wußte man doch, wozu man hinreiste: Man las sich etwas vor, kritisierte sich, tastete sich sozusagen ab, unter der Hand wurde allmählich eine kleine Börse und Verkaufsmesse daraus, das hatte Sinn und Verstand. Eine Clique – warum nicht? Die Clique ist die natürliche Organisationsform der Literatur. Die Sektion für Dichtkunst bestand auch aus Cliquen, und da man nichts anderes zu tun hatte, stritt man sich. Das ist ohnehin, neben ihrer Arbeit, die Hauptbeschäftigung von Schriftstellern. Die Funktion der Adademie war es, den unablässigen Literatenstreit aus dem Feuilleton auf die politischen Zeitungsseiten zu verpflanzen, ihm also eine falsche Wichtigkeit zu geben und ihn damit anzuheizen; denn der Hauptzweck von Literatenfehden ist ja, Aufmerksamkeit zu erregen.

Worüber stritt man sich? Über Zuwahlen; über den Firmennamen (endlos: Sektion für Dichtkunst oder für Literatur oder – staatsmännischer Kompromiß – für »literarische Kunst«; preußische oder deutsche Akademie; Dichtkunst oder Dichter); über Bücher, die man als Schulprämien empfehlen wollte; über die Herausgabe oder Nichtherausgabe eines Jahrbuchs; über die Formulierung von Protesten; über die Frage, ob die Mitglieder auf ihren Buchtiteln »M.D.A.« hinter ihren Namen setzen sollten; und, natürlich, über Politik. Durch alle Protokolle und Briefwechsel zieht sich die ewige Fehde zwischen »Rechten« und »Linken«, zwischen »Dichtern« und »Schriftstellern«, »Volksverantwortlichen« (Kolbenheyers Selbstbetitelung) und »Asphaltliteraten«. Viel Haß, viel Neid, viel feindosiertes Gift; und alles am Ende so nutzlos! Denn wie es mit der Literatur in Deutschland weitergehen sollte, das entschied ja nicht die Preußische Akademie der Künste, das entschieden ganz andere Kräfte.

Immerhin, als es im Frühjahr 1933 dann soweit war, hatte die

Sektion für Dichtkunst plötzlich noch einmal eine Chance und eine Wahl: die Chance, »besser zu sterben, als sie gelebt hatte«, die Wahl zwischen einem Ende in Würde und einer tödlichen Blamage. Sie wählte die Blamage.

Federführend war der arme Benn, der ja damals allen Ernstes glaubte, er könne der Poeta laureatus des Dritten Reichs werden – später, als er sah, daß er sich verspekuliert hatte, schimpfte er dann wie ein Rohrspatz; ein beachtlicher Dichter trotzdem; und eben auch einer, der vom Dichten nicht leben konnte. Auf Antrag Benns, und auf Beschluß Benns, Bindings, Loerkes, von Molos und Stuckens, ging am 13. März 1933 an alle Mitglieder folgender Brief heraus: »Sind Sie bereit, unter Anerkennung der veränderten geschichtlichen Lage weiter Ihre Person der Preußischen Akademie der Künste zur Verfügung zu stellen? Eine Bejahung dieser Frage schließt die öffentliche politische Betätigung gegen die Regierung aus und verpflichtet Sie zur loyalen Mitarbeit an den satzungsgemäß der Akademie zufallenden nationalen kulturellen Aufgaben im Sinne der veränderten geschichtlichen Lage.« Von den siebenundzwanzig Mitgliedern antworteten achtzehn mit »Ja«. Gewiß zum kleineren Teil aus Überzeugung; zum größeren aus Opportunismus oder aus Angst.

Selbst die »Neins« klangen meist mehr nach Chamade als nach Fanfare. Jakob Wassermann zum Beispiel schrieb, er sei zu jeder loyalen Mitarbeit bereit, »doch müßte ich, bevor ich eine offizielle Erklärung abgebe, erst wissen, ob mich die der Akademie vorgesetzte Behörde als Juden überhaupt annehmen wird.« Döblin wählte die Höflichkeit: Da er »als Mann jüdischer Abstammung unter den heutigen Verhältnissen eine zu schwere Belastung für die Akademie wäre«, trat er aus. Das tat auch Thomas Mann: »Ich habe nicht im geringsten die Absicht, gegen die Regierung zu wirken ... Es ist aber mein Entschluß ... fortan in vollkommener Zurückgezogenheit meinen persönlichen Aufgaben zu leben.« Thomas Mann fand später andere Töne. Aber jetzt, in diesem entscheidenden Augenblick fand sie nur eine Frau, und nicht einmal eine »Linke«: Ricarda Huch. »Dies Ja kann ich aber um so weniger aussprechen«, antwortete sie am 24. März 1933, »als ich verschiedene der inzwischen von der neuen Regierung vorgenommenen Handlungen auf das schärfste mißbillige ... Auf das Recht der freien Meinungsäußerung will ich

nicht verzichten . . . Ich nehme an, daß ich durch diese Erklärung automatisch aus der Akademie ausgeschieden bin.«
Ja, so weit war es schließlich: Wer seine Ehre retten wollte, konnte es nur noch durch den Austritt aus der Akademie tun. Interessant ist, daß Ricarda Huch ursprünglich gar nicht hatte eintreten wollen. »Es widerstrebt mir«, schrieb sie 1926, »einer Gesellschaft anzugehören, innerhalb welcher ich gar nichts leiste und wo ich mich nicht am Platze fühle.« Wie recht sie hatte, auch damals schon! Fast würde man bedauern, daß sie sich dann doch zur Mitgliedschaft überreden ließ – wenn man nicht noch mehr bedauern würde, daß es dann niemanden gegeben hätte, der 1933 mit der richtigen Geste austrat. Nachträglich wird man sagen müssen: Dieser Austritt Ricarda Huchs ist das einzige, was von der Geschichte der Sektion für Dichtkunst übrigbleiben wird; und das einzige, was ihre Gründung sozusagen rechtfertigt.

Inge Jens
Dichter zwischen rechts und links.
Die Geschichte der Sektion für
Dichtkunst der Preußischen
Akademie der Künste,
dargestellt nach Dokumenten.
Piper Verlag, München

Sein eigener Tucholsky (Heinrich Brünings Memoiren)

Man munkelte seit Jahrzehnten, daß Heinrich Brüning, der Reichskanzler der Jahre 1930/32, eine postume Zeitbombe präpariert habe: Memoiren, die erst nach seinem Tode veröffentlicht werden durften, weil er darin »auspackte«. Die Memoiren wurden größtenteils schon in den dreißiger Jahren in der Emigration geschrieben, im Kriege an drei verschiedenen Orten im Ausland versteckt und hatten, wie man hörte, den Zweck, die historische Reputation vieler Politiker der Weimarer Endzeit für immer zu ruinieren. Nun, dieses Versprechen halten die endlich veröffentlichten Memoiren. Aber unter den Politikern, deren Reputation ruiniert wird, steht an der Spitze Brüning selbst.
Es gibt einen Präzedenzfall für einen solchen versehentlichen Rufselbstmord: die ebenfalls postumen Memoiren, die Brünings kaiserlicher Vorgänger Bülow nach seinem Tode explodieren ließ und in denen er viele seiner Zeitgenossen, vom Kaiser angefangen, glaubwürdig genug diskreditierte, zugleich aber in aller Unschuld ein überaus abstoßendes Selbstporträt zeichnete. Zwischen Bülow und Brüning gibt es auffallende Parallelen. Beide hatten das Glück, gestürzt zu werden, ehe die Katastrophe, die sie vorbereitet hatten, eingetreten war. Wenn sie nur geschwiegen hätten – genug Leute waren bereit gewesen, zu glauben, daß nicht sie das Unheil verursacht hätten, daß sie es vielleicht sogar abgewendet hätten, wenn man sie hätte weitermachen lassen. Brüning galt sogar bei vielen als der letzte Verteidiger der Weimarer Republik, der letzte Demokrat. In diesem hinterlassenen Selbstzeugnis nun enthüllt er sich mit einer naiven Selbstzufriedenheit, die dem Leser immer wieder die Haare zu Berge stehen läßt, als ein Todfeind der Demokratie und als der bewußte Zerstörer der Weimarer Republik.
In zweierlei Hinsicht hat Brüning, verglichen mit Bülow, Pech gehabt. Bülows postume Rache erschien so rechtzeitig, daß manche seiner Opfer sie noch lesen und sich darüber buchstäblich zu Tode ärgern konnten; und sie erschienen zu einer Zeit, die sich

für Bülow noch interessierte; seine Kanzlerschaft war noch nicht allzu lange her. Brüning ist in seiner amerikanischen Vergessenheit uralt geworden. Die Leute, die er aus dem Grabe heraus zur Schnecke macht, die Hindenburg, Hugenberg und Schleicher, können sich zwar nicht mehr wehren, aber auch nicht mehr ärgern; sie sind lange vor ihm gestorben. Und die Übergangsphase von Weimar zu Hitler, in der Brüning seinen historischen Auftritt hatte, ist heute alte Geschichte; nur alte Leute haben noch eigene Jugenderinnerungen an sie; für alle anderen sind die Intrigen und Verrätereien, an denen diese Epoche so reich war, ein fernes, dünnes Gezeter, von dem sie sich achselzuckend abwenden. Das Publikum, für das Brüning schrieb, gibt es nicht mehr. Seine Zeit- und Stinkbombe explodiert zu spät.

Das ist allerdings auch wieder sein Glück. Es könnte ihm wahrhaftig gar nichts Besseres passieren, als ignoriert zu werden. Aber man sollte ihn nicht ignorieren. So alte Geschichte ist die Ermordung der Weimarer Republik, deren Geschichte einer der Mörder hier auspackt, nun auch wieder nicht. Die Kräfte, die sie betrieben, gibt es auch heute noch.

Brüning – der heute jungen Generation muß man das wohl alles erst von Anfang an erzählen – war Reichskanzler von Ende März 1930 bis Ende Mai 1932. Dies war die Zeit der großen Wirtschafts- und Bankenkrise, in der in der ganzen westlichen Welt die kapitalistische Wirtschaft mit einem furchtbaren Knall zu funktionieren aufhörte und in Deutschland die Arbeitslosenzahl auf sechs Millionen anstieg; in der die Nazis aus einer kleinen Splittergruppe zur stärksten Partei wurden; und in der die parlamentarische Demokratie in Deutschland durch eine Notstandsdiktatur abgelöst wurde.

Es war Brüning, der diese Ablösung vollzog; aber die Diktatur trug unter ihm noch ein parlamentarisches Feigenblatt, seine Regierung wurde von der Reichstagsmehrheit, einschließlich der SPD, als kleineres Übel »toleriert«. Man glaubte ihm noch, daß er, anders als nachher Papen oder Schleicher oder Hitler, die Diktatur wirklich nur als Notstands- und Ausnahmemaßnahme ausübe und nach der Wirtschaftskrise wieder zur verfassungsmäßigen Demokratie zurückwolle.

Es war auch Brüning, der durch eine radikale und – mit unserem heutigen Wissen betrachtet – geradezu irrsinnige Deflationspolitik in einer ohnehin schon grassierenden Depression Not und Arbeitslosigkeit ständig verschlimmerte; aber auch dabei hat man ihm seither zugute gehalten, daß er sozusagen nicht wußte, was er tat. Der Keynesianismus war ja zu seiner Zeit noch nicht erfunden, und die meisten Volkswirtschaftler waren damals einer Depression gegenüber ratlos.

Schließlich war es auch Brüning, der durch seine vorzeitige Reichstagsauflösung im Sommer 1930 den Nazis zum Durchbruch verhalf; aber hier glaubte man am allerwenigsten, daß er das vorausgesehen und gewollt habe, und man billigte ihm zu, daß es seither immer sein Ziel gewesen sei – gerade durch seine eigene, legale, »gemäßigte« Diktatur –, Hitler von der Macht fernzuhalten. Brüning erschien in der bisherigen Geschichtsschreibung als ein redlicher, tatkräftiger, wenn auch vielleicht etwas beschränkter Demokrat katholisch-bürgerlicher Couleur, der in schlimmer Zeit manches Schlimme tun mußte, der auch Fehler machte, der aber das Beste wollte.

Von diesen Gutmütigkeiten läßt sich nach Brünings vernichtendem Selbstzeugnis nichts mehr aufrechterhalten. Aus seinem eigenen Munde erfahren wir jetzt, daß es von vornherein »der Angelpunkt seiner Politik« war, die Republik und die Demokratie Schritt für Schritt zugunsten einer monarchischen Restauration zu beseitigen, daß er im September 1930 nicht nur 107, sondern sogar 120 Nazis im Reichstag erwartet hatte; daß er von 1930 an Hugenberg, Schleicher und auch Hitler wiederholt Regierungsbeteiligung oder Nachfolge antrug und daß er Hitler schon im Herbst 1930 eine Übergangskoalition zwischen Zentrum und NSDAP in den Landtagen angeboten hat; daß er, ebenfalls schon im Herbst 1930, Göring, mit dem er engen Kontakt hielt, durch persönliche Intervention von einer drohenden Hoch- und Landesverratsanklage freistellte. (»Zwar wäre in solchen Fällen, wenn es sich um einen KPD-Abgeordneten gehandelt hätte, dieser wahrscheinlich verhaftet worden. Ich meinte aber, in diesem Falle das verhindern zu müssen, mit Rücksicht darauf, daß ich damals noch an die Möglichkeit glaubte, eines Tages die NSDAP in das gleiche Joch der Verantwortlichkeit mit hineinspannen zu können wie die anderen Parteien.«) Und schließlich macht er selbst jetzt ganz klar, daß er sehr wohl wußte, was er tat, als er die Arbeitslosigkeit immer weiter verschlimmerte – er brauchte den deutschen wirtschaftlichen Zusammenbruch (und die drohende »Bolschewisierung«), um damit das westliche Ausland zu erschrecken und Reparationsstreichung und Aufrüstung durchzusetzen. Darauf ist er immer noch stolz; nicht das kleinste Wort des Mitgefühls findet sich in seinem dicken Buch für das millionenfache Elend, das er zu diesem Zweck über die deutschen Massen verhängte.

Brüning war, wie er jetzt kundtut, von Jugend auf ein hölzernharter Gegenrevolutionär. Wenn es nach ihm gegangen wäre, wäre der Kaiser 1918 mit der Armee gegen die Heimat marschiert, beim Kapp-Putsch war er mit dem Herzen ganz auf der Seite der Brigade Ehrhardt – »nie habe ich eine so erstklassige Truppe gesehen« –, über die Vorgänge der Revolutionsjahre erzählt er immer noch die tollsten Märchen; und als es zehn Jahre später darum ging, der Weimarer Demokratie endgültig den Garaus zu machen, war Brüning, der sie nie gewollt hatte, sofort und mit Eifer dabei: Er war das bewußte und willige Werkzeug einer Verschwörung, die von Hindenburg und seiner Entourage, insbesondere dem General von Schleicher, schon im Winter 1928/29, also ein Jahr vor Ausbruch der Wirtschaftskrise, angezettelt worden war: Das alles bezeugt er selbst jetzt mit der größten Seelenruhe.

Und warum wurde er dann von denselben Leuten 1932 trotzdem abgehalftert? Denn das wurde er, und darüber kann er sich nun allerdings nicht genug entrüsten. Nebenbei gesagt, die Geschichten, die er bei dieser Gelegenheit auspackt, sind von grausamer Komik – diese ewigen Händedrücke und Mannesschwüre mit dem Dolch im Gewande, das ständige brustgeschwellte Pathos (»Vaterland« und »Verantwortung« und »Vor Gott beschworen«), das Selbstmitleid (»Alle haben mich im Leben verlassen«) und dann wieder das egoistische Gejammer (»Die Holzpreise sinken, und ich und alle alten Familien werden ruiniert«): ganz egal, wer gerade spricht – und es ist oft kaum zu unterscheiden, sie haben alle denselben Schmierenstil –, es schreit alles nach einem Tucholsky; aber Brüning ist in aller Unschuld oft schon sein eigener Tucholsky.

Und warum also wurde er dann doch gestürzt? Ganz einfach, weil er nicht schnell genug machte. Er braucht sich gar nicht so darüber aufzuregen; er selbst gibt, mit der Naivität, die seine Me-

moiren durchweg auszeichnet, die entscheidende Unterredung mit Schleicher wieder, in der dieser ihm kurz nach Ostern 1929 in seiner Wohnung am Matthäikirchplatz in Berlin beim Frühstück eröffnete, daß der Reichspräsident (Hindenburg) »die Dinge vor seinem Tode in Ordnung bringen«, »das Parlament im gegebenen Augenblick für eine Zeit nach Hause schicken und in dieser Zeit mit Hilfe des Artikels 48 die Sache in Ordnung bringen« wolle, und daß er, Brüning, als das Werkzeug dazu ausersehen sei.
»Brüning: ›Wie lange schätzen Sie die für die Reform notwendige Zeit ein?‹«
»Schleicher: ›Na, in sechs Monaten muß man das schaffen.‹«
Das war Brünings Kontrakt, und er hat ihn nicht gehalten. Im Frühjahr 1932 regierte er nicht mehr sechs Monate, sondern zwei Jahre, und immer noch war die Republik nicht formell abgeschafft, das Parlament nicht nach Hause geschickt, »die Sache nicht in Ordnung gebracht«; und inzwischen wurde Hindenburg immer älter, und jeden Tag konnte er sterben. Was Wunder also, daß Brünings Auftraggeber ungeduldig wurden, daß sie mit ihrem Angestellten nicht mehr zufrieden waren, von »Brüning Cunctator« sprachen und sich nach einem schneidigeren und draufgängerischen Staatsstreichkanzler umsahen, den sie dann in Papen – auch einem rechten Zentrumsmann – zu finden glaubten; der Kavallerist löste den MG-Schützen ab, die Methode wurde forscher, aber das Ziel blieb das alte.
Dieses Ziel war natürlich nicht die Diktatur Hitlers. Hitler war zwar in den Augen der Hindenburg-Schleicher-Kamarilla durchaus ebenfalls ein möglicher Brüning, er durfte durchaus auch »im gegebenen Augenblick« Reichskanzler werden (was kam es auf ein paar Juden an), aber daß er dann seine Auftraggeber total an die Wand spielen und »im gegebenen Augenblick« umbringen lassen würde, war natürlich nicht vorgesehen. Vorgesehen war einfach die Abschaffung der Demokratie und die Wiederherstellung eines autoritären Macht- und Klassenstaates, und dazu war Brüning sogar ein noch viel brauchbareres Werkzeug als Hitler; ihm wäre es nie eingefallen, den Spieß umzudrehen und Schleicher, als er genug von ihm hatte, einfach umlegen zu lassen. Er war der ergebene kleine Mann, der sich hochgeehrt fühlte, von den wahrhaft Mächtigen zum Werkzeug erkoren zu werden. Ein durchgehend subaltern-devoter Zug gibt seinem selbstgezeichne-

ten Charakterbild die letzte Würze. Wenn Oldenburg-Januschau ihn im Reichstag anpfiff, antwortete er »in verehrungsvoller Form«; zu Hugenberg sprach er nur »mit Wärme und letzter Offenheit«, mit Mussolini hatte er eine »unvergeßliche Unterhaltung«; und noch in den Memoiren des Emigranten Brüning fließt ihm immer wieder ganz natürlich ein »Exzellenz« in die Feder, wenn er von den wahren Respektspersonen berichtet (»Ich hatte versucht, den Auszug der Deutschnationalen durch Unterhaltungen mit Exzellenz Hergt zu verhindern«). Katzbuckeln nach rechts und Herablassung nach links – das ist diesem Typ angeboren. Für die SPD findet er hier und da, nun seinerseits plötzlich ein großer Herr, »ein Wort der Anerkennung«, und schrecklich und erschütternd wirklichkeitsgetreu ist dann auch wieder, wie die Weimarer SPD-Führer, diese noch kleineren Leute, ihrerseits vor dem kleinen Brüning katzbuckelten. (»Severing erklärte mir, ich könne mich unter allen Umständen auf ihn verlassen. Er werde sich bis zum letzten für meine Politik, ohne Rücksicht auf Strömungen seiner Partei, einsetzen.«)
Alte Geschichte?

Heinrich Brüning
Memoiren 1918–1934
Deutsche Verlagsanstalt, Stuttgart

Links gegen Links: Der Spanische Bürgerkrieg

Die Weltrevolution ist offensichtlich wieder im Gange – aber ihre Träger sind nicht mehr die Erben Lenins und Trotzkis. Sind sie vielleicht sogar ihr stärkstes Hindernis geworden? Die Chinesen behaupten das bekanntlich; auch die Pariser Barrikadenkämpfer vom Mai 1968 gaben der französischen KP die Schuld oder Mitschuld an ihrer Niederlage.

Mit Recht? Und wenn mit Recht – was ist die Erklärung? Was hat Weltrevolution und Weltkommunismus, ursprünglich fast dekkungsgleiche Begriffe, auseinandertreten lassen? Stimmt es, daß die Kommunisten heute eine konservative Partei – eine konservative Linkspartei – geworden sind? Und wenn ja, was hat sie dazu gemacht? Denn natürlich haben sie ihre Gründe. Der Streit zwischen der »antiautoritären« und der »traditionalistischen« Linken ist ja intellektuell noch ebensowenig ausgetragen wie machtpolitisch.

Wer diesen Streit verstehen und sich ein fundiertes Urteil darüber bilden will, dem kann ich keine bessere Lektüre empfehlen als Broué/Témimes historische Analyse des Spanischen Bürgerkriegs. Der Spanische Bürgerkrieg war ja nicht nur eine heroische Tragödie, die man immer noch nicht ohne Erschütterung nacherleben kann; er war auch ein Lehrstück. Er war nicht nur – in klassischer Ausprägung, weit klarer als die ideologisch verworrenen beiden Weltkriege – ein Krieg zwischen Links und Rechts; er war auch ein verdeckter, zu Zeiten sogar ein offener Krieg zwischen Links und Links. Der alte Ideenstreit zwischen Bakunin und Engels, später dann der zwischen Mao und Moskau – im republikanischen Spanien von 1936 und 1937 wurde er in blutiger Praxis durchexerziert, durchexperimentiert wie in einem riesigen Labor. Nie vorher und nie nachher hat es ein solches Experiment gegeben.

Es ist Broué/Témimes Verdienst, daß sie diesen Bürgerkrieg innerhalb des Bürgerkriegs, diesen Krieg zwischen Links und Links, den die republikanische Apologetik und Legende meist

ein wenig zu verwischen sucht (wenn sie ihn nicht geradezu totschweigt), ganz transparent gemacht haben. Und was ihrem Buch seine besondere Pikanterie gibt, ist, daß sie dabei auf verschiedenen Seiten stehen: Pierre Broué, der den ersten Teil – die Geschichte von Triumph und Tragödie der spanischen Revolution – geschrieben hat, sieht in der Liquidierung der Revolution und in der republikanischen Restauration, zu der sich Rechtssozialisten und Kommunisten im September 1936 verbanden, den großen Irrtum und den Keim der Niederlage; Emile Témime, der im zweiten Teil des Buches die eigentliche Kriegsgeschichte entfaltet, betrachtet sie als harte Notwendigkeit und unerläßliche Vorbedingung des – immerhin – zweieinhalb Jahre lang durchgehaltenen Abwehrkampfes der Republik.
Es hat seine Bedeutung, daß dies Buch nicht konventionellerweise »Der Spanische Bürgerkrieg« heißt, sondern »Revolution und Krieg in Spanien«. Broué und Témime brechen mit der landläufigen – freilich auch durch die republikanische Propaganda der Kriegsjahre bewußt genährten – Anschauung, nach der der Spanische Bürgerkrieg vom ersten bis zum letzten Tag ein Abwehrkrieg einer legitimen parlamentarischen Regierung gegen eine Militärrevolte war. Für sie gibt es zwei getrennte Vorgänge, ein Dreitage- und ein Dreijahredrama: eine Revolution, die sich dem militärischen Staatsstreich entgegenwarf – und dann, nach der Abdankung oder Unterdrückung der Revolution, einen langen Krieg, der in mancher Hinsicht mehr einem Krieg zwischen zwei Staaten glich als einem Bürgerkrieg. Es stimmt zwar, daß der eine dieser Staaten eine formelle Kontinuität mit der Vorkriegsrepublik für sich in Anspruch nahm, der andere nicht; und westliche Liberale, die mit der spanischen Republik sympathisierten, brachten diese Sympathie denn auch gern dadurch zum Ausdruck, daß sie die Republikaner »Loyalisten« und die Franco-Spanier »Rebellen« nannten. Aber Jahrzehnte nach Kriegsende darf man wohl, ohne deswegen zum Franco-Anhänger zu werden, offen sagen, daß das ein gutgemeinter Unsinn war. Die Republik der Bürgerkriegsjahre hatte mit der parlamentarischen Vorkriegsrepublik ebensowenig gemein wie Francos improvisierter Militärstaat – ja, in gewissem Sinne noch weniger. Denn Francos »neuer« Staat war gesellschaftlich der alte, während die Republik im Sommer 1936 immerhin durch eine radikale soziale

Revolution gegangen war – die sie allerdings später nicht mehr wahrhaben wollte und nach Kräften ungeschehen zu machen suchte.

Tatsache ist, daß die damals fünf Jahre alte bürgerlich-parlamentarische spanische Republik in den Tagen vom 17. bis zum 20. Juli 1936 zusammenbrach. Der erste dieser Tage sah den Beginn der Armeerevolte, der letzte den Sieg der Arbeitermassen über das Militär in Barcelona und Madrid. Es waren Tage, die die Welt erschütterten – Tage, von denen einer ihrer Helden, »Il Campesino«, später schrieb, er könne hinterher gar nicht mehr begreifen, daß soviel Kämpfen, Leiden, Triumphieren, Töten und Sterben in so wenig Zeit Platz gehabt haben konnte. Die Republik hatte in diesen drei Tagen drei aufeinanderfolgende Regierungen, eine hilfloser als die andere. Keine von ihnen hatte der Militärrevolte etwas entgegenzusetzen. Was sich ihr entgegenwarf, das war die Revolution – die spontane Revolution der Massen, vor der sich die republikanische Regierung mindestens ebensosehr gefürchtet hatte wie vor der Verschwörung der Militärs. In den Hauptstädten Spaniens wurden am 18., 19. und 20. Juli »die Berechnungen der Militärs von einer Menschenmenge zunichte gemacht, die den Tod nicht fürchtete. Hier siegten Massen, die sich dem Maschinengewehrfeuer unbewaffnet entgegenwarfen und um den Preis von Hunderten Toten die Maschinengewehre der Armee mit bloßen Händen an sich rissen . . . Fortan war ihr Gegner nicht eine schwache Volksfrontregierung, sondern eine Revolution der entfesselten Massen.« (Broué)

Broué fährt fort: »Wo der Aufstand unterlag, war er nicht der allein Besiegte. Zwischen den Mühlsteinen der aufsässigen Armee und der bewaffneten Volksmassen wurde der republikanische Staat zerrieben.« Einen Monat lang – einen wilden, wüsten, phantastischen, grausamen und großartigen Monat lang gab es in Spanien keinen Staat. Wo die Armee nicht herrschte, herrschte die Revolution. Die Revolution herrschte zunächst sogar im weitaus größeren Teil des Landes. Nur: die Armee war mobil, die Revolution nicht. Die Armee konnte marschieren, erobern, besetzen. Ihr Herrschaftsbereich wuchs. Die Revolution schien sich mit den Heldentaten der drei großen Tage erschöpft zu haben. Ihr Gebiet begann zu schrumpfen.

Broué und Témime stimmen überein, daß dies die Schicksalsstunde der spanischen Revolution war. Sie hatte im ersten, spontanen Schwung Unglaubliches geleistet. Aber das zählte jetzt nicht mehr. Jetzt hatte sie einen Krieg zu führen, wenn sie überleben wollte. Konnte sie Krieg führen? Es sah nicht so aus. Jedenfalls hatten die revolutionären Massen und ihre vielen örtlichen Führer – größtenteils Anarchisten, Linkssozialisten, Trotzkisten – keine Antwort auf die Frage, wie man den Vormarsch der regulären Truppen zum Halten bringen könnte. Die Rechtssozialisten und die Kommunisten hatten eine; sie hieß: Wiederherstellung der Republik. Wenn man Krieg führen wollte – so ihr Gedankengang –, dann brauchte man wieder einen funktionierenden Staat, disziplinierte Streitkräfte, stabiles Geld, leistungsfähige Wirtschaft, Rüstungsindustrie, internationale Anerkennung, Waffenhilfe. Das alles stellten die Rechtssozialisten und Kommunisten vom September an tatsächlich wieder auf die Beine (wobei die Kommunisten die eigentlich treibende und organisierende Kraft waren). Die Revolution freilich mußte sich dafür opfern – oder geopfert werden. Die wiederhergestellte Republik brauchte Ordnung im Innern, Achtbarkeit nach außen.

In ihrer Art war diese improvisierte republikanische Restauration eine imponierende Leistung, und sie befähigte die restaurierte Republik ja denn auch immerhin zu zweieinhalb Jahren Widerstand, mit so heroischen Episoden wie der Verteidigung von Madrid. Freilich, am Ende stand dann doch die Niederlage. Sie war, zweieinhalb Jahre lang, langsam herangekrochen; eine eigentliche Siegesaussicht hatte die Republik, wie man wohl rückschauend konstatieren muß, keinen Augenblick gehabt.

Für diesen von Anfang an wenig hoffnungsvollen Krieg also wurde die Revolution abgeblasen – erst »integriert«, dann liquidiert. Die Massen wurden diszipliniert und wieder zur Raison gebracht – zur Staatsraison. Nicht immer mit Liebe und Güte. Der Krieg der wiederhergestellten Republik brachte nicht nur heroische Episoden, sondern auch schauderhafte – wie die blutige Unterdrückung der Anarchisten und Trotzkisten in Barcelona im Mai 1937. Einer der italienischen Anarchisten, die in Spanien mitkämpften, spürte damals über der spanischen Republik »den Schatten Noskes«. Das war übertrieben. Die spanischen Kommunisten waren keine Konterrevolutionäre wie Noske, auch wenn sie zunächst einmal den Krieg auf Kosten der Revolution gewin-

nen wollten. Aber derselbe Mann hatte schon eher recht, wenn er schrieb: »Man gewinnt den Krieg nicht dadurch, daß man das Problem auf die rein militärischen Voraussetzungen des Sieges reduziert.«
Ein Paradox besonderer Art ist dabei noch dies, daß die Kommunisten bei ihrer Restaurationspolitik sich selbst im Wege waren. Ihre immer deutlicher zutage tretende Vorherrschaft machte die Republik in den Augen der westlichen Demokratien immer verdächtiger – obwohl es gerade die Kommunisten waren, die am allermeisten und am allerhärtesten auf bürgerlicher Achtbarkeit, militärischer Disziplin, Ruhe und Ordnung, Legalität, sogar religiöser Toleranz bestanden. Es ist wahr: Die Kommunisten waren während des ganzen Krieges das unrevolutionärste, konservativste, »bürgerlichste« Element der spanischen Linken. Nur half ihnen das alles gar nichts. Sie blieben die gefürchtetste und gehaßteste aller linken Parteien, der große, ewige Bürgerschreck. Damals wie heute. Und vielleicht doch mit Recht? Vielleicht war die »unrevolutionäre« Politik der Kommunisten am Ende doch die gefährlichste für die Gegenseite – die einzige, die, durch konventionellen Sieg im konventionellen Krieg, der Revolution nachträglich doch noch hätte zum Sieg verhelfen können? Schließlich hat ja auch Stalin (der gerade damals die bolschewistische alte Garde liquidierte) durch seinen Sieg im Weltkrieg der Revolution in Ost- und Mitteleuropa zum Siege verholfen – was einem Trotzki nie gelungen war. Freilich hat eine solche auf dem Umweg konventioneller Machtpolitik ans Ziel gebrachte Revolution etwas Synthetisches, Denaturiertes. Wir sind seither revolutionserfahrener geworden.
Insbesondere Mao hat in der chinesischen Revolution eine Trumpfkarte ausgespielt, die den spanischen Revolutionären vom Juli 1936 abging: ein Rezept revolutionärer Kriegführung, das nicht »das Problem auf die rein militärischen Voraussetzungen des Sieges reduziert«. Im Licht der chinesischen, algerischen, vietnamesischen Erfahrungen fragt man sich: Hätte die spanische Revolution in einer maoistischen Dauerguerilla nicht vielleicht bessere Siegeschancen gehabt als die restaurierte Republik in einem konventionellen Territorialkrieg? Vielleicht ist es müßig, nachträglich so zu fragen, da es keiner der spanischen Revolutionsführer damals getan hat – und das, obwohl Spanien seit Na-

poleons Zeiten nicht unerfahren in Guerilla ist. Vielleicht aus Stolz? Vielleicht, weil sich die Revolution nach den glänzenden Massensiegen vom Juli zu stark für Guerilla fühlte? Guerilla ist ja der Krieg der Schwachen, die Schwäche in Stärke ummünzen, der Krieg der Demütigen und Geduldigen.
Wie dem auch sei: Die spanische Revolution, die gewaltigste Leistung der europäischen Linken seit der russischen, wurde nach ihren ersten Siegen einem Krieg geopfert, der dann verloren wurde, und diese doppelte Niederlage – erst gegen die »konservative« Linke und dann gegen die Rechte – erklärt vielleicht besser als alles andere die Kirchhofsruhe, die dem Furioso der Bürgerkriegsjahre in Spanien gefolgt ist. Der doppelte Schlag war zu schwer, die Enttäuschung zu tief, die Entzweiung, die der Niederlage folgte, zu bitter. Heute gibt es einen Wunsch, den alten tragischen Streit zu vergessen. Aber wie kann man etwas vergessen, das inzwischen die ganze Welt bewegt und erschüttert?

Pierre Broué/Emile Témime
Revolution und Krieg in Spanien
Suhrkamp Verlag, Frankfurt/Main

1941 – Jahr der Entscheidung

Nach landläufiger Auffassung begann die deutsche Geschichtsepoche, in der wir uns befinden, 1945. Es ist aber wahrscheinlich historisch richtiger, ihren Anfang vier Jahre früher anzusetzen, 1941. Mit dem Überfall auf Rußland am 22. Juni 1941 und der Kriegserklärung an Amerika am 11. Dezember 1941 setzte Hitler die Kausalitätskette in Gang, die über die totale Niederlage Deutschlands gegen diese beiden weit überlegenen Mächte, über ihre Begegnung in Deutschland und über ihre Unfähigkeit, sich dort wieder voneinander zu lösen, zur Teilung Deutschlands zwischen ihnen führen mußte. Nach 1941 war in diesem Ablauf alles zwangsläufig: Die Deutschen selbst wie ihre beiden großen Besieger waren von jetzt an, wie Astronauten in einer Rakete, in eine Bahn geschossen, aus der sie nicht mehr herauskonnten. Aber der Entschluß zum Abschuß war frei. Nichts zwang Hitler im Juni 1941, Rußland zu überfallen. Nichts zwang ihn sechs Monate später, Amerika den Krieg zu erklären.
Warum tat er es? Was versprach er sich davon? War sein Entschluß – oder waren seine beiden Entschlüsse – völlig irrational, Zeichen beginnenden Größenwahns oder eines heimlichen Todeswunsches? Oder waren sie immerhin rationale, kalkulierte, nur eben falsch kalkulierte Akte? Oder irren wir uns, und waren sie, im verborgenen, doch schon Zwangszüge in einer damals für Hitler schon unentrinnbar gewordenen Situation?
Professor Andreas Hillgruber hat an diese faszinierenden Fragen eine gewaltige, imponierende Arbeit gewendet und ein in seiner Art bewunderungswürdiges Geschichtswerk geschaffen. Beantwortet hat er sie nicht. Wir müssen die Antwort schließlich aufgrund des massenhaften Materials, das Hillgruber zusammenträgt und, allerdings glänzend analysiert und organisiert, selber zu geben versuchen.
Von Hitlers zwei geschichtsbestimmenden Entschlüssen des Jahres 1941 analysiert Hillgruber ausführlich nur einen, den russischen. Sein Buch bricht nach dem 22. Juni ab, oder, vielmehr, es

schwingt in einen nur noch skizzenhaften Vorblick aus. Der Entschluß zur Kriegserklärung an Amerika ist aber eigentlich der noch rätselhaftere. Denn Rußland hoffte Hitler ja immerhin besiegen, erobern und unterwerfen zu können; wie er Amerika besiegen sollte, hatte er, nach eigenem Eingeständnis gegenüber dem japanischen Botschafter, keine Ahnung. Die Kriegserklärung war daher eigentlich keine Ankündigung, daß Deutschland gegen Amerika Krieg führen werde, sondern nur eine Einladung an Amerika, gegen Deutschland Krieg zu führen.

Zu einer solchen grotesken Einladung bestand auch dann kein überzeugender Grund, wenn man annahm, daß Amerika in jedem Fall früher oder später gegen Deutschland Krieg führen würde. Gewiß, Roosevelt wollte das spätestens seit 1940, und Hitler wußte es. Aber Roosevelt war nicht allmächtig, er hatte es keineswegs leicht, sein Land – öffentliche Meinung und Kongreß – von der Notwendigkeit dieses Krieges zu überzeugen, und auch das wußte Hitler.

Warum also Roosevelt seine Arbeit geradezu abnehmen? Im ganzen Sommer und Herbst 1941 hatte Hitler sich denn auch gegen Roosevelts viele Nadelstiche und Provokationen unempfindlich gestellt; und gerade Pearl Harbor bot ja noch einmal eine unverhoffte Chance, daß der antijapanische Aufschrei im Lande Roosevelt zwingen würde, sich nun ganz auf den japanischen Krieg zu konzentrieren und Deutschland für eine Weile zurückzustellen (in England zitterte man damals vor dieser Möglichkeit). Warum nahm Hitler diese Chance nicht wahr, warum zerschlug er sie geradezu mit eigener Hand?

Gewiß nicht aus Nibelungentreue gegenüber Japan. Vertrauensvolle Zusammenarbeit und strategische Koordinierung gab es zwischen Deutschland und Japan während des ganzen Krieges nicht, sie führten Separatkriege wie Amerika/England und Rußland; ja, Hitler war von den Japanern mit ihrem Angriff auf Pearl Harbor, den er gar nicht gewünscht hatte, ebenso im letzten Augenblick vor vollendete Tatsachen gestellt worden wie sechs Monate vorher Mussolini von ihm selbst mit seinem Angriff auf Rußland. Auch war Nibelungentreue ja nun gewiß nicht Hitlers Sache.

Nein, die Kriegserklärung an Amerika war entweder Hitlers wahnsinnigster Akt oder sein genialster; entweder eine vollkommen kopflose Kurzschlußhandlung oder eine phantastisch weitsichtige Spekulation – man möchte beinah sagen: auf die Nach-Hitler-Zeit. Und einiges spricht für die zweite Alternative. Man darf nicht vergessen, was sich in den Tagen davor ereignet hatte: nicht nur Pearl Harbor, sondern auch – für Hitler wichtiger – der Ausbruch des russischen Winters, auf den er sich nicht eingerichtet hatte, und die erste russische Winteroffensive vor Moskau. Hitler mußte in diesen Tagen endgültig erkannt haben, daß sein Rußlandplan gescheitert war, daß er den russischen Krieg nicht gewinnen würde. Ja, er mußte wahrscheinlich damit rechnen, daß er ihn viel schneller, als es dann geschah, verlieren würde: Die Möglichkeit einer schnellen Katastrophe wie der napoleonischen war im Dezember 1941 nicht von der Hand zu weisen. Angesichts einer solchen Möglichkeit aber hatte es für Hitler plötzlich Sinn und Verstand, Amerika zur Kriegführung gegen Deutschland geradezu einzuladen: Wenn schon Niederlage, mochte er sich sagen, dann wenigstens nicht nur Niederlage gegen Rußland, sondern gegen Rußland und Amerika; ja, es ist gar nicht auszuschließen, daß er im Geiste schon die Begegnung der beiden Giganten in Deutschland vorausnahm – eine Begegnung, aus der ein Zusammenstoß entstehen konnte, und damit die Chance für Deutschland, den Krieg gegen den Osten nunmehr an der Seite des Westens fortzusetzen; alles, wozu es dann später beinah gekommen wäre.

Das wird auch nicht durch Hitlers späteres Verhalten im Winter 1944/45 widerlegt, als er ja, nun wirklich das Ende vor Augen, seine letzte Reserve nicht im Osten, sondern im Westen einsetzte und seinen letzten Schlag nicht im Osten, sondern im Westen führte. Hätte er umgekehrt disponiert, so wäre zwar wahrscheinlich (was Churchill damals schon heimlich mit aller Leidenschaft erstrebte) ganz Deutschland vom Westen besetzt und »integriert« worden. Aber das wollte Hitler ja gar nicht. Es lag ihm nichts daran, Deutschland wohlig-erleichtert ins Paradies der Care-Pakete und Chesterfield-Zigaretten einsinken zu lassen. Woran ihm lag, war der Zusammenprall der Sieger in der Mitte Deutschlands und die daraus entstehende Chance einer Fortsetzung des Krieges. Genau das hat er mit seiner Strategie denn auch beinahe erreicht. Insofern ist Hitlers Kriegserklärung an Amerika durchaus rationaler Erklärung zugänglich.

Hitlers Überfall auf Rußland ist es weit weniger. Hitler hatte ja 1941 einen Krieg mit England bereits am Halse, aus dem mit hoher Wahrscheinlichkeit früher oder später ein Krieg gegen England plus Amerika werden würde. Rußland spielte in diesem Krieg gegenüber Deutschland die Rolle eines wohlwollenden Neutralen. Es in solcher Lage statt dessen ohne Not zum Feind zu machen, scheint irrsinnig.

Und ohne Not geschah es. Darüber läßt Hillgrubers minuziöse Detailforschung nicht den geringsten Zweifel. Von »Präventivkrieg« kann keine Rede sein. Rußland bereitete keinen Krieg gegen Deutschland vor und wollte keinen – für damals bestimmt nicht und wahrscheinlich auch für später nicht. Möglich, daß es, wenn Deutschland nach Amerikas Kriegseintritt in tiefere Abhängigkeit von Rußland geraten wäre, den Preis seiner Wirtschaftshilfe höher geschraubt, sich auf dem Balkan und in Skandinavien, wo die Interessensphären nicht sauber abgegrenzt waren, vorsichtig weiter vorgeschoben hätte. Nun und? Denkbar – obwohl gänzlich unbewiesen –, daß es im Fall einer deutschen Niederlage im Westen im letzten Augenblick, ähnlich wie vorher im Fall Polens und nachher im Fall Japans, zu den Siegern gestoßen wäre, um sich einen Beuteanteil zu sichern und die Westmächte nicht bis an die eigenen Grenzen vorrücken zu lassen. Aber war denn eine deutsche Niederlage im Westen ohne Rußlandkrieg so sicher? War nicht, alles in allem, ein Remis viel wahrscheinlicher?

Der Schlag gegen Rußland lag auch nicht etwa in der Logik des Krieges gegen England. Hitler hat das zur Rationalisierung seines Kriegsentschlusses zwar immer wieder vorgebracht, und Hillgruber folgt ihm darin mit nie erlahmender Geduld – manchmal sogar, für mein Gefühl, mit etwas einschlafender Kritik. »Wenn wir England seinen letzten möglichen Festlandsdegen aus der Hand schlagen, wird es den Mut zum Weiterkämpfen verlieren.« So, in Kürze, das Argument. Aber England setzte nicht auf Rußland, es setzte auf Amerika. Es war im Sommer 1941 sogar darauf gefaßt, daß Rußland sich, von Hitler erpreßt, mit Deutschland offen verbünden würde, und es war für diesen Fall tollkühn entschlossen (wie schon vorher einmal, im finnischen Winterkrieg 1939/40), Rußland *und* Deutschland anzunehmen. (Hillgruber gibt detaillierte Belege dafür.) England sowie auch Amerika teilten nämlich Hitlers unbegreifliche Unterschätzung der russischen Macht damals vollauf.

Nein, der Entschluß zum Überfall auf Rußland wurde nicht wegen des englischen Krieges gefaßt, sondern trotz des englischen Krieges. Der Krieg gegen England – je mehr man sich in die Einzelheiten vertieft, um so klarer wird es – interessierte Hitler nicht, er hatte ihn nicht gewollt, er war ihm »aufgezwungen«. Er führte ihn halbherzig, halb widerwillig, allenfalls mit kurz aufflakkernder, ärgerlicher Wut, aber ohne Kriegsziel und ohne eigentlichen Kriegsplan. Die beiden einzigen Männer in der deutschen Führung, die den Krieg gegen England ernst nahmen und immer neue Pläne dafür ausheckten, waren Raeder und Ribbentrop. Sie hatten aber immer nur sehr vorübergehend Hitlers Ohr. Im Grunde genommen war für Hitler der englische Krieg nur eine ärgerliche Störung in seinem eigentlichen Vorhaben – dem großen Kolonial-, Ausrottungs- und Versklavungszug in den Osten, der in Polen begonnen hatte und in Rußland seinen Höhepunkt finden sollte; der Gewinnung von »Lebensraum«. Und nach der Ausschaltung Frankreichs fand er, daß er es sich nun leisten konnte, zu dieser seiner fixen Idee zurückzukehren, daß England ihn nicht weiter stören würde. Tatsächlich war es ja dazu auch längere Zeit noch kaum in der Lage.

Insofern läßt sich Hitlers Entschluß, Rußland im Sommer 1941 anzugreifen, noch allenfalls rational erklären. Wenn er schon sein Lebensziel, aus dem europäischen Rußland »ein deutsches Indien« zu machen, trotz des inzwischen ausgebrochenen Westkrieges verwirklichen wollte, dann natürlich am besten in der Pause dieses Westkrieges, ehe England und Amerika zur Offensive übergehen konnten. Der Wahnsinn lag in der Sache selbst. Rußland war schließlich kein hilfloses unterentwickeltes Land. Es war seit mehr als zweihundert Jahren eine europäische Großmacht, die noch mit jedem feindlichen Eindringling fertig geworden war; und für jeden, der Augen im Kopf hatte, war klar erkennbar, daß es seit der bolschewistischen Revolution, genauer: seit dem Anlaufen der Stalinschen Fünfjahrespläne, nicht schwächer, sondern in rasantem Tempo stärker geworden war. Der Gedanke, daß man ein solches Land einfach mit einem kurzen Stoß umwerfen und dann beliebig darauf herumtrampeln könnte, war eine Ausgeburt des Wahnsinns. Selbst ohne Westkrieg mußte sich jeder

Deutsche, der bei gesunden Sinnen war, sagen, daß eine Großmacht wie die Sowjetunion zu einem Kampf auf Leben und Tod herausfordern, mit dem eigenen Leben spielen hieß.
Es sagte sich aber keiner. Das wirklich Erschütternde, Unbegreifliche, das einem in Hillgrubers genauer Darstellung immer wieder kalte Schauer über den Rücken jagt, ist, daß Hitlers Verblendung von allen geteilt wurde – den Generalen, den Ministerialbeamten, den Diplomaten, allen. Keiner zweifelte, keiner warnte. Vor dem Frankreichfeldzug hatten viele Bedenken und Befürchtungen gehabt und auch geäußert; vor dem Rußlandfeldzug keiner. Sie alle waren ganz sicher, daß die Wehrmacht durch die russische Verteidigung rutschen werde »wie ein Messer durch die Butter«. Und keiner von ihnen – nicht einer! – hatte auch nur den geringsten Einwand gegen die ungeheuerlichen Verbrechen und Grausamkeiten, die für den Feldzug vom ersten Tag an vorgeplant waren. Denn es sollte ja, wie Hillgruber in genauem Detail belegt, von vornherein kein »europäischer Normalkrieg« werden, sondern ein Ausrottungs- und Versklavungsunternehmen, ein Kolonialkrieg. Keiner fand etwas dabei. Jeder fand es ganz in der Ordnung, dem Bären das Fell stückweise abzuziehen, während der Bär noch lebte und seine Riesentatzen gebrauchen konnte. Was dabei so einzigartig ist, ist die Verbindung von moralischer Verworfenheit mit totaler Instinktlosigkeit. Grausamkeit des Starken gegen den Schwächeren kommt leider alle Tage vor. Aber Grausamkeit – äußerste, hemmungslose, entmenschte Grausamkeit – des Schwächeren gegen den Starken, den er vernünftigerweise aus reinem Selbsterhaltungsinstinkt fürchten müßte –, wo hat es das schon gegeben? Das ist Wahnsinn, der Wahnsinn, mit dem die Götter schlagen, wen sie verderben wollen.

Andreas Hillgruber
Hitlers Strategie,
Politik und Kriegführung 1940–1941
Bernard und Graefe, Frankfurt/Main

Was war der 20. Juli?

Wer so recht mit Händen greifen will, was der 20. Juli 1944 eigentlich war – und warum er scheitern mußte –, der sollte Kunrath von Hammersteins Buch »Spähtrupp« lesen. Und zwar nicht nur das letzte Kapitel, das direkt vom 20. Juli handelt, sondern das Ganze.

Kunrath von Hammerstein ist ein Sohn des letzten Weimarer Reichswehrchefs, der am 29. und 30. Januar 1933 vage Putschpläne hatte (eigentlich mehr gegen Papen als gegen Hitler) und 1943 verbittert starb. Er ist ein pietätvoller Sohn, sehr bemüht um das Andenken seines Vaters, dessen Schwächen trotzdem in seinem Buch grausam deutlich werden. Er ist außerdem ein Musterexemplar – und ein besonders anziehendes – seiner Klasse, des preußischen Militäradels.

Diese Klasse war vielleicht die einzige, sicher die stärkste herrschaftsfähige und staatsbildende Kraft, die Deutschland in der Neuzeit hervorgebracht hat. Ob man sie nun mag oder nicht, sie hatte, was eine herrschende Klasse braucht und was weder der deutsche Hochadel noch das deutsche Bürgertum noch, wie es scheint, die deutsche Arbeiterschaft hatten oder haben: Geschlossenheit, Stil, Herrschaftswillen, Durchschlagskraft, Selbstsicherheit, Selbstdisziplin, Moral, Gewissen, Überzeugung, Staatsbewußtsein. Das Preußen, das von dieser Klasse geprägt war, war zwei Jahrhunderte lang ein phänomenaler Erfolg – allerdings mit der merkwürdigen Zäsur von 1806, die mitten im Erfolg eine gewisse Brüchigkeit und Künstlichkeit signalisierte: nicht wegen Jena, sondern wegen des unglaublichen Zusammenbruchs, der Jena folgte. Aber die Regeneration nach diesem Zusammenbruch war ja dann auch fast unglaublich.

Dann hat diese Klasse noch fünfzig Jahre lang das Deutsche Reich geführt, und damit war sie offenbar überfordert. Man braucht kein Marxist zu sein, um zu sehen, daß ein moderner Industriestaat nicht von einer Klasse geführt werden kann, deren wirtschaftliche Grundlage verschuldete Güter sind. Eine herrschende Klasse, die zugleich schon fast ein Anachronismus ist – das kann nicht gut gehen. Aber was, wenn keine andere da ist? Und es war keine andere da, weder im Kaiserreich noch in der Weimarer Republik noch im Dritten Reich; und auch in der Bundesrepublik und in der DDR scheint so recht keine da zu sein. Mit seinen Tugenden und mit seinen Schwächen war der preußische Militäradel eben doch in seiner Art das Beste, was Deutschland produziert hat, und eigentlich gibt es wohl immer noch keinen Ersatz für ihn.

Aber war er im 20. Jahrhundert noch so gut wie im 18. und 19. Jahrhundert? Eine gewisse Dekadenz, eine gewisse Selbstzufriedenheit und Selbstverliebtheit, eine fatale Neigung, auch moralisch, politisch und intellektuell vom Kapital zu leben, war wohl schon im Kaiserreich da. In der Weimarer Republik kamen dann noch Ressentiment und Staatsverdrossenheit dazu. Man baute sich seinen kleinen Militärstaat im Staate, die Reichswehr, man schmollte, schimpfte und wartete auf bessere Tage. Und dann kam Hitler. Das Schreckliche – Hammersteins Dokumentation hält es mitleidlos fest – ist, daß Hitler nicht nur das ohnehin sehr labile und verführbare deutsche Bürgertum korrumpierte, sondern eben auch die Reichswehr und die preußische Herrenklasse, von der man Besseres erwartet hatte. Er faßte sie sozusagen in ihrer moralisch ungeschützten Flanke, bei ihrem Ressentiment, und er brachte das heimlich Parasitäre zum Vorschein, das vielleicht schon im Kaiserreich ihren Kern angefault hatte. Was hat man nicht im Dritten Reich alles von der Reichswehr erhofft – auch Leute, die sie vorher nicht besonders geliebt hatten! Aber die Reichswehr versagte nicht weniger als die Sozialdemokraten. Fall Schleicher, Fall Fritsch – nichts, kein Entschluß, keine Aktion.

Und dann der Krieg. Hammerstein, im Gespräch mit deutschen Geheimdienstlern 1943: »Die Generalität ist tüchtig in der militärischen Führung und tapfer, aber nicht nach oben, von wo Orden und Marschallstäbe kommen.« Das Schlimmste berichtet er auf Seite 193: »Am 25. Januar 1944 waren 250 Wehrmachtsgeneräle (und Admiräle) von allen Fronten im Posener Theater versammelt. Goebbels und Himmler sprachen. Dieser sagte, daß alle Juden, auch die Frauen und Kinder, ausgemerzt würden: die ›Endlösung‹ war der größten im Krieg veranstalteten Zusammen-

kunft deutscher Generäle offenbart ... Hinten im Theater versuchte ein General zu zählen: fünf, die nicht klatschten.«
Und dann doch, immerhin, der 20. Juli! Denn machen wir uns nichts vor und geben wir Ehre, wem Ehre gebühret. Gewiß waren dem 20. Juli ein paar Vertreter von allem ankristallisiert, was es in Deutschland (außer den Kommunisten) an Opposition gab: ein paar Sozialdemokraten, ein paar Christen, ein paar Konservative, sogar ein paar Liberale. Aber den Kern der Verschwörung, die Substanz, ohne die nie etwas passiert wäre, stellte eben doch der preußische Militäradel oder ein hinlänglicher Teil davon, und die Totenliste des 20. Juli liest sich nicht eigentlich, wie einmal gesagt worden ist, wie ein Auszug aus dem Gotha, aber wie ein Auszug aus der Absolventenliste des Plöner oder Lichterfelder Kadettenkorps. Yorck und Moltke, Schulenburg und Schwerin, Kleist und Treskow – aber fangen wir nicht an, Namen aufzuzählen, es ist ungerecht gegen die Ausgelassenen. Es war nicht die ganze Klasse, aber ein hinlänglicher Teil davon, um der ganzen schließlich doch noch einen ehrenvollen Abgang zu sichern.
Und die Männer des 20. Juli waren sich auch klar darüber, daß es im Grunde genommen um ihre Rehabilitierung als Klasse ging. Hammerstein, der ja schließlich dazugehörte und dabei war und der nicht nur mit der Glaubwürdigkeit eines wahrheitsliebenden Zeugen spricht, sondern geradezu mit der Wucht eines Augenscheinsobjekts, das nicht lügen kann: Hammerstein bringt das in seinem Buch so deutlich heraus, wie nie zuvor irgendeiner. Dies war es nämlich, woher die Verschwörer des 20. Juli im letzten Grunde ihren Auftrag und ihr gutes Gewissen nahmen: Sie fühlten sich nicht als individuelle putschende Offiziere und Hochverräter, sondern als die eigentlich immer noch selbstverständlich verantwortliche herrschende Klasse, die sich im letzten Augenblick auf ihre Pflicht (auch auf ihre Pflicht gegen sich selbst) besinnt. Aus einer Aufzeichnung Hammersteins über Goerdelers Konzeption vom Juli 1944, zitiert auf Seite 250: »Auf die letzten Dummen, die noch immer nicht begriffen haben, daß Hitler und seine Spießgesellen an Deutschlands Niedergang schuldig sind, darf nicht mehr gewartet werden. Sonst wird das Volk mit vollem Recht sagen, daß seine Führungsschicht, die die Katastrophe hätte voraussehen müssen, ganz jämmerlich versagt und ihre Führungsbefugnis verloren habe; eine Schicht, die den Stand der

Großindustriellen einschließt, ohne dessen kurzsichtige Geldgier Hitler nie zur Macht gekommen wäre. Und doch würde es für uns insgesamt von Vorteil sein, wenn sich diese im Hauptbestandteil nur durch Generationen aufzubauende Schicht noch finge, denn ihre völlige Neubildung kommt einem Volke furchtbar teuer.«
Und im letzten Absatz des ganzen Buches kommt Hammerstein noch einmal darauf zurück: »Ohne Staatsstreich keine Führungsschicht, mit dem Staatsstreich vielleicht eine zweite Dolchstoßlegende; nach mißlungenem Staatsstreich eine ermordete Führungsschicht.« Um die Führungsschicht ging es; und zwar um die einzige, die allenfalls noch da war. Die Industriellen haben keinen Teilnehmer am 20. Juli gestellt, nicht einen.

Aber freilich, auch der preußische Militäradel, der am 20. Juli noch einmal in einer ehrenrettenden Verzweiflungsaktion seinen Rettungs- und Herrschaftsanspruch anmeldete, war nicht mehr führungsfähig. Niemand rechnete mehr mit ihm, niemand glaubte mehr an ihn, wie noch zehn, noch fünf Jahre vorher: An das Volk konnte er nicht mehr appellieren, er mußte sozusagen hinter dem Rücken des Volkes handeln, durfte nicht einmal zugeben, daß er handelte. (Hitler mußte ja angeblich von der SS ermordet worden sein.) Er war auch nicht mehr in sich geschlossen, er war gespalten; die Verschwörer waren eine Minderheit und mußten ein bißchen handeln wie der Hauptmann von Köpenick, obwohl sie ihre Uniformen legitimer erworben hatten: Die Truppenteile und Kommandeure, die den Staatsstreich ausführen sollten, mußten zum großen Teil in ihre Mitwirkung hineinbetrogen und -geblufft werden. Und innerhalb der Verschwörung war es vielleicht selbst wieder nur eine Minderheit, die wirklich ihr Herz ganz über die Hürde geworfen hatte. Hammerstein ist auch da von rückhaltloser, erschütternder Aufrichtigkeit. Bendlerstraße am 20. Juli (Seite 282): »Zwischen 17 und 18 Uhr abends hörte Kleist zu, wie Olbricht den OKH-Gruppenleitern in einer Ansprache erklärte, daß Hitler tot sei. Olbricht schloß mit langem Arm, worauf ihn drei oder vier seiner Zuhörer ebenfalls hoben.«

Wer verstehen will, warum der 20. Juli nie eine echte Erfolgschance hatte, warum er aus sich heraus – und nicht nur wegen unglücklicher Zufälle – scheitern mußte, braucht eigentlich nur diese zwei Sätze zu lesen. Aber man sollte doch das ganze Buch lesen, vor allem auch das Kapitel »Beerdigung«, das intimste und

schmerzlich-direkteste, in dem inmitten der Tragödie plötzlich Fontanesche Töne aufklingen. Dieses Kapitel schildert eine kleine preußische Tragikomödie aus dem Jahre 1943, in der es darum geht, daß der verstorbene Vater Hammersteins *mit* Soldaten, aber *ohne* Hakenkreuzfahne begraben sein wollte – rührend echt, bitter und komisch. Da gibt es auch plötzlich ein bißchen liebevollen Klatsch über die Begräbnisgäste in der Dahlemer Dorfkirche. Zum Beispiel so: »Lynar, Standesherr auf dreißigtausend Morgen ringsum, rührend fürsorglich, ›leider aber nicht befugt, üble Leute mit der Flinte vom Besitz zu jagen, und daran ist die Aufklärung schuld‹, sagt er, der um diese Zeit Adjutant des Feldmarschalls von Witzleben wurde.« Und dann: »Witzleben starb wie Hase am 8. August 1944, Lynar am 29. September.«
Das denn doch.

Kunrath Freiherr von Hammerstein
Spähtrupp
Henry Goverts Verlag, Stuttgart

»Finnlandisierung«

Ein Gefühl dafür zu gewinnen, was mit der Sowjetunion geht und was nicht, wie man mit ihr auskommen kann und wie nicht – das ist für die Bundesrepublik nachgerade eine Lebensfrage geworden.

Für Finnland war es schon vor vier Jahrzehnten eine Lebensfrage; und was der Mann, der sie für sein Land zum guten Ende gebracht hat, darüber zu berichten weiß, das sollte eigentlich auch jeden Deutschen interessieren.

Um so mehr, als Paasikivi ein ganz besonders unverdächtiger Zeuge ist. Er ist kein »Linksintellektueller«; auch mit Kommunismus und Sozialismus hat er nie in seinem Leben etwas zu tun gehabt. Von Hause aus ist er ein konservativer »Altfinne« gewesen, von Beruf war er bis zum Pensionsalter Bankier. Erst in vorgerückten Jahren betätigte er sich auch als Gelegenheitsdiplomat, erst mit vierundsiebzig wurde er Politiker. Seine große Zeit hatte er dann als Staatspräsident von seinem sechsundsiebzigsten bis zu seinem sechsundachtzigsten Jahr, von 1946 bis 1956. Dies war die Zeit, in der er, sozusagen, Wunder wirkte: nämlich ein zweimal von Rußland besiegtes Finnland mitten im russischen Machtbereich als liberal-kapitalistischen Staat durch den ganzen Kalten Krieg hindurchrettete. Davon erzählt er in diesem Buch nichts. Aber die Art, wie er als Unterhändler und Gesandter in Moskau die finnisch-russischen Beziehungen in der Herbstkrise von 1939 und dann nach dem verlorenen Winterkrieg handhabte – davon handelt sein Buch –, läßt bereits ahnen, wie er es gemacht hat.

Marx hat er, soviel sich erkennen läßt, nie gelesen. Die Werke Lenins hatte er in seiner Bibliothek stehen, bekennt aber, daß er ihre Lektüre schwierig fand. Wenn er irgendeinen Staatsmann als seinen Lehrmeister betrachtete, dann Bismarck, den er auch in seinem Buch häufig zitiert. Man hat ihn selbst gelegentlich einen finnischen Bismarck genannt, und in gewissem Sinne mit Recht. Zwar hat er kein großes Reich gegründet, sondern nur einen

kleinen Nationalstaat in hoffnungslos scheinender Lage gerettet. Er war auch ein anderer Charakter als Bismarck – kein Virtuose, viel bürgerlicher, unkomplizierter, solider, vergleichsweise holzgeschnitzt. Was er von Bismarck gelernt hatte – oder von vornherein mit ihm gemein hatte –, war trotzdem eine ganze Menge: unerbittlicher Tatsachensinn, Mißtrauen gegen jede Gefühlspolitik, Mißtrauen auch gegen den bloßen Rechtsstandpunkt – »die Sowjetunion ist kein Amtsgericht«, schrieb er einmal unwirsch nach Hause – und gegen solche Begriffe wie »Weltgewissen« und »Weltmeinung«, ein tiefer, angeekelter Widerwille gegen Selbstbetrug jeder Art, dafür ein scharfes, genaues Gespür für Interessen und Motive – auch und gerade die des andern –, Augenmaß für Machtproportionen, ein klarer Blick für das jeweils Mögliche und eine unbestechliche Unterscheidungsfähigkeit zwischen dem Möglichen und dem Unmöglichen.
Die Lage, in der er diese Bismarckschen Kardinaltugenden zu bewähren hatte, war im übrigen weit schwieriger, als Bismarcks je gewesen war. Bismarck hat zwar oft auf schmalem Grat balanciert und ist oft genötigt gewesen, mit einem begrenzten Machtkapital zu wuchern; er hat aber nie aus einer ausgesprochenen Position der Schwäche heraus operieren müssen, er hat es nie mit einem unweigerlich überlegenen, überwältigenden – und überdies noch schwer gereizten – Gegenspieler zu tun gehabt. Paasikivi hatte das die ganze Zeit. Gerade in den Jahren 1939–1941 konnte man das Gefühl haben, daß die Großmacht Sowjetunion mit dem kleinen Finnland so etwas wie ein Katz-und-Maus-Spiel spielte. Es ist Paasikivis beinah einzigartige historische Leistung, bewiesen zu haben, daß die Maus auch in einem solchen Spiel nicht unbedingt verloren zu sein braucht. Dazu gehört freilich, daß man Übermacht illusionslos als Übermacht anerkennt, ihr ins Auge sehen kann, ohne in Panik zu verfallen, und sich vor Trotz ebenso hütet wie vor Verzweiflung.
Genau das tat Paasikivi schon in dem Zeitraum, von dem dies Buch handelt, 1939–1941. Er stand damals noch in seinem Lande fast allein damit. Erst nach der zweiten Katastrophe, als nun wirklich alles verloren schien, gab man ihm freie Hand. 1939 machten sich die maßgebenden Politiker Finnlands fast alle noch Illusionen über mögliche Hilfe von außen – von Schweden, von Deutschland, von den Westmächten, vom Völkerbund; verzichte-

ten auf eine differenzierende Analyse sowjetischer Absichten; nahmen blind das Schlimmste an – und führten es damit, beinahe, herbei.
Man kann nicht einmal sagen, daß sie dabei gänzlich ohne Vernunftgründe waren. Die Jahre der Hitler-Stalin-Entente, 1939 bis 1941, waren ja tatsächlich die brutalsten, rücksichtslosesten – man könnte allerdings auch sagen: verzweifeltsten – der sowjetischen Außenpolitik, und noch heute berufen sich diejenigen, die die Sowjetunion für eine aggressive, erobernde Macht halten, hauptsächlich auf diese Jahre – wobei der Angriff auf das friedliche, harmlose Finnland sogar das Paradebeispiel abgibt. Hitler bestimmte damals den Stil, und Stalin paßte sich an. Er hatte Ostmitteleuropa, wohl oder übel, mit Hitler geteilt, und Finnland fiel bei dieser Teilung in seine Einflußzone. War also nicht wirklich zu befürchten, daß er es schlucken wollte – ebenso wie das östliche Polen und die baltischen Randstaaten? Sicher sprach vieles dafür – besonders, wenn man noch bedachte, daß Finnland von 1809 bis 1918 zum Russischen Reich gehört hatte.
Außerdem war ja die Sowjetunion bekanntlich bolschewistisch, beherrschte die kommunistische Internationale und proklamierte den Glauben an die Weltrevolution. Was lag also näher, als daß sie Finnland bolschewisieren wollte? Zumal es ja 1918 in Finnland wirklich einen starken Kommunismus gegeben hatte und einen Bürgerkrieg zwischen Weiß und Rot, den die Weißen damals nur mit deutscher Hilfe gewonnen hatten.
Wenn also Rußland jetzt plötzlich mit Forderungen kam, einen Gebietsaustausch in Karelien verlangte und einen Flottenstützpunkt in Hanko – war es nicht klar, was das bedeutete? Gab es dagegen etwas anderes als verzweifelten Widerstand und die Hoffnung auf ein Wunder?
Paasikivi widersetzte sich dieser Politik des Selbstmords aus Furcht vor dem Tode von Anfang an. Wenn es nach ihm gegangen wäre, hätte Finnland 1939 von Stalins Forderungen heruntergehandelt, was herunterzuhandeln war – tatsächlich hatte er in Moskau bereits eine ganze Menge heruntergehandelt – und den Rest herunterschluckend angenommen. Das war die berühmte »Paasikivi-Linie«, von der damals niemand etwas wissen wollte. Später, nachdem vieles verloren war und alles verloren schien, wurde sie dann Finnlands Rettung.

Paasikivi schloß keineswegs aus, daß die Pessimisten recht haben könnten. Aber er weigerte sich, Pessimismus mit Realismus zu verwechseln. Noch war das Schlimmste nicht bewiesen. Warum es vorwegnehmen? »Wer kennt Stalins Gedanken?« Tatsächlich spürte er von vornherein in Moskaus Verhalten etwas anderes heraus als nackte Eroberungssucht; er hatte den – unbeweisbaren – Eindruck eines gewissen Spielraums und war zu dem Versuch bereit, das Beste daraus zu machen. Wenn er unrecht behielt, war nichts verloren. Zum heroischen Untergang war immer noch Zeit.

Das Außerordentliche, das zu denken gibt, ist, daß Paasikivi am Ende recht behalten hat – nach zwei Katastrophen, und trotz zweier Katastrophen. Finnland ist nicht von Rußland annektiert worden – trotz zweier verlorener Kriege. Es ist auch nicht bolschewisiert worden – obwohl einmal, bei Beginn des Winterkriegs, die Sowjets tatsächlich schon eine kommunistische finnische Regierung proklamiert hatten. Sie ließen sie dann wieder stillschweigend fallen. Dank Paasikivi lebt Finnland zur Zeit als ein kleiner, vollkommen unabhängiger, wenn auch territorial reduzierter, kapitalistisch-demokratischer Staat unmittelbar vor Rußlands Haustür in durchaus normaler Sicherheit und ohne Existenzangst. Seine Beziehungen zur Sowjetunion sind gut; 1955 haben die Russen sogar den Flottenstützpunkt Porkkala, den Finnland 1944 hatte abtreten müssen, freiwillig zurückgegeben.

Für die Propheten des sowjetischen Ausdehnungsdranges und der bolschewistischen Weltgefahr ist das immer eine Unerklärlichkeit gewesen. Auch Paasikivi erklärt nichts, wenigstens nicht ausdrücklich. Er ist äußerst zurückhaltend mit Erklärungen und Theorien. Er berichtet nur über Erfahrungen – und zwar mit außerordentlicher Präzision, Objektivität und Genauigkeit. Mit Recht sagt Gösta von Uexküll in seiner Einleitung, daß neben diesem Buch die Memoiren anderer Staatsmänner wirken wie Reklamebroschüren neben einem Warentest.

Dieser »Warentest« lehrt trotzdem eine Menge über sowjetische Politik – und über die Möglichkeiten, die sie einem klugen, einsichtigen und realistischen Gegenspieler bietet. Selbst in ihrer schlimmsten Periode, als Hitler merklich auf sie abgefärbt hatte, war sie doch niemals einfach Hitlerische Gewaltpolitik. Selbst

damals – und nur diese Periode wird ja hier unter die Lupe genommen – blieb sie vergleichsweise differenziert; sie ließ, ganz wörtlich, mit sich reden.
Sehr deutlich wird, wie relativ bescheiden der kommunistisch-ideologische Einfluß, jedenfalls in den Beziehungen zu nichtkommunistischen Staaten, schon damals war – kaum stärker als zum Beispiel der militärische; wie dieser war er *ein* Gesichtspunkt, ein mitwirkendes Element unter mehreren – keineswegs das entscheidende, und seither ist er deutlich noch zurückgegangen. Grundsätzlich erscheint die sowjetische Politik durchaus als normale Großmachtpolitik – und zwar die Politik einer vorsichtigen, mißtrauischen, eher defensiv denkenden, Konflikte eher scheuenden als suchenden Großmacht: penibel, schwierig, manchmal schikanös in der Verhandlungsweise; pünktlich, zuverlässig und korrekt in der Durchführung des Ausgehandelten. Auffallend ist die Empfindlichkeit, das beinah mimosenhafte Reagieren auf Anzeichen von Feindseligkeit – wirkliche oder vermeintliche. Der sozialdemokratische finnische Politiker Tanner hatte es anscheinend in dem Augenblick mit den Sowjets für immer verschüttet, als er sich, herzhaft-scherzhaft, mit den Worten einführte: »Ich bin ein Menschewik.« Während der Konservative Paasikivi mit seiner ernsten, gravitätischen Höflichkeit, Sachlichkeit und Genauigkeit von Anfang an so etwas wie eine geschäftliche Vertrauensatmosphäre genossen zu haben scheint.
Entscheidend war aber wohl doch nicht seine Persönlichkeit, sondern seine Politik. Er war aufrichtig überzeugt, daß Finnland sich mit der Sowjetunion arrangieren mußte: er wollte – nicht aus Liebe, aber aus ehrlicher Vernunft – wirklich ihr Freund und nicht ihr Feind sein. Es gelang ihm, das glaubhaft zu machen; und nachdem ihm das in einem langen, schwierigen Prozeß gelungen war, stellte sich heraus, daß es den Sowjets genügte. Es gibt keinen stärkeren Gegenbeweis gegen den dummen Satz, die Sowjets verständen nur eine Sprache – die der überlegenen Stärke. Das Finnland Paasikivis hatte keine überlegene Stärke; 1940 und 1944 war es sogar absolut wehrlos. Trotzdem wurde es geschont, sobald es Paasikivi gelungen war, das Mißtrauen der Sowjets zu überwinden. Dazu gehörte allerdings mehr als schöne Worte. Es war wahrscheinlich ein Vorteil im Umgang mit den Sowjets, daß Paasikivi, alter Bismarckianer, nie ein Schönredner war.

Man fragt sich angesichts von Paasikivis Erfolg, ob nicht ein polnischer Paasikivi 1939 oder 1941 oder selbst 1944 vielleicht eine ganz andere sowjetische Polenpolitik möglich gemacht hätte. Aber es gab keinen. Wenn die Sowjets in Polen ehrliche Freunde an der Regierung haben wollten, blieb ihnen gar nichts anderes übrig, als auf die Kommunisten zurückzufallen.
Und ein deutscher Paasikivi? Unvorstellbar, was aus Deutschland, trotz 1941 und 1945, hätte werden können, wenn es 1952 einen gegeben hätte. Allerdings, wo sollte er herkommen? Aus den Reihen der deutschen Menschewiken? Oder der rheinischen und bayerischen Katholiken? Paasikivi war ein »Altfinne« – auf deutsche Verhältnisse übertragen: ein Preuße. Wenn man die Rußlandpolitik der Bundesrepublik vor Brandt anschaut, begreift man erst, was Deutschland an Preußen verloren hat.

G. K. Paasikivi
Meine Moskauer Mission 1939–41,
hrsg. und eingel. v. Gösta von Uexküll
Holsten Verlag, Hamburg

Adenauers Bundesrepublik

Baring nennt sein Buch »Außenpolitik«, aber er könnte es, vielleicht noch genauer, mit einem Handke-Echo die »Innenpolitik der Außenpolitik« genannt haben: Sein Thema ist, wie Adenauers Außenpolitik entstand, wie sie konzipiert, ins Werk gesetzt, innenpolitisch möglich gemacht wurde und was dabei, als unvermeidliche Neben- und Folgeerscheinung, für die Gestaltung der noch ganz unverfestigten, ganz neuen, weichen und formbaren Bundesrepublik herauskam.

Baring erzählt nur die Frühgeschichte der Bundesrepublik; seine Erzählung bricht im Jahre 1955 ab. Aber merkwürdigerweise sieht man, wenn die Erzählung abbricht, ganz deutlich bereits das heillose Dilemma vor sich, zu dem sich seither Außen- und Innenpolitik der Bundesrepublik verschränkt haben. Ebenso wird ja nur die Glanz- und Erfolgszeit Adenauers erzählerisch ausgebreitet, nicht das »Gegen den Wind« der späteren fünfziger und das »Mit dem Kopf durch die Wand« der sechziger Jahre; mit großer erzählerischer Diskretion sieht Baring davon ab, das dicke Ende, das nachkam, ausdrücklich vorzuführen. Und doch ist in seinem Buch – nebenher gesagt, einem literarischen Meisterwerk – die ganze Tragödie Adenauers schon auf dem scheinbaren Gipfel seines Erfolges vollkommen sichtbar gemacht.

Was war diese Tragödie? Sie war zwiefach. Ihr einer, geringerer Teil war, daß Adenauer mit seiner Politik – die er mit staunenerregender Energie, List, Wendigkeit und Zähigkeit durchsetzte, dabei die Verfassungswirklichkeit der jungen Bundesrepublik nachhaltig verformend – nur einen halben Erfolg hatte und daß er für diesen halben Erfolg einen ungeheuren Einsatz riskierte und verlor. Der schlimmere Teil der Tragödie aber war, daß er seine Politik nach innen von Anfang an – wie er meinte: unvermeidlicherweise – falsch etikettierte. Denn damit gab er der Bundesrepublik eine Lebenslüge mit auf den Weg, die sie nie ganz losgeworden ist. Sie besteht darin, daß die Bundesrepublik nicht davon loskommt, sich mit dem untergegangenen Deutschen Reich zu verwechseln.

Adenauers politisches Ziel war die Westintegration der Bundesrepublik, und was er dafür in Kauf nahm, war die dauernde Teilung der Nation. Das Ziel wurde nur halb erreicht, der Preis aber voll entrichtet. Es gelang Adenauer, die Wiederherstellung eines – verkleinerten, kontrollierten und neutralisierten – gesamtdeutschen Nationalstaats zu verhindern, und es gelang ihm, statt dessen die Bundesrepublik zu einem fast gleichberechtigten Partnerstaat der westlichen Siegermächte zu machen. Es gelang ihm, mit anderen Worten, unter Aufopferung der deutschen Einheit einen großen Teil Deutschlands den Folgen der gesamtdeutschen Niederlage weitgehend zu entziehen. Das ist eine zweischneidige Leistung, aber immerhin eine Leistung.
Was ihm nicht gelang – und was er wirklich erstrebt hatte –, war, der Bundesrepublik in einer unlösbaren Einheit mit ihren westlichen Nachbarstaaten eine endgültige neue Identität, sozusagen eine neue Nationalität zu geben; sie in einem karolingischen Westeuropa, einem staatlich formierten »Abendland« für immer aufgehen zu lassen. Insofern blieb sein außenpolitischer Erfolg halb; Adenauer blieb gewissermaßen auf der Teilung Deutschlands sitzen. Die Bundesrepublik war aus dem Deutschen Reich abmarschiert, ohne in Westeuropa anzukommen. Sie blieb auf halbem Wege stehen und mußte sich auf einem Platz, der ursprünglich nur als Zwischenstation gedacht war, für die Dauer einrichten: ein einzelner, festumgrenzter neuer westdeutscher Staat in Bündnis- und Partnerschaftsbeziehungen mit anderen westlichen Staaten, aber nicht eins mit ihnen, deutlich von ihnen abgehoben, im letzten wie jeder Staat auf sich selbst gestellt; und sie hatte dafür nicht nur die Auflösung des deutschen Reichsverbandes und die nunmehr völlig eigenständige und andersartige staatliche Entwicklung des östlichen Deutschland in Kauf genommen, sondern auch die Fortdauer ungeregelter und unbereinigter, friedloser und lange Zeit wachsend feindseliger Beziehungen mit allen östlichen Kriegsgegnern des früheren Deutschen Reichs – einschließlich nunmehr des anderen Deutschland. Erst die Ostpolitik Brandt hat diesen zweiten Übelstand notdürftig repariert.
Und doch war dies nur der geringere Teil der Adenauer-Tragödie. Wenn es alles wäre, könnte man immerhin sagen, daß Adenauer aus einer katastrophalen Lage, die er nicht verschuldet hatte, wenigstens für den größeren Teil Deutschlands das mo-

mentan Beste herausgeholt und einen trotz allem vollkommen lebensfähigen neuen westdeutschen Staat auf die Beine gestellt hatte. Den Friedensschluß mit den westlichen Kriegsgegnern immerhin hatte er zustande gebracht. Der mit den östlichen war immer noch eines Tages nachzuholen – wenn auch nun natürlich nur noch auf der Grundlage der selbstgewollten, selbstgeschaffenen neuen deutschen Zweistaatlichkeit. Die nationale Einheit Deutschlands freilich war hin. Aber auch ohne nationale Einheit war ja die Bundesrepublik – und, wie sich später erwies, auch die DDR – durchaus lebensfähig.

Schlimmer – und bis heute verhängnisvoll nachwirkend – war, daß Adenauer der Bundesrepublik ein falsches politisches Bewußtsein, ein verfehltes Selbstverständnis einimpfte. Sie hat es bis heute nicht fertiggebracht, sich zu ihrer eigenen wirklichen Identität zu bekennen. Ich kann es nicht besser sagen als mit den Worten Barings in seiner Schlußzusammenfassung: »Selbst unter dem Schock der Niederlage, selbst angesichts des Eisernen Vorhangs ließ sich der Westabmarsch, wie ihn Gustav Heinemann genannt hat, nach Überzeugung des Bundeskanzlers der Bevölkerung nur plausibel machen, wenn man ihn zugleich als kürzesten Weg zur Wiedervereinigung ausgab . . . Trotz seiner genialen taktischen Begabung wagte Adenauer nicht, den Deutschen seine Sicht der Lage zu vermitteln . . . Nicht übertriebenes Machtstreben hat ihn veranlaßt, nach Westen übernationale Integrationspolitik, nach Osten – vermeintlich – nationalstaatliche Politik zu treiben, hier das praktisch Mögliche listig und würdevoll durchzusetzen, dort hartnäckig maximale Rechtsansprüche zu behaupten. Es waren Rücksichten auf gesamtdeutsche Gefühle, es war die Furcht vor einer imaginären Koalition der gesamtdeutschen Gruppe seiner Partei und des nationalen Flügels der FDP mit der SPD und dem BHE, die ihn zu dem Versuch veranlaßten, seine Westpolitik als wahre Ostpolitik zu rechtfertigen. Vorwiegend innenpolitische Gründe legten ihm eine zwiegesichtige Politik nahe . . . Ein Grundwiderspruch durchzog nicht nur die westdeutsche Außenpolitik, sondern auch das westdeutsche Selbstverständnis. Mit eigener Hand untergrub Adenauer damit sein konzeptionelles Westwerk« – und, so kann man hinzufügen, die Handlungsfähigkeit der von ihm geschaffenen Bundesrepublik.

Denn ein Staat ist nicht handlungsfähig, der sich nicht selbst be-

greift und bejaht, der sich für etwas anderes nimmt, als er ist, und der seine eigenen Taten nicht wahrhaben will. So jung sie ist, die Bundesrepublik erinnert sich schon heute – dank Adenauers erfolgreicher Tarnungspolitik – ihrer eigenen kurzen Geschichte nicht mehr. Sie weiß nicht und will nicht wissen, was sie in ihrer formativen Periode, in der Adenauerschen Glanz- und Erfolgszeit der Jahre 1949 bis 1955, wirklich gewollt, getan und bewirkt hat. Den »Westabmarsch«, den sie selbst damals – mit halbem Erfolg, aber mit vollem Einsatz – vollzog, hat sie verdrängt. In Wirklichkeit ist sie seither ein auf halbem Wege stehengebliebenes Fragment des vergeblich erstrebten »Abendlandes«, und für dieses Streben hat sie in Wirklichkeit die Existenz des Deutschen Reiches beendet und die nationale Einheit aufgeopfert. In ihrem Bewußtsein aber ist sie immer noch das weiter existierende, verstümmelte, widerrechtlich seiner östlichen Teile beraubte Deutsche Reich – »das Deutsche Reich in den Grenzen von 1937«. Das ist die Lebenslüge der Bundesrepublik.
Ihre Folgen zeigen sich noch heute. Gewiß haben seither Brandt und seine Regierung ihr Möglichstes getan, das immer bedrohlicher gewordene Verhältnis der Bundesrepublik mit dem Osten zu bereinigen, den zwanzig Jahre versäumten, für die Bundesrepublik absolut lebenswichtig gewordenen östlichen Friedensschluß nachzuholen und die Bundesrepublik damit endlich aus der Verklemmtheit zwischen verfehlter Westintegration und verlorener Nationaleinheit zu befreien, sie als den Staat, der sie wirklich ist, flottzumachen. Aber dabei sind sie auf ein schreckliches Hindernis gestoßen. Die Bundesrepublik vertrug die Wahrheit über sich selbst nicht. Sie wollte das selbstgeschaffene Unabänderliche nicht anerkennen und verwechselte den Ausverkauf der Illusionen mit dem – längst durch Adenauer und nicht durch Brandt vollzogenen – Ausverkauf der nationalen Einheit. Das Verfassungsgerichtsurteil zum Grundvertrag mit der DDR beweist es.
In gewissem Sinne war Brandt der Konkursverwalter Adenauers, so wie Adenauer vorher der Konkursverwalter Hitlers gewesen war. Und fühlte sich nicht auch Brandt aus innenpolitischen Gründen zu einer zwiegesichtigen Politik genötigt? Manchmal wird man das beklemmende Gefühl nicht los, daß auch er, wie Adenauer, nicht wagte, den Deutschen die volle Wahrheit zu sagen, daß auch er aus Furcht vor einer imaginären Koalition der

gesamtdeutschen Gruppe seiner Partei und des nationalen Flügels der FDP mit der CDU und der CSU nicht bereit war, seine Politik voll beim Namen zu nennen.

> »Das eben ist der Fluch der bösen Tat,
> daß sie fortzeugend immer Böses muß gebären . . .«

Arnulf Baring
Außenpolitik in Adenauers Kanzlerdemokratie
Oldenbourg Verlag, München

Ulbrichts DDR

Der inzwischen verstorbene Dr. Richert war von Haus aus Soziologe, arbeitete in den ersten Nachkriegsjahren in der damaligen Sowjetzone als bürgerlicher Journalist und setzte sich frühzeitig nach Westberlin ab. Woraus sich schon entnehmen läßt, daß er kein besonderer Kommunistenfreund war. Sein Buch über die DDR – Frucht jahrelanger intensiver Studien – dürfte denn auch wenig Chancen haben, in dem Staat, von dem es handelt, freudig begrüßt oder nachgedruckt zu werden. Der Grundton ist kritisch und distanziert, die Anerkennung, die hin und wieder durchbricht, eher widerwillig. Ein Lobredner der DDR war Richert nicht; man könnte ihm sogar den Vorwurf machen, daß es seiner Studie bei aller tief interessierten passionierten Genauigkeit ein bißchen an Liebe fehlt.

Jedenfalls ein aufregendes Buch. Denn was hier erzählt wird, so sehr man sich zunächst gegen eine solche Betrachtungsweise sträuben mag, ist die Geschichte einer Revolution; und zwar einer trotz allem schließlich erfolgreichen Revolution; ja, sogar, so unangenehm es in bundesdeutschen Ohren klingt, der einzigen erfolgreichen Revolution der deutschen Geschichte.

Natürlich stellt man sich eine Revolution anders vor: Man erwartet Begeisterung, zündende Reden, tobende Massen, wehende Fahnen, Barrikaden. Das alles hat es in Ostdeutschland nicht gegeben – oder höchstens, andeutungsweise, am 17. Juni 1953, der aber nun gerade keine Revolution war. Denn Revolution heißt Neuschöpfung eines Staates und einer gesellschaftlichen und wirtschaftlichen Ordnung, unter Bruch mit der Vergangenheit. Unordnung, auch begeisterte Unordnung, ist noch keine Revolution. Die Demonstranten des 17. Juni hatten keine revolutionäre Konzeption. Die ostdeutschen Kommunisten hatten eine.

Das war freilich zunächst auch fast alles, was sie hatten. Sie fanden 1945 weder eine revolutionäre Situation vor noch revolutionsbereite Massen noch selbst brauchbare revolutionäre Kader

in hinlänglicher Zahl. Daß sie trotzdem fast sofort daran gingen, Wirtschaft, Gesellschaft und Verwaltung radikal umzubauen – also Revolution zu machen –, zeigt einen Glaubensmut, dem eigentlich selbst der größte Antikommunist eine gewisse kopfschüttelnde Bewunderung nicht versagen kann. Ihre Revolution war natürlich eine sehr »kalte«, wenn man so will, auch eine sehr deutsche Revolution, eine Revolution ohne Beteiligung der Volksmassen, eine Revolution »von oben«. Von oben? Genau betrachtet, nicht einmal das. Die ostdeutschen Kommunisten der Besatzungsjahre, ja noch der ersten Jahre nach der Staatsgründung, waren nicht eigentlich »oben«, sie waren »zwischen«: zwischen einer geschlagenen, zunächst apathischen und später eine Zeitlang aktiv feindlichen Bevölkerung und einer Besatzungsmacht, die ganz andere Dinge im Sinn hatte.
Was hatten die Russen im Sinn? Ganz zuerst einfach (begreiflicherweise) Rache; das Verhalten der siegreichen Truppe in den ersten Wochen zog eigentlich von Anfang an den deutschen Kommunisten den Boden unter den Füßen weg. Dann (ebenso begreiflicherweise) Reparationen: Richert macht überdeutlich, wie die riesigen und immer wieder unberechenbar hereinbrechenden russischen Reparationsentnahmen (nie abgerechnet, geschätzt auf 30 bis 50 Milliarden Mark) jeden neuen Wirtschaftsplan der unglücklichen deutschen Kommunisten über den Haufen warfen und zum Gespött machten, und das fast zehn Jahre lang. Und dann Frieden: Noch bis 1955 waren die Russen mehr als bereit, die 1949 halb widerwillig, nur im Zugzwang angesichts der westdeutschen Staatsgründung etablierte DDR wieder fallenzulassen für ein, wie Richert sich ausdrückt, »militärisch kastriertes« und politisch neutralisiertes Gesamtdeutschland.
Die Russen haben es also den deutschen Kommunisten, entgegen landläufigen Vorstellungen, durchaus nicht leichtgemacht, einen deutschen sozialistischen Staat auf die Beine zu stellen. Sie haben es ihnen vielmehr volle zehn Jahre lang verzweifelt schwergemacht. Sie benutzten sie als Handlanger für ihre eigenen Besatzungszwecke, aber sie fühlten sich zu keiner Gegenleistung verpflichtet, und sie hatten wenig Vertrauen zu ihrer staatsbildenden Potenz. Die Enttäuschung über das fast völlige Ausbleiben deutschen kommunistischen Widerstandes gegen Hitlers Rußlandzug wirkte lange nach. Stalins berühmter Ausspruch zu Churchill:

»Der Kommunismus paßt den Deutschen wie der Sattel der Kuh« erklärt im Grunde seine ganze Deutschlandpolitik nach 1945; und unter seinen Nachfolgern wurde es für die deutschen Kommunisten zunächst noch schlimmer.
Die deutschen Kommunisten haben nicht nur der deutschen Bevölkerung, sondern auch den Russen ihre Revolution aufdrängen, abringen und abzwingen, ja oft ablisten und abtrotzen müssen. Die Geduld, Zähigkeit und Seelenkraft, die Ulbricht und die Seinen zehn Jahre lang zwischen einer verbitterten Bevölkerung und einer mißtrauischen und gleichgültigen Besatzungsmacht aufbringen mußten, um nicht zu verzagen, sind fast übermenschlich zu nennen; Adenauers gleichzeitige Leistung im Westen war damit verglichen reines Zuckerlecken. Freilich erwies sich Adenauer – und mit ihm Dulles – schließlich als Ulbrichts bester Verbündeter. Sie ließen den Russen am Ende keine Wahl. Von 1955 an, also nach dem Eintritt der Bundesrepublik in die NATO, war Ulbricht wenigstens mit Moskau aus dem Gröbsten. (Auf eine wirklich narrensichere russische Dauergarantie allerdings mußte er immer noch bis 1964 warten.) Und nach Ungarn, ein Jahr später (endgültig allerdings wiederum erst 1961, nach der Mauer), begann sich dann auch die Bevölkerungsmehrheit mit seinem neuen Regiment nach und nach zu arrangieren. Sie begriff allmählich, daß sie nichts anderes zu erwarten hatte.
Zum wirklichen Friedensschluß zwischen der Bevölkerung und dem neuen Staat bedurfte es freilich noch des ostdeutschen »kleinen Wirtschaftswunders«, das 1956 in Gang kam, 1960 noch einmal durch politisch inspirierte Planungsfehler zwei bis drei Jahre lang unterbrochen wurde, aber seither wieder munter dahinrollt. Die DDR-Wirtschaft ist rund zehn Jahre hinter der bundesrepublikanischen zurück, hat auf niedrigerem Niveau starten müssen und wird, dank extremer Rohstoffarmut und Einfuhrabhängigkeit des Wirtschaftsgebietes, wohl immer eine geringere Konsumdividende abwerfen; aber ihre Zuwachsrate liegt seit Jahren höher als in der Bundesrepublik. Der Beweis, daß eine intelligent geleitete sozialistische Planwirtschaft nicht weniger leistungsfähig sein muß als eine kapitalistische Marktwirtschaft, ist in der DDR – und nur dort – erbracht; und nichts verbindet die kommunistische Führung und die Bevölkerung der DDR heute so sehr wie der Stolz darauf, daß er gerade in Deutschland er-

bracht worden ist. Denn innerhalb der sozialistischen Welt hat die DDR heute die modernsten und erfolgreichsten Planungs- und Leitungsmethoden aufzuweisen (die Sowjetunion nicht ausgenommen), was natürlich dem Leistungsstolz und dem Staatsgefühl der Deutschen in der DDR zugute kommt.
Im ganzen muß man heute sagen, daß Ulbrichts Revolution, unter hoffnungslosen Bedingungen tollkühn begonnen und unerschütterlich durchgestanden, schließlich doch erfolgreich gewesen ist – und zwar, wie schon gesagt, als bisher einzige Revolution der deutschen Geschichte. Sein Staat steht, seine Wirtschaft steht; auch die neue Gesellschaft, deren Grundlage ein hochmodernes Bildungssystem ist, beginnt Konturen anzunehmen. Die Bevölkerung hat sich, mit oder ohne Vorbehalt, arrangiert, und an fähigen Führungskräften fehlt es nicht mehr; mindestens in der Wirtschaft nicht.
Woran es fehlt, und wohl weiter fehlen wird, ist Gedankenfreiheit. Aus den immer wieder einmal aufflackernden Hoffnungen auf »Liberalisierung« ist nichts Rechtes geworden. Richert formuliert, vielleicht etwas überspitzt, aber eindrucksvoll: »Ulbricht kaufte sich mit der Versachlichung und Ökonomisierung von einer forcierten und stärkeren Liberalisierung frei.« Er fügt bissig hinzu: »Bei seiner ebenso zähen wie elastischen Parteiführung, der nun einmal die schöpferischen Kräfte fehlen, so vorzüglich die Ökonomen sind, ist dies fraglos das Gescheiteste, was er tun konnte.« Aber so unschöpferisch kann ich Ulbrichts Parteiführung nicht finden. Sie hat immerhin einen brandneuen Staat geschaffen, dem anfänglich kaum irgend jemand in West und Ost eine ernsthafte Lebenschance gegeben hat und der heute außer durch eine universale Katastrophe nicht mehr aus der Welt zu schaffen ist; und sie hat ein ebenfalls für Deutschland völlig neues Wirtschafts- und Gesellschaftssystem auf die Beine gestellt, das heute in mancher Hinsicht – Vollbeschäftigung, innere Sicherheit, öffentliche Ordnung – stabiler wirkt als das traditionelle, restaurierte der Bundesrepublik.

Ernst Richert
Das Zweite Deutschland.
Ein Staat, der nicht sein darf
Fischer Verlag, Frankfurt

Ulbricht (geschrieben 1966)

Die meisten Leute sind heute noch vollauf damit beschäftigt, sich darüber zu wundern, wie gerade ein Ulbricht der erfolgreichste deutsche Politiker nach Bismarck und neben Adenauer werden konnte. Und man muß zugeben, ganz leicht zu erklären ist es nicht. Ulbricht hat, oberflächlich gesehen, kaum eine der Eigenschaften, die ein großer Politiker normalerweise aufweist. Er hat kein Charisma, nicht einmal Charme. Er ist, was man kontaktarm nennt; er ist alles andere als ein hinreißender Redner; er sächselt; er ist nicht sprachgewaltig, er hat weder denkwürdige Worte geprägt noch originelle Ideen proklamiert; er ist als Persönlichkeit nicht besonders eindrucksvoll, und seine private Lebensgeschichte ist nicht besonders aufregend. Als er 1945 seine geschichtliche Rolle zu spielen begann, hatte er bereits mehr als dreißig Jahre lang in der Politik gestanden, und daß er diese dreißig Jahre (die es in sich hatten) überlebt hatte, dankte er, so schien es, hauptsächlich seiner Unauffälligkeit und Farblosigkeit.

Er hat aber seitdem nicht nur weitere einundzwanzig Jahre überlebt, die es ebenfalls in sich hatten, und damit einen in der deutschen Geschichte seltenen Ausdauer- und Zähigkeitsrekord aufgestellt. Er hat auch – man könnte sagen: spielend – sämtliche Krisen und Stürme navigiert, die die kommunistische Welt seit dem Tode Stalins geschüttelt haben, und ein halbes Dutzend Rivalen ausmanövriert, von denen einige nicht nur glänzendere Gaben, sondern mindestens zeitweise auch bessere Verbindungen zu haben schienen. Er hat einen Staat gegründet und hat ihn gegen alle Erwartungen konsolidiert. Seine DDR ist heute weder von innen noch von außen zu erschüttern; und in der kommunistischen Welt ist er eine Figur ersten Ranges geworden.

Das alles ist ebenso erstaunlich wie unleugbar. Was ist die Erklärung? Wie hat er es gemacht? Glück hat bekanntlich auf die Dauer nur der Tüchtige.

Man wird noch sehr lange an Ulbrichts Erfolgsgeheimnis herumrätseln, und ganz enträtseln wird man es wahrscheinlich nie (der

Erfolg großer Politiker birgt immer einen Kern von Geheimnis). Zwerenz gibt in seiner kleinen Schrift zwei wichtige Hinweise. Der eine: Ulbrichts beinah beispiellose Kombination von äußerster Prinzipientreue mit äußerster taktischer Schmiegsamkeit und Beweglichkeit. Der andere: seine Fähigkeit, warten zu können, sich nie aufs Ungewisse festzulegen – und ebenso rigoros wie präzis zu handeln, wenn alles klar ist und nichts mehr fehlgehen kann. Für beides gibt er Beispiele. Es kommt wohl noch einiges dazu: ungewöhnlicher, demütiger Fleiß, ungewöhnliche Personalkenntnis – bei großer, souveräner Gleichgültigkeit gegen die eigenen persönlichen Gefühle: Ulbricht hat nie politische Freundschaften oder Feindschaften gepflegt. Dazu kommt eine bemerkenswerte kühle Mäßigung: Alle überwundenen Gegner Ulbrichts leben noch oder sind eines natürlichen Todes gestorben; nichts von Stalins blutrünstiger Rachsucht. Überhaupt viel Sachlichkeit, viel nüchterner, Fehler meidender Verstand und ein Mangel an Eitelkeit, der schon wieder ins Bedenkliche spielt. Zwerenz berichtet, daß Ulbricht ständig ein paar Mitarbeiter damit beschäftigt, seine früheren Reden umzuarbeiten und Äußerungen, die nicht in die Linie des Augenblicks passen, auszumerzen. Ein eitler Mann würde das nicht tun, ein sehr wahrheitsliebender allerdings auch nicht. Ulbricht geht es offenbar weder um die Wahrung der eigenen Persönlichkeit noch um die historische Wahrheit, sondern immer und ausschließlich nur um die jeweilige politische Nützlichkeit – Nützlichkeit freilich für die Sache, der er seit fast sechzig Jahren ohne Schwanken dient. Vielleicht kommt man gerade hier seinem Geheimnis am nächsten.
Alles in allem ist nichts eigentlich Begeisterungweckendes in dieser Liste politischer Qualitäten; nichts Hinreißendes, Glänzendes, ritterlich Wagemutiges, nicht einmal die barbarische, bergeversetzende Energie eines Stalin, nicht einmal das Füchsisch-Listige, das manchmal bei Adenauer hell auflachen ließ; ein bißchen mausegrau wirkt das Ganze. Schwer allerdings auch, den furchtbaren Haß zu erklären, den Ulbricht gerade mit seiner Sachlichkeit, Zähigkeit und Selbstlosigkeit bei seinen deutschen Landsleuten erweckt hat – sie sollten doch eigentlich, sollte man denken, eher ein bißchen stolz darauf sein, nach soviel Nieten einmal wieder einen Politiker ersten Ranges aus ihrer Mitte hervorgebracht zu haben. Allerdings ist es eine merkwürdige Tatsa-

che, daß die Deutschen den politischen Erfolg und das, was ihn macht, leicht hassen. Auch Bismarck ist zu seinen Lebzeiten sehr gehaßt worden, auch Stresemann, auch Adenauer in seiner erfolgreichen Zeit; während die offensichtlichen Pfuscher und Unheilsfiguren, die Wilhelm II., Hindenburg, Hitler, immer populär waren. Sogar unter deutschen Kommunisten gibt es viele, die lieber unter einem Liebknecht wieder einmal die tragisch-hilflose Niederlage des unbefleckt Guten erlebt hätten als unter Ulbricht den nüchtern-unbegeisternden Erfolg des nun nicht mehr ganz so unbefleckt Guten.

»Berichten mag es die Geschichte,
Doch keines Dichters froher Mund«

sang Storm übellaunig, als Bismarck sein Schleswig-Holstein mit realpolitisch-unbegeisternden Methoden von Dänemark losgerissen hatte; ihm wäre eine neue begeisternde Niederlage wie die von Idstedt offenbar lieber gewesen.

Aber, wird man sagen, Bismarck hat Deutschland geeint, Ulbricht hat es gespalten. Nun, das stimmt eben nicht, auf beiden Seiten nicht: Auch Bismarcks Staatsgründung involvierte eine Spaltung, auch sein Reich war nur noch ein Teildeutschland. Und nicht Ulbricht hat das Bismarck-Reich noch einmal gespalten: Das hat unleugbar (unter starker Mithilfe Adenauers) der Westen getan. Der Osten hat alle drei Male, 1948 bei der Währungsreform, 1949 bei der Teilstaatsgründung und 1955 bei der Integrierung der beiden Teilstaaten in entgegengesetzte Bündnissysteme, nur nachgezogen. Was Ulbricht getan hat, ist, daß er aus der vom Westen aufgegebenen und von Westdeutschland im Stich gelassenen russischen Zone einen deutschen sozialistischen Staat gemacht hat. Das hatte freilich lange Zeit niemand im Westen für möglich gehalten. Es ist seine historische Leistung. Was sie für die Zukunft bedeutet und ob auf lange Sicht für die deutsche Nation Heil oder Unheil darin liegt, kann heute mit Sicherheit noch niemand sagen.

Man kann aber natürlich – schon heute! – einiges dazutun, Heil oder Unheil daraus zu *machen;* und die stärksten Passagen in Zwerenz' Studie sind die, in denen er das herausarbeitet. Hier ist einiges so gut und scharf gesehen, wie es mir auf diesem vielbeakkerten Gebiet noch nie untergekommen ist. »Ob man es schätzt

oder nicht«, schreibt Zwerenz, »Walter Ulbricht stellt in seiner Person und als Exponent seiner Partei die Kontinuität der deutschen revolutionären Tradition dar; und indem er sich einen Staat schuf, vereitelte er alle westdeutschen Bestrebungen, die revolutionäre Tradition der Linken in Deutschland zu eliminieren.«
Vielleicht erklärt *das* den wilden persönlichen Haß des westdeutschen Bürgertums (einschließlich seines sozialdemokratischen Flügels) gegen Ulbricht. Vielleicht liegt aber auch gerade darin Ulbrichts historisches Verdienst um Deutschland: den Mord an der deutschen revolutionären Tradition, der Hitler schon einmal zwölf Jahre lang gelungen schien und den das deutsche Bürgertum gar zu gern aus der Hitlerschen Hinterlassenschaft herübergerettet hätte, verhindert zu haben.
Die Deutschen sind zweifellos alles in allem ein konservatives Volk. Revolution liegt ihnen nicht, Restauration um so mehr. Sie blicken auf das jeweils Neue mit mißtrauischer Abneigung, und sie lieben das Alte mit romantischer Liebe. Ihr Lieblingswort ist »wieder«, und ihr Schönstes ist, das Gestern noch einmal leben zu dürfen. Das erste, was ihnen einfiel, als sie in die Geschichte eintraten, war bekanntlich, das versunkene Römische Reich wiederherzustellen – eine eigentlich verrückte Idee, an die sie aber ein halbes Jahrtausend gewandt haben. Diese bewahrende oder wiederherstellende Vergangenheitsfrömmigkeit ist an und für sich keine böse Eigenschaft, eher eine rührende und manchmal eine produktive – die beiden größten und übrigens deutschesten Künstler, die Deutschland hervorgebracht hat, Bach und Thomas Mann, holten das Höchste und Letzte aus Kunstgattungen heraus, die zu ihrer Zeit eigentlich schon als tot galten, der eine aus dem harmonischen Kontrapunkt, der andere aus dem realistischen Roman – aber es ist auch eine gefährliche Eigenschaft, wie sich gerade in den letzten anderthalb Jahrhunderten gezeigt hat. Die Rolle des großen Verzögerers und ewigen Restaurators kann einem Volk schlecht bekommen. Das Werk Metternichs und Bismarcks war nicht durch Zufall kurzlebig und zweischneidig, bei allem darin investierten Genie. Und es kann sich noch als ein Segen für die Deutschen erweisen, daß sich, zum ersten Mal seit Jahrhunderten unter ihnen, politisches Talent (das nicht nach der Gesinnung fragt) auf einen Revolutionär, nicht auf einen Reaktionär herabgesenkt hat. Ulbrichts Erfolg hält ihnen, wenn auch

einstweilen sicher gegen ihren eigenen Willen und Mehrheitsinstinkt, eine Chance offen, die sie gar zu gern und unbedacht ein für allemal verspielt hätten.

Und er zwingt sie, selbst wenn oder solange sie diese Chance nicht wahrnehmen wollen, wenigstens zu etwas anderem, das sie nun wirklich unbedingt nötig haben, wenn sie überhaupt eine Nation bleiben wollen: zum Geltenlassen, zur Toleranz. Das ist etwas, dessen sie früher fähig waren. Erst in diesem Jahrhundert haben sie es verlernt, und es sollte nicht zu spät sein, es wiederzuerlernen – obwohl ja traurig unverkennbar ist, daß die Bundesrepublik, sich selbst überlassen, nur zu sehr dazu neigt, den angelsächsisch-französischen Liberalismus und Pluralismus wieder zugunsten einer gegenrevolutionären formierten Gesellschaft abzustreifen. Sympathie mit dem Tode – ewige Versuchung der Deutschen, ewiger Fluch deutscher Politik! Zwerenz sieht in diesem Zusammenhang in Ulbrichts Erfolg eine »List der Geschichte«. Ich kann das, was hier zu sagen ist, nicht besser ausdrücken, als indem ich Zwerenz zum Abschluß selbst sprechen lasse:

»Die Deutschen, die aus ihrem Kampf gegen andere Völker eine mörderische Volkstums- und Rassenideologie entwickelt haben, sehen sich nun innerhalb ihres eigenen Volkes als Deutsche gegen Deutsche stehen und spielen diesmal das Spiel Feindschaft selbst mit verteilten Rollen. Womit die Teilung zur letzten Probe auf den Nationalcharakter der Deutschen wird, zur Prüfung, ob die Deutschen ihre Aggressionstriebe zu zügeln und sich selbst zu ertragen vermögen. Sie müßten dabei dem herkömmlichen Weg kriegerischer Auseinandersetzungen entsagen, mit dem Gegner leben, Feindschaft in zäher Kleinarbeit zu Partnerschaft verwandeln, die Kunst des Kompromisses und des Friedensschlusses erlernen, kurz, alles das tun, was ihnen unendlich fernliegt, weil sie ihre Gegner jeweils zu verteufeln und sich selbst samt ihren Prinzipien zu vergotten pflegen.«

Gerhard Zwerenz
Walter Ulbricht
Scherz Verlag, Bern/München/Wien

Recht und Gesetz

In den Jahren 1940 und 1941 hatte ich, kurz vor seinem Tode, noch eine Anzahl höchst lehrreicher Gespräche mit dem damaligen großen alten Mann des englischen Journalismus, Wickham Steed; er war bis 1914 Times-Korrespondent in Berlin gewesen und später, in den zwanziger Jahren, Chefredakteur der Times und hatte immer ein großes Interesse für Deutschland bewahrt. Dabei sagte er einmal, mit großem Nachdruck, etwas, das mir damals höchst sonderbar vorkam.
Wir sprachen über das Rätsel – das auch heute noch ungelöste Rätsel –, wie das gewiß übertrieben konservative, aber doch in seiner Art hochehrbare und hochzivilisierte Deutschland der Kaiserzeit, das Steed intim gekannt hatte, so schnell und so widerstandslos in die extreme Kollektivkriminalität hatte verfallen können, die damals gerade ihrem Höhepunkt zustrebte. Wie war das möglich? Wo hatte der Krankheitskeim gelegen, was war die Wurzel des Übels?
Ich sehe den alten Herrn mit seinem weißen Bärtchen und seiner funkelnden Brille noch vor mir, wie er ohne Zögern, mit großer Lebhaftigkeit, Entschiedenheit und Überzeugung, als fertiges, nicht mehr umzustoßendes Ergebnis abgeschlossener Überlegungen, seine für mich damals höchst überraschende und nicht ganz annehmbare Erklärung herausschoß. Er war seiner Sache ganz sicher und hatte es immer kommen sehen: Schuld war das BGB, das berühmte Bürgerliche Gesetzbuch von 1900.
Ich fand das ein bißchen absurd und muß wohl mit etwas verdutztem Widerspruch reagiert haben. Schließlich war ich vor kurzem selbst noch ein praktizierender deutscher Gerichtsassessor gewesen und hatte mich, bemüht und hochachtungsvoll, in den Labyrinthen dieser imponierenden Paragraphenkathedrale heimisch zu machen gesucht. Aber Steed war nicht zu beirren und begründete seine Diagnose, in Rede und Gegenrede, mit viel Geist und Eifer wohl eine Stunde lang: Er meine natürlich nicht nur das BGB – das sei nur der Punkt auf dem i –, er meine auch das

Strafgesetzbuch, die großen Prozeßordnungen, das Handelsgesetzbuch, kurz den ganzen riesigen Gesetzeskodex der siebziger bis neunziger Jahre in Deutschland; dieser gewaltige, geradezu gotteslästerliche Versuch (ich erinnere mich noch gut, er gebrauchte diesen starken Ausdruck), dieser Versuch, das Recht, das immer fließende, immer problematische, immer neu zu findende Recht ein für allemal in Tausenden von Paragraphen festzulegen und zu systematisieren, das Recht für alle Ewigkeit sozusagen gerinnen zu lassen, zu versteinern; der habe das Rechtsgefühl in Deutschland getötet. Indem man an die Stelle eines lebendigen, verständlichen, immer neu zu schöpfenden, sozusagen von jedem mitzutragenden, mitzuerlebenden Rechts eine starre, tote, dem Laien völlig unzugängliche und unverständliche Gesetzespyramide gestellt habe, habe man dem deutschen Volk abgewöhnt, nach Recht und Gerechtigkeit überhaupt noch zu fragen, und es darauf abgerichtet, kritiklos und widerstandslos jedes in Paragraphen gegossene und mit dem gehörigen juristischen Abrakadabra umkleidete Staatsgebot als »geltendes Recht« hinzunehmen. Wenn der Staat zufällig in die Hände von Verbrechern fiele, dann werde eben auch das paragraphierte Verbrechen in Deutschland zum »geltenden Recht«.

Wie gesagt, damals hat mich das nicht überzeugt – höchstens ein bißchen nachdenklich gemacht. Seither habe ich aber mehrfach Gelegenheit gehabt, mich an die Theorie des alten Wickham Steed zu erinnern, und heute neige ich dazu, ihm so ziemlich recht zu geben. Wenn zum Beispiel die Justizmörder des Dritten Reichs, die wehrlose Mitmenschen massenhaft für Bagatellvergehen oder auch für gar nichts unters Beil schickten, von ihren heutigen Kollegen ganz unbefangen damit verteidigt werden, sie hätten doch nur »das damals geltende Recht angewandt« – was ist das anderes als die wortwörtliche Bestätigung dessen, was Wickham Steed damals zu mir gesagt hat?

Und nun ist das Buch eines deutschen Richters erschienen, das Steeds Diagnose haargenau noch einmal aufstellt, sie noch vertieft und erweitert – ohne jedes Vorwissen natürlich, daß ein großer englischer Journalist dieselbe Entdeckung schon vor Jahrzehnten gemacht hat, und mit viel größerer Sachkunde, Internerfahrung und Leidenschaft, als ein noch so scharfblickender und geistreicher fremder Beobachter aufbringen konnte. Xaver Berras kleines Buch ist, obwohl von einem Juristen geschrieben, jedem vernunftbegabten Leser vollkommen verständlich, und alles, was Berra sagt, hat die merkwürdige Eigenschaft großer Wahrheiten, daß jeder beim Lesen das Gefühl hat, das habe er ja eigentlich schon immer gewußt. Seine Grundthese ist ganz einfach. Woran die deutsche Justiz krank – todkrank – ist, das ist der Ersatz des Rechts – das »immer zuerst als Menschenrecht, als Freiheitsrecht, als Waffe des Unterdrückten verstanden worden« ist – durch staatliches Gesetz, und zwar durch unverstandenes und unverständliches, sogar für die meisten Richter unverständliches Gesetz. Statt Recht haben wir eine »Rechtsordnung«, und statt Richtern, die Recht sprechen, haben wir Justizbeamte, die Gesetze anwenden. Und zwar Gesetze, in denen sie sich selbst nicht auskennen.

Das ist ja das Unheimlichste an dem labyrinthischen Paragraphenturm, der bei uns seit hundert Jahren die Stelle des Rechts besetzt, daß niemand, buchstäblich niemand, Weg und Steg darin kennt. Das geltende Recht ist eine Geheimwissenschaft – so geheim, daß nicht nur die Laien, sondern auch die Juristen seine Geheimnisse nie bis zu Ende durchschauen. Es ist das einzige Bildungsgebiet, von dem man auf der Schule, auch auf der höheren, nicht einmal eine blasse Ahnung vermittelt bekommt, und das einzige, das auch nicht auf der Universität erlernt wird. Der Jurastudent lernt sein Fachwissen vielmehr beim Repetitor, und was er dort lernt, ist nur ein gewisser Examensstoff und eine gewisse Examenstechnik – wie Berra sagt, er lernt, »eine Masche zu stricken«. Und damit kommt dann der normale Richter durch sein Berufsleben, vor Bloßstellung geschützt durch die totale Rechtsunwissenheit und resignierte Hilflosigkeit des rechtsuchenden Publikums.

Freilich gibt es auch noch eine ganz kleine Elite von Superjuristen und Hohenpriestern der Geheimlehre, in Berras Formulierung »die Mächte der Herrschaft, die heute noch die Justiz kommandieren, eine dünne Schicht von Professoren, Ministerialbeamten und hohen Richtern, die bei den gesetzgeberischen Arbeiten an den Kodifikationen Kontakt miteinander aufgenommen hatten« und seither einander die Bälle zuspielen und in Fachzeitschriften, Kommentaren, Ministerialerlassen und höchstrichterlichen Entscheidungen Ordnung im Paragraphenturm zu halten

suchen. Aber der Witz ist, daß auch von diesen Aristokraten der Jurisprudenz längst jeder nur noch ein ganz kleines Spezialgebiet wirklich übersieht und geistig beherrscht. Einen Menschen, der das gesamte »geltende Recht« in Deutschland wirklich durch und durch kennt und versteht, so daß er gegen Rechtsirrtum gefeit wäre, gibt es nicht – nicht einen.
Womit auch das Standardargument für den bei uns herrschenden Gesetzespositivismus zu Boden fällt, nämlich, daß er, wenn auch auf Kosten der Gerechtigkeit und des Rechtsgefühls, jedenfalls Rechtssicherheit schaffe. Jeder wisse, woran er ist. Was in Wirklichkeit jeder weiß, ist, daß jeder Prozeß ein Lotteriespiel ist, daß die eine Instanz so entscheidet und die andere anders, ohne daß auch nur eine Gewähr gegeben wäre, daß die Entscheidung der jeweils höheren Instanz nun »richtig« sei – von Gerechtigkeit immer ganz zu schweigen. Und jeder Jurist weiß, daß es zu jeder Rechtsfrage in der juristischen Stratosphäre immer drei Meinungen gibt – zwei einander widersprechende und eine vermittelnde – und daß die vermittelnde, die meistens die »herrschende« ist, sich im Einzelfall meist wiederum in drei vertretbare Unterauffassungen zerlegen läßt.
Im Grunde genommen ist der Richter in unserem System ein störendes Element. Da der Gesetzgeber ja alles haarklein vorbedacht und vorentschieden haben will, wäre es systemgerechter, wenn man die zwanzig- oder dreißigtausend Paragraphen, die in Deutschland »geltendes Recht« sind, vielleicht noch zusammen mit einigen tausend höchstrichterlichen Grundsatzentscheidungen, in Elektronengehirne hineinprogrammierte, die dann wenigstens in jedem Fall gleichartige, vorhersehbare, gegen »menschliches Versagen«, also richterlichen Rechtsirrtum, abgesicherte Resultate ausspucken würden. Wie allerdings diese Resultate aussehen und was sie anrichten würden, wage ich nicht, mir auszumalen.
Freilich, auch der gegenwärtige Zustand, in dem ein vernünftiger – oder auch nur ein unwissender oder irrender – Richter die schlimmsten Folgen des »gotteslästerlichen« gesetzgeberischen Perfektionismus manchmal abwendet oder mildert, ist seltsam genug. Berra exemplifiziert das am Verkehrsrecht. »Was den Verkehr tatsächlich ordnet, sind nicht die gesetzlichen Regeln oder die unabsehbare Flut der Verkehrsentscheidungen der Gerichte

oder gar etwa der Abschreckungsgedanke der Strafen, sondern das eigene Interesse jedes Verkehrsteilnehmers, keine körperlichen oder finanziellen Schäden zu erleiden. Dem Kundigen ist klar, daß jedenfalls der Stadtverkehr zum Erliegen käme, hielte sich jedermann an die Verkehrsregeln ... Es ist der Entscheidung des einzelnen Verkehrsteilnehmers vorbehalten, wie weit sie ihn binden dürfen oder nicht ... Während in früheren Zeiten nur für wenige Menschen und in seltenen Ausnahmesituationen die Frage auftauchen konnte, ob die Rechtsordnung verbindlich ist oder nicht, stellt sie sich heute jedem Kraftfahrer täglich von neuem. Was ist inzwischen mit dem Recht geschehen?«

Ja, was ist wirklich mit dem Recht geschehen? Doch wohl dies: Das Recht hat sich vom Gesetz getrennt – und lebt und wirkt heute sozusagen in der Illegalität. Das gilt nicht nur im Verkehrsrecht. Wenn es nach dem Gesetz ginge, brauchte man keine Wohnhäuser mehr zu bauen, sondern nur noch Gefängnisse: Denn es gibt niemanden, der nicht immer wieder einmal gegen irgendeine mit Strafsanktion versehene Gesetzesvorschrift verstieße, wenn nicht auf dem finanziellen oder sexuellen Gebiet, dann auf dem politischen, und wenn auf dem nicht, dann auf dem steuerlichen oder wettbewerbs- oder zollrechtlichen oder eben auf dem verkehrsrechtlichen. Wenn umgekehrt der Perfektionismus unserer Gesetze das Rechtsgefühl so vollständig abgetötet hätte, wie etwa Wickham Steed annahm, dann wäre längst keiner von uns seines Lebens mehr sicher.

Tatsächlich bleibt ein gewisses ungeschriebenes Recht und unartikuliertes Rechtsgefühl lebendig und wirksam, und das hält das Alltagsleben einigermaßen im Lot, trotz der Gesetze, die keiner kennt, beherrscht und befolgt. Das »geltende Recht« spielt im Leben der meisten Menschen keine Rolle; nur gelegentlich bricht es über den einen oder andern herein wie eine Naturkatastrophe. Freilich, in der Nazizeit hat man erlebt, welchen Umfang solche Naturkatastrophen annehmen können. Und von Rechtskultur läßt sich in unserm Zustand der Spaltung von Recht und Gesetz natürlich nicht reden.

Die meisten der großen Kodifikationen, die heute das »geltende Recht« in der Bundesrepublik ausmachen, stammen aus der Zeit zwischen 1870 und 1900 und erinnern in Stil und Denkart an das ausgepufft ausladende, »altdeutsche« Bürgerbarock der Justizpaläste jener tiefvergangenen Zeit. Das 20. Jahrhundert hat sie stehen lassen und bewohnt sie weiter – auf eine Art, für die Kafka, nicht zufällig ein praktizierender Jurist, die klassischen Symbole geprägt hat.

Xaver Berra
Im Paragraphenturm. Eine Streitschrift zur Endideologisierung der Justiz
Luchterhand Verlag, Neuwied

Krieg und Frieden

Was Krieg ist, weiß jeder. Aber wenn man versucht, zu definieren, was Frieden ist, gerät man leicht ins Stottern. Tatsächlich bedeutet das eine Wort »Frieden« zwei ganz verschiedene Dinge: Erstens einen Zustand, in dem Krieg zwar jederzeit möglich ist, aber momentan nicht stattfindet. Das ist der »Frieden«, den die Friedensverträge der Vergangenheit immer wieder auf Zeit hergestellt haben und den wir augenblicklich in Europa sogar ohne Friedensvertrag genießen.

Zweitens bedeutet »Frieden« aber auch eine ganz andere Art von Zustand, nämlich einen, in dem Krieg unmöglich geworden ist. Das ist etwas, das im Weltmaßstab noch nie verwirklicht worden ist; regional in der Pax Romana des zweiten und dritten Jahrhunderts. Was nicht ausschließt, daß ein »Frieden« dieser zweiten Art weltgeschichtlich auf die Tagesordnung gekommen sein könnte: Die Schrumpfung des Globus und die Entwicklung der Vernichtungswaffen legen den Gedanken ja nahe.

Nun läßt sich aber nicht übersehen, daß die beiden Arten von Frieden – Kriegsvermeidung und Kriegsabschaffung – nicht nur nicht dasselbe sind, sondern sich schlecht vertragen. Ja, es ist kaum eine Übertreibung, daß sie sich ausschließen. Das grausame Paradox ist nämlich, daß der Weg zur Abschaffung des Krieges unvermeidlich über einen – mindestens einen – Krieg zu führen scheint.

Warum das so ist, ist leicht einzusehen. Krieg – jedenfalls die ständige Möglichkeit des Krieges – ergibt sich aus dem Nebeneinander souveräner Staaten. Man braucht nicht so weit zu gehen wie die Pessimisten, die lehren, daß Krieg sozusagen die Normalbeziehung zwischen Staaten sei und Frieden nur die Fortsetzung des Krieges mit anderen Mitteln. Staaten können durchaus ehrlich Frieden miteinander halten; einigen Staaten, die bescheiden und geschickt sind, ist es mitunter sehr lange gelungen, Krieg für sich selbst zu vermeiden – Schweden zum Beispiel nun schon seit über hundertfünfzig Jahren. Aber auch Schweden bleibt gerüstet,

also kriegsbereit; auch der friedliebendste Staat wird Krieg führen, wenn seine Existenz bedroht wird. Wenn man also, in einer Welt des Staatenpluralismus, wie es die unsere nun einmal ist, Krieg vermeiden will, ist die erste Vorbedingung, daß man keinem existierenden Staat seine Existenz streitig macht.
Wenn man aber den Krieg abschaffen will, also einen Weltzustand herbeiführen, in dem Krieg unmöglich wird, dann muß man – bitte jetzt nicht erschrecken, sondern ganz ruhig mitdenken – jedem existierenden Staat seine Existenz streitig machen oder doch allen bis auf einen. Denn unmöglich wird Krieg nur, wenn es kein Nebeneinander souveräner Staaten mehr gibt, sondern entweder einen einzigen Weltstaat – oder überhaupt keine Staaten mehr.
Das zweite ist immer noch schwer vorzustellen. Das erste schien einmal, vor gar nicht so langer Zeit, nämlich vor ungefähr dreißig Jahren, auf dem Höhepunkt des Kalten Krieges, nahe herbeigekommen: Damals schien geradezu alles darauf hinauszuwollen, daß es einen Dritten, letzten Weltkrieg geben würde und danach nur noch einen Weltstaat, je nachdem mit der Hauptstadt Washington oder der Hauptstadt Moskau. Technisch schien die Welt reif für den Weltstaat. Aber vor dem Weltstaat und damit dem Totalfrieden lag eben unvermeidlich der Dritte Weltkrieg – den ja seither das Atompatt Gott sei Dank verhindert hat. Und inzwischen ist mit dem Heraufkommen Chinas und der Dritten Welt, mit dem Zerbröckeln der amerikanischen und russischen Machtblöcke und dem veränderten Verhältnis zwischen Amerika und Rußland selbst, die Vision des Weltstaats wieder in weite Ferne gerückt, und wir leben wieder in einer Welt des Staatenpluralismus und also der Kriegsmöglichkeit, wie eh und je.
Das ist das Dilemma, daß auf dem Gebiet des Friedens das Bessere der tödliche Feind des Guten ist. Der Totalfrieden, die Abschaffung des Krieges, verlangt als ersten Schritt die Abschaffung des Staatenpluralismus, also zunächst einmal den globalen Totalkrieg. Wenn man den aber nicht will, wenn man pragmatischen Frieden will, Frieden jetzt und hier und so gut es geht, dann muß man den existierenden Staatenpluralismus akzeptieren – und damit auch die ständig weiterbestehende Möglichkeit des Krieges.
An diesem Dilemma versucht sich die Friedensforschung derzeit,

Verzeihung für den harten Ausdruck, vorbeizumogeln, und dabei gerät sie auf Holzwege. Sie sucht einen Denkansatz, mit dem sie, zunächst wenigstens einmal theoretisch, Krieg auch in einer pluralistischen Staatenwelt abschaffen könnte, und sie schwankt zwischen dreien: einem anthropologisch-psychologischen, einem soziologischen und einem völkerrechtlich-organisatorischen. Krippendorffs Sammelband gibt eine gute Übersicht über alle drei. Was dabei herauskommt, ist nützlich, aber es ist kaum, was der Herausgeber beabsichtigt hat. Es ist nämlich, so scheint mir, die Erkenntnis, daß keiner der drei Ansätze schlüssig ist.
Der psychologische holt am weitesten aus. Er nimmt das Allerschwierigste in Kauf, nämlich die Menschennatur zu ändern, um damit sozusagen auf einen Schlag das ganze Problem aus den Angeln zu heben. Wenn es gelänge, die menschliche Aggressivität abzuschaffen – so der Grundgedanke –, dann wäre damit natürlich auch der Krieg abgeschafft. Und sollte es nicht irgendwie möglich sein, die menschliche Aggressivität abzuschaffen? Kann man ihr nicht mindestens zu Leibe gehen, durch veränderte Erziehung, veränderte Ernährung, veränderte Gesellschaftsformen und Umweltbedingungen?
Nun ist es natürlich mit der Veränderung der menschlichen Natur so eine Sache. Unmöglich ist sie vielleicht nicht, aber eine langfristige und schwer berechenbare Angelegenheit ist sie sicher. Wenn, was ja denkbar ist, der Mensch in absehbarer Zukunft keine Mangelwirtschaft mehr betreiben muß, sondern Überflußwirtschaft betreiben kann, wenn es ihm gelingt, den Schmerz abzuschaffen, wenn er Tiere nicht mehr zu seiner Bedienung quälen und nicht mehr zu seiner Ernährung schlachten muß, was alles auf der Tagesordnung der absehbaren Zukunft steht – möglich, daß dann seine Aggressivität, weil nicht mehr benötigt, abstirbt. Möglich; nicht sicher. Es wäre auch denkbar, daß sie sich gerade dann neue Auswege sucht. Wir wissen leider nichts Genaues darüber, ob der Mensch nur »böse« ist, weil er muß, oder weil er es eben ist. Nicht ganz zu übersehen ist, daß ihm Kampf und Gewalt – wenigstens gelegentlich – auch ganz einfach Spaß machen.
Aber lassen wir das; nehmen wir an, irgendwie würde es möglich, die sadomasochistische Komponente der Menschennatur zu eliminieren: Dann wäre immer noch höchst zweifelhaft, ob damit wirklich ein Schritt zur Abschaffung des Krieges getan wäre.

Denn Krieg wird ja nicht von Individuen zu Zwecken der Triebbefriedigung gemacht, sondern von Staaten aus Gründen der Staatsvernunft. »Krieg«, hat Paul Valéry sehr hübsch gesagt, »ist eine Veranstaltung, bei der sich Menschen, die sich nicht kennen und nichts gegeneinander haben, töten – und zwar auf Befehl von Menschen, die sich sehr wohl kennen und sehr wohl etwas gegeneinander haben, sich aber nicht töten.« Genauso ist es. Die kreatürliche Aggressivität kommt im Kriege sogar sehr wenig auf ihre Kosten – bei den Regierenden, die den Krieg machen, nicht, weil sie nur trockene Schreibtischarbeit tun, bei den Soldaten, die das Töten und Sterben zu besorgen haben, nicht, weil ihnen meist gar nicht danach zumute ist; sie handeln aus Herdentrieb, aus Gemeinschaftssinn, aus Pflichtgefühl, man nenne es, wie man will; selten oder nie aus spontaner Kampflust. Ja, die domestiziertesten, diszipliniertesten, aggressionsschwächsten Typen machen oft die besten Soldaten. »Die guten Familienväter«, bemerkte Churchill anläßlich des Ersten Weltkriegs, »sind zu allem fähig.«
Zweiter Ansatz: der soziologische. Er ist der Linken – und Pazifismus ist ja nun einmal irgendwie eine »linke« Sache – besonders teuer, denn er stellt eine Verbindung her zu der eigentlich »linken« Sache, dem Sozialismus. Man sucht, gewissermaßen instinktiv, das kriegsverursachende Agens, den Kriegskeim, nicht in dem Nebeneinander souveräner Staaten als solchem, sondern in der inneren gesellschaftlichen Verfassung bestimmter Staaten – kurz und schlicht: im Kapitalismus. Wird nicht an Krieg und Rüstung enorm verdient? Gibt es nicht, besonders im heutigen Amerika, den »ökonomisch-militärischen Machtkomplex«? Sind die kapitalistisch-imperialistischen Kämpfe um Märkte und Rohstoffe nicht häufig Kriegsgründe? Lag nicht an der Wurzel des Kalten Krieges das Streben des kapitalistischen Systems nach Weltbeherrschung und Weltausbeutung? Man schaffe den Kapitalismus ab, und man wird, wenn nicht jede Kriegsmöglichkeit, so doch die meisten aktuellen Kriegsgefahren abgeschafft haben!
Ach, wenn es doch nur so wäre. Aber es ist leider nicht so. Der Krieg ist viel älter als der Kapitalismus, und es sieht ganz so aus, als ob er ihn rüstig überleben wird – als ob er nämlich auch zwischen sozialistischen Staaten durchaus keine Unmöglichkeit geworden ist. Sicher schafft der Kapitalismus spezifische Konflik-

te, die es in einer sozialistischen Welt nicht geben würde. Aber auch der Sozialismus schafft spezifische Konflikte, die es in der kapitalistischen Welt nicht gibt – die Art von Dogmenstreit zum Beispiel, die die kriegsähnlichen Vorgänge in Ungarn 1956 und in der Tschechoslowakei 1968 verursacht hat und zwischen Rußland und China den Konflikt nährt.

Wenn man die lange Geschichte kriegerischer Konflikte überblickt, kann man nicht umhin zu bemerken, daß jede Gesellschaftsordnung ihre eigenen Kriegsgründe produziert und daß keine gesellschaftliche Veränderung die Staatenwelt unkriegerischer macht. Vor hundert Jahren gab es eine Moderichtung, die sich den Frieden von der Demokratie versprach: Der Krieg, so argumentierte man damals plausibel genug, sei der Sport der Könige; die einfachen Menschen, die Völker, wenn sie sich nur erst selbst regieren dürften, würden sich hüten, übereinander herzufallen. Seither wissen wir leider, daß demokratische Nationalkriege noch viel blutiger und gründlicher sein können als die alten dynastischen Kabinettskriege, von denen, wie man im 18. Jahrhundert zu sagen liebte, der friedliche Bürger gar nichts merken sollte. Ich fürchte, denen, die sich vom Übergang zum Sozialismus ein Absterben der Kriege versprechen, steht eine ähnliche Enttäuschung bevor.

Gewalt und Aggression gibt es auch im individuellen Leben; Konflikte gibt es auch innerhalb der Gesellschaft, und zwar jeder Gesellschaft. Aber Krieg gibt es nur zwischen Staaten, und zwar zwischen Staaten jeder Art. Der Krieg gehört zum Staat. Er läßt sich zwar im Einzelfall pragmatisch vermeiden, aber er steht immer als letzte Möglichkeit und letzte Drohung hinter allen zwischenstaatlichen Beziehungen, und zwar einfach deswegen, weil Staaten die höchste Machtinstanz auf Erden sind: Es gibt keine übergeordnete Macht, die Staaten so zum Frieden zwingen könnte, wie die Staaten selbst ihre Bürger zum Frieden zwingen.

Also schaffe man eine! heißt das dritte Rezept zum Dauerfrieden in einer Staatenwelt. Diesem Rezept verdanken wir den Völkerbund seligen Angedenkens, die UN, das Haager Schiedsgericht und die diversen sonstigen internationalen Institutionen. Man kann sich kurz darüber fassen, denn im Gegensatz zu dem psychologischen und dem soziologischen Ansatz der Friedensforschung hat dieser bereits in der Praxis gezeigt, was er leisten kann und was nicht. Die Nützlichkeit dieser synthetischen internationalen Autoritäten bei der Beilegung kleinerer Konflikte ist erwiesen und unbestreitbar; ihre Ohnmacht gegenüber größeren und wirklich gefährlichen ebenso. Sie sind eben keine wirkliche Macht über den Mächten, sondern nur diese Mächte selbst im Konklave; kein Weltstaat, nur ein Forum der souveränen Staaten selbst; bestenfalls ein Instrument, durch das die Großmächte, wenn sie einig sind, den kleineren Staaten ihren Willen auferlegen können. Das könnten sie aber notfalls auch ohne dieses Instrument. Das informelle »europäische Konzert« des 19. Jahrhunderts hat sogar alles in allem besser funktioniert als im 20. der formalisierte Sicherheitsrat der Vereinten Nationen. Den Krieg unmöglich gemacht haben sie beide nicht.

Alles in allem: Die Friedensforschung, so wie sie sich hier und heute präsentiert, befindet sich auf Holzwegen. Der Versuch, den Krieg abzuschaffen, ohne die Staaten abzuschaffen, ist ein Versuch, den Pelz zu waschen, ohne ihn naß zu machen. Es wird dabei eine Menge Geist und Gelehrsamkeit verschwendet und leider eine Menge leeres Stroh gedroschen.

Ich könnte mir eine Friedensforschung vorstellen, die Nützlicheres leisten (und sich dabei auch akademische Respektabilität erwerben) könnte. Sie wäre ein Spezialgebiet der Politologie. Ihr Forschungsgegenstand wären die Methoden pragmatischer Kriegsvermeidung in der Welt souveräner – und ungleich starker – Staaten, in der wir leben und wohl auf absehbare Zukunft weiter leben werden: alte Bekannte wie Machtgleichgewicht und Interessenzonen, bilaterale und multilaterale Diplomatie, Neutralität und Allianzpolitik; Neuheiten wie Abschreckung, Krisenmanagement und gewaltloser Widerstand. Allerdings: Mehr als eine bescheidene Hilfswissenschaft wäre auch eine solche Friedensforschung nicht. Friedenspolitik kann sie nicht ersetzen. Und die bleibt eine Frage des guten Willens, der Vernunft, der Geduld und der Geschicklichkeit; letzten Endes eine Kunst; vielleicht die schwerste Kunst.

Ekkehart Krippendorff (Hrsg.)
Friedensforschung
Kiepenheuer & Witsch, Köln/Berlin

Der reale Kapitalismus

Kenneth Tynan hat Lundbergs Buch über die Reichen und die Superreichen das subversivste Buch genannt, das seit Kriegsende erschienen ist. Das Buch handelt von der amerikanischen Plutokratie. Lundberg entblößt. Mit einer wahren Berserkerwut reißt er Hüllen herunter und zerfetzt sie in der Luft, eine nach der andern: die Demokratie, den Pluralismus, die offene Gesellschaft, die Revolution der Manager, selbst die »Machtelite« – alles Verhüllungen, alles Schutzbehauptungen, alles Verschleierungstheorien! Die nackte Wahrheit hinter ihnen allen ist die absolute Herrschaft des Geldes – und zwar des ganz großen, unverwundbar gewordenen Geldes; die totale Macht nicht mehr einfach der Reichen, sondern der Superreichen.

So jedenfalls Lundberg. Und ich muß sagen, er macht seine Thesen plausibel und mehr als plausibel.

Das Interessanteste, was Lundberg vorzutragen hat, ist vielleicht nicht einmal, daß der Reichtum in Amerika allmächtig geworden ist – daß er den Staat, die öffentliche Meinung, die Wissenschaft, die »Demokratie« ebenso wie die »Machtelite« längst gekauft oder gemietet hat, und daß es gegenüber seiner Allmacht und Allgegenwart längst keine Gegenmacht, kaum mehr wirkliche Freiheitsräume und Fluchtburgen gibt. Das weiß man auch so schon ungefähr, und Lundberg macht es nur besonders konkret und handgreiflich. Das Neue und Interessante ist, daß er eine Entwicklung herausarbeitet, die sich innerhalb des Kapitalismus in den letzten dreißig Jahren vollzogen hat und die eine gewisse Parallele zur Waffenentwicklung von den konventionellen Bomben zu den Atombomben darstellt: den Durchstoß der Geldmacht in eine neue Dimension, die Entstehung einer neuen Klasse von »Superreichen«, die auch die »Reichen« zur Ohnmacht verurteilt, aufsaugt, einebnet, unterpflügt.

Die gewöhnlichen »Reichen«, die erfolgreichen »Geschäftsleute«, die bloßen Millionäre, betrachtet Lundberg bereits mit derselben fast mitleidigen Verachtung wie die Politiker, Professoren,

Journalisten, Generäle oder Manager, die sich immer noch mächtig und wichtig vorkommen, obwohl sie längst an einer kurzen Kette herumlaufen. Die armen Reichen mögen noch, schreibt er an einer Stelle, ihren Frauen oder Freundinnen imponieren, wenn sie in Privatflugzeugen zu Konferenzen fliegen und »einen großen Teil ihrer Tage in ihren Kajütenkreuzern, Jaguarlimousinen, 160-Dollar-Maßanzügen und mit einem 50-Dollar-Hut auf dem Kopf verbringen – all diese Leute sind doch in Wahrheit kleine Fische . . . sie zählen einfach nicht mehr auf der Stufenleiter des Reichtums«. Sie sind immer noch »Geschäftsleute«, die pleite gehen können. Ihr wahrscheinlichstes Los ist, früher oder später im Zuge der Unternehmenskonzentration im Magen irgendeines Riesenkonzerns spurlos zu verschwinden.
»Auf unsere großen Unternehmungen bezogen, ist der Ausdruck ›Geschäft‹ zu einer reinen Schönfärberei geworden . . . Zu den charakteristischen Kennzeichen eines jeden Geschäftsunternehmens gehört es, daß es untergehen und aus dem Kreis der Konkurrenten durch Bankrott ausscheiden kann. Es ist, kurz gesagt, mit einem Risiko behaftet. Aber unsere großen Konzerne können ebensowenig zusammenbrechen wie das staatliche Schatzamt. Ihre Risiken sind minimal. Ihre konzentrierten Finanzreserven bieten eine absolute Garantie gegen das Risiko und die Gefahr geschäftlichen Zusammenbruchs. Darüber hinaus aber sind sie so sehr mit der Gesellschaft verwoben, daß der Staat selbst ängstlich und ohne Unterlaß über ihr Wohlergehen wacht.« Das stimmt. Das stimmt sogar schon in den kleineren und noch relativ altmodisch-gemütlichen Verhältnissen der Bundesrepublik. Ein Schlieker kann hier noch untergehen, ein Krupp schon nicht mehr. Wenn er unterzugehen droht, muß der Staat ihn wieder flottmachen.
Täuschen wir uns nicht: Was in Amerika entstanden und was in Westeuropa und Westdeutschland im Entstehen ist, ist etwas geschichtlich Neues. Reichtum hat es natürlich immer gegeben, und daß Reichtum Macht verleiht, das ist ein alter Hut. Aber privater Superreichtum, an dem die Existenz von Millionen, ja ganzer Völker hängt, und neben dem sich die offizielle Staatsmacht so zwergenhaft ausnimmt wie in New York die Kirchtürme neben den Wolkenkratzern – das ist ein geschichtlich neues Phänomen. Und die lautlose Durchdringung und Unterwerfung der ganzen

Macht, einschließlich der Staatsmacht und der Geistesmacht, durch diese neuen Superreichen, der Totalitarismus der Plutokratie: das ist ebenfalls neu. Daß hier etwas Neues über uns kommt, neu auch gegenüber dem altgewohnten Kapitalismus, ist noch längst nicht zugegeben. Lundbergs Buch ist vielleicht das erste, das diesen geschichtlichen Vorgang in seiner ganzen Exorbitanz sichtbar und greifbar macht.

Es ist ein exorbitanter Vorgang, obwohl er auch wieder eigentümlich lautlos und schmerzlos ist. Man hat nämlich oft den Eindruck, daß die amerikanische Plutokratie auf vielen Gebieten mit ihrer Macht und Allmacht sozusagen nur spielt – vorläufig wenigstens. Es ist ja ein Handikap des Reichtums, daß er sich eigentlich nur für sich selbst und seine dauernde Vermehrung interessiert, und das läßt ihn als Machthaber manchmal fast harmlos erscheinen. Was man sonst noch alles mit der Macht anfangen kann, im Guten wie im Bösen, das langweilt ihn im Grunde – was vielleicht sowohl die kulturelle Sterilität der amerikanischen Plutokratie erklärt wie ihre relative Liberalität. Auch ist es nicht so, daß die Bosheit mit dem Reichtum wächst, daß also die Superreichen böser und gewalttätiger wären als die Reichen; im Gegenteil. Auch das arbeitet Lundberg klar heraus: Die »kapitalistischen Wölfe«, die Fabriktyrannen, die Leute, die faschistische Parteien finanzieren und soziale Scharfmacherei betreiben, die die Gewerkschaften immer noch am liebsten verbieten und die Linksintellektuellen am liebsten in Konzentrationslager sperren würden: das sind viel eher die kleinen »Reichen«, denen noch die Peitsche des Unternehmerrisikos im Nacken sitzt. Die »Superreichen«, diese unverwundbar gewordenen Halbgötter der Plutokratie, sind viel zivilisierter, viel leiser und anonymer, Meister der »repressiven Toleranz«; sie haben keinen Faschismus mehr nötig. Politisch sind sie meistens liberal und sogar »demokratisch« – es kann ihnen egal sein, welche ihrer Parteien gerade »regiert« –, gesellschaftlich manchmal fast eine Art Privatsozialisten. In den Großkonzernen gibt es viel Sozialfürsorge – in der Bundesrepublik ist auch hier wieder Krupp der Prototyp –, mit den Gewerkschaften kommen sie ausgezeichnet aus, alljährliche Lohnerhöhungen können sie mühelos verkraften (sie holen sie im Laufe weniger Monate durch Preiserhöhungen ohnehin wieder herein), und wenn die Intellektuellen durchaus kritisieren und schimpfen

wollen – warum denn nicht? Das ist ganz ungefährlich und sogar unterhaltend. Die intellektuelle Kritik finanziert die Plutokratie so nebenbei aus der Portokasse. Für fast alle lebt es sich im Zoo des Monopolkapitalismus bequemer und gefahrloser als im Dschungel des Konkurrenzkapitalismus.
Und doch erweckt dieser neue Absolutismus des Superreichtums ein gewisses spontanes Widerstreben, ja sogar ein gewisses Grauen. Lundberg zum Beispiel ist offensichtlich überzeugt, daß er ihn nur zu demaskieren braucht, um allgemeine Empörung gegen ihn zu erzeugen. Aber was ist es nun eigentlich, das diese Empörung trägt? Was empört sich?
Bei Lundberg selbst – das merkt der europäische Leser immer wieder gelegentlich mit einem gewissen Befremden – ist es im Grunde ein altamerikanischer Puritanismus, den wir hier nicht so recht nachempfinden können. Bei uns Europäern ist es vielleicht eher eine altverwurzelte Staatsfrömmigkeit, ein im Grunde immer noch monarchistisches Gefühl, das sich aufbäumt: Geld und Macht, das gehört für dieses Gefühl nun einmal nicht zusammen. Geldmacht ist unanständig, der Staat soll nicht käuflich sein. Der König soll über den Reichen wie über den Armen thronen; daß er – oder seine republikanischen Nachfolger – selbst zum Untertan wird, zum gegängelten Untertan und Agenten der Geldmacht, das gehört sich einfach nicht. Aber war die nackte, aufdringliche Macht der Barockmonarchen erträglicher als die versteckte, ungreifbare Macht der Milliardäre des Computerzeitalters? Schöner gebaut hat sie allerdings immerhin, soviel ist zuzugeben. Auch das muß man zugeben, daß eben das Versteckte des Geldabsolutismus, die Anonymität, die viele Lügerei und Heuchelei etwas Widerwärtiges hat, auch übrigens etwas Verdächtiges, so als ob die Plutokraten selber heimlich ein schlechtes Gewissen hätten: Wer sich versteckt, der muß etwas zu verstecken haben. Oder ist der Abscheu gegen die Plutokratie einfach der Konkurrenzneid der andern Machtanwärterklasse, nämlich der Intellektuellen? Denn das scheint ja zuzutreffen, daß die einzigen wirklichen Opponenten und potentiellen Revolutionäre gegen die Herrschaft der Superreichen heute die Intellektuellen sind: Die Arbeiter haben sich, soweit man sehen kann, in Amerika bereits vollkommen mit der Plutokratie arrangiert und scheinen auch in Deutschland dabei, sich mit ihr zu arrangieren. Die Intellektuel-

len sind es, die noch aufbegehren. Ist dieses Aufbegehren nur etwas Negatives, oder steckt dahinter ein eigener Machtwille? Die Frage stellt sich ernsthaft. Denn wie die Dinge in der Welt heute liegen, scheint es wirklich so, als ob die reine Macht – die Macht, die »aus den Gewehrläufen kommt« und die sich in den Glanzzeiten der europäischen Vergangenheit eine Weile als König- und Kaisertum zu sublimieren wußte – nicht mehr auf sich selbst stehen kann. Wo sie es noch versucht, wirkt sie brüchig und anachronistisch. Woran das liegt – das ist ein weites Feld. Vielleicht hängt es mit der Aufklärung zusammen, vielleicht mit dem Religionsverfall und der Wissenschaftsexplosion. Genug, im Dreieck von Geld, Geist und Macht scheint die Macht heute kein wirklicher Mitspieler mehr zu sein, sondern eine Beute. Das Geld und der Geist sind beide, so komisch das klingt, mächtiger geworden als die Macht, sie stehen im Konkurrenzkampf um die Macht. Das autonome Nebeneinander von Wirtschaft, Politik und Kultur, wie es etwa noch Rudolf Steiner vorschwebte, ist wohl zur Utopie geworden.

Aber wenn der Geist herrschen will, muß er sich ebenso konzentrieren, wie das Geld sich konzentrieren muß, wenn es herrschen will. Die Alternative zur Plutokratie der Geldmonopole ist nicht eine harmlose Gelehrtenrepublik, wo tausend Blumen (und tausend Eitelkeiten) blühen: sondern die Herrschaft einer ebenso monopolisierten Religion oder Ideologie. Die beiden einzigen Formen, in denen in der uns bekannten Geschichte der Geist sich herrschaftsfähig gemacht hat, sind die Katholische Kirche und die Kommunistische Partei. Ist ihre Herrschaft der Plutokratie vorzuziehen? Verständlicher und einleuchtender ist sie wohl, auch vielleicht gerechter, achtbarer, sicher – wie sollte es anders sein? – geistreicher. Das Merkwürdige ist nur, daß gerade die Intellektuellen sie meist unerträglich finden; und daß Kirche und Partei, wo sie herrschen, gerade mit ihren Intellektuellen immer unausrottbare Schwierigkeiten gehabt haben und noch haben.

Denn »der Geist ist ein Wühler« (Jacob Burckhardt); er verträgt es schlechter als das Geld, zum Monopol zu gerinnen – was er doch ebenso wie das Geld tun muß, wenn er herrschen will. Die Intellektuellen können nicht aufhören, immer weiterzudenken; und darum sind sie unter der Herrschaft eines Geistesmonopols noch unglücklicher als unter der des Geldmonopols – unter der sie natürlich auch unglücklich sind. Der Geisteszwang, der von der Geistesherrschaft nicht zu trennen ist, trifft sie tiefer, empfindlicher als die Unterwerfung unter den geistlosen – und daher toleranten – Reichtum. Unter der Plutokratie sind sie Hofnarren und genießen Narrenfreiheit. Unter der Monokratie von ihresgleichen sind sie Ketzer und werden verbannt oder verbrannt. Allerdings ist der Ketzer eine edlere Figur als der Hofnarr. Trotzdem ist der Scheiterhaufen nicht jedermanns Sache.

Ferdinand Lundberg
Die Reichen und die Superreichen.
Macht und Allmacht des Geldes
Hoffmann & Campe, Hamburg

Der reale Sozialismus

Der plötzliche Tod Isaac Deutschers ist mir sehr nahegegangen. Wir waren jahrelang Redaktionskollegen am »Observer«, und es hat eine Zeit gegeben, in der wir um die Politik dieses Blattes in nächtelangen Streitgesprächen gerungen haben wie der Teufel um die arme Seele. Nachträglich scheint es mir manchmal, daß er dabei mehr recht gehabt hat als ich, und ich hatte immer vor, ihm das gelegentlich zu sagen. Dazu ist es nun nicht mehr gekommen, und statt dessen werde ich mich jetzt postum noch einmal ein wenig mit ihm streiten, in aller Hochachtung und Pietät, aber auch mit aller Vorsicht; immerhin möglich, daß er irgendwann einmal wiederum recht behält.

Sein kleines Buch über die bolschewistische Revolution, ihre Folgen und ihren Platz in der Geschichte kann man als sein Testament bezeichnen. Man sieht hier fünfzig Jahre Geschichte der Sowjetunion wirklich einmal als Ganzes vor sich liegen, wie ein zerklüftetes Gebirge vom Flugzeug aus. Man sieht sozusagen auf einen Blick, was die russische Revolution eigentlich war, worum es dabei ging und was daraus geworden ist – nämlich etwas höchst Imposantes, aber etwas ganz anderes als das Angestrebte.

Die Geschichte der Sowjetunion ist ja ein Paradox. Einerseits ist sie eine success story, wie es kaum eine zweite gibt: Aus der rückständigsten Macht Europas ist unter der bolschewistischen Herrschaft die stärkste geworden, und das in Rekordzeit und unter härtesten, ungünstigsten Bedingungen. Andererseits: Dieser Erfolg war es ja gar nicht, was die bolschewistische Revolution von 1917 erstrebte. Sie wollte nicht den Kapitalismus »einholen und überholen«, sondern eine ganz neue Richtung einschlagen; sie wollte keine neue Großmacht schaffen, sondern im Gegenteil: Macht aus der Welt schaffen. Lenin im April 1917: »Es darf keine Polizei, keine Bürokraten geben, die über dem Volk stehen und ihm keine Rechenschaft schulden; kein stehendes Heer, nur das Volk, das allgemein bewaffnet und in den Sowjets vereint ist – sie sind es, die den Staat führen müssen.« Die Sowjetunion hat

heute die mächtigste Polizei, die mächtigste Bürokratie, das gewaltigste stehende Heer der Welt. Sie ist der stärkste und modernste russische Staat, den es je gab – aber immer noch der russische Staat. Sie ist, wenn man die Wahrheit sagen will, weit mehr das Werk Stalins als das Werk Lenins.
Insofern ist die erfolgreichste Revolution der bisherigen Geschichte zugleich die erfolgloseste. Was den Staat abschaffen sollte, hat statt dessen den stärksten und stabilsten Staat der heutigen Welt geschaffen. Eine imponierende Leistung – aber das Gegenteil dessen, was man eigentlich leisten wollte.
Deutscher sieht das und zeichnet es mit objektiver Klarheit in seine politische Landkarte ein. Aber er will es nicht als endgültig akzeptieren. Für ihn ist die bolschewistische Revolution weder fehlgeschlagen noch umgeschlagen, sie ist unvollendet. »Sozialismus in einem Lande« – die gewaltige tatsächliche Leistung der Sowjetunion, untrennbar verbunden mit dem großen und furchtbaren Namen Stalin –: für ihn ist das ein bloßes Zwischenspiel, ein Umweg, wie ihn ein Fluß macht, dem ein Gebirge den Weg verlegt; am Ende wird der Fluß doch wieder seine ursprüngliche Richtung suchen und finden. Deutscher glaubt an das Weiterwirken der ursprünglichen Ideen Lenins und Trotzkis, an die unerschöpfliche Potenz der eigentlichen, klassischen, ewigen Revolution, der staatsauflösenden, nicht staatsgründenden Ideen des Oktober 1917. Er prophezeit ihr zweites Kommen. Und er gibt drei Anhaltspunkte dafür: Erstens die allerdings auffallende Tatsache, daß die Sowjetunion ihre wirkliche Geschichte sozusagen nicht gelten läßt, daß sie keinen ihrer großen Männer und keine ihrer großen Taten in ihre Tradition und Legende aufgenommen hat als nur den einen, ersten, Lenin, und die eine, erste, die Oktoberrevolution. Zweitens die intellektuelle Unruhe in der neuen sowjetischen Intelligenzija, die »inoffizielle Entstalinisierung«, die so viel weiter geht als die offizielle. Drittens aber die Aussicht auf eine Revolution im Westen.
Das dritte ist wohl das Entscheidende. Es war ja so: Lenin und Trotzki wollten gar keine russische Revolution als nationalen Vorgang. Sie wagten die Revolution in Rußland nur, weil sie davon die »Initialzündung« einer europäischen oder Weltrevolution erhofften. Die blieb aus oder wurde niedergeschlagen; und gerade das zwang die isolierte Sowjetunion dann zum »Aufbau

des Sozialismus in einem Lande« – zu Stalins programmwidriger nationaler Gewaltleistung. Wie aber, wenn heute die Revolution im Westen, auf die Lenin und Trotzki vergeblich gewartet hatten, doch noch Wirklichkeit würde? Würde die westliche Revolution dann nicht die stalinistische Erstarrung aufschmelzen und eine leninistische Renaissance heraufführen? Deutscher schließt mit dieser Perspektive; er beschwört die »grenzenlosen Horizonte«, die eine Verschmelzung westlicher und östlicher Revolutionen der ganzen Menschheit eröffnen würde. Er ist gläubig gestorben – ein gläubiger Revolutionär, unerschüttert in seinem Glauben durch alle erschütternden Erfahrungen. Sein letzter Blick schweift in das Gelobte Land. Sein letztes Wort ist ein ergreifendes »Trotzdem«.

Vielleicht, wer weiß, wird er recht behalten. Aber Gott helfe mir, ich kann ihm nicht folgen. Ich sehe die Dinge anders, vielleicht weil ich einen anderen Glauben habe. Ich glaube nicht recht an das Gelobte Land; ich bin tief durchdrungen von der Unabänderlichkeit menschlicher Unvollkommenheit, und die großen Werke, die dieser Unvollkommenheit hin und wieder abgerungen werden, imponieren mir mit all ihren Flecken und Makeln mehr als die Ikarusflüge nach Utopia. Kurz gesagt, ich bewundere die Sowjetunion mehr als die Oktoberrevolution, und Stalin, mit all seiner Schrecklichkeit, mehr als Lenin. Ich halte Stalins vollendetes Werk für dauerhafter als Lenins unvollendetes – und das unabhängig davon, ob eine Revolution im Westen bevorsteht oder nicht. Würde die mündige und selbstbewußte, in furchtbaren Stürmen bewährte Sowjetunion von heute einer solchen westlichen Revolution noch so demütig entgegenblicken wie einst in ihrer Kindheit, würde sie sich noch so willig von ihr mitreißen und mitnehmen lassen wie 1918? Ich bezweifle es. Ich bezweifle sogar, ob ihr an einer solchen Revolution noch wirklich liegt. Sie hat genug an *einem* China.

Mir scheint, daß gerade der unbestreitbare Erfolg, den die Sowjetunion mit »Sozialismus in einem Lande« erzielt hat, einer Wiederbelebung des ursprünglichen – bisher immer utopisch gebliebenen – internationalen Sozialismus entgegenwirkt. Man sagt, das Bessere sei der Feind des Guten. Aber das erreichte Gute ist auch der Feind des noch nie erreichten Besseren. Anders als Deutscher sehe ich in der russischen Revolution nichts Unvollendetes. Diese Revolution, so scheint mir, hat geleistet, was sie leisten konnte, sie ist gelungen – soweit man von Menschenwerk je sagen kann, daß es gelingt –, sie ist abgeschlossen und gehört der Geschichte an. Daß sie andere Ziele erreicht hat als die, die sie sich setzte, scheint mir daran nichts zu ändern. Das ist das normale Schicksal von Revolutionen (und nicht nur von Revolutionen). Ich kann nicht sehen, daß die heutige Sowjetunion noch auf die Verwirklichung der Ideale von 1917 wartet, daß sie noch mit einer unvollendeten Revolution schwanger geht. Im Gegenteil, die heutige Sowjetunion scheint mir das stabilste, unrevolutionärste, in einem bestimmten Sinne konservativste Land der Welt zu sein – das ist es, was ich an ihr bewundere. Sie hat's hinter sich, sie hat's geschafft. Sie funktioniert. Sie fühlt sich, so wie sie ist, in Ordnung. Vielleicht ist sie sogar ein bißchen allzu selbstgefällig, wie das viktorianische England, dem sie in manchem ähnelt; was tut's? Sie hat ihre Revolution vollzogen; gerade deswegen kann sie es sich jetzt leisten, konservativ zu sein. Noch eine Generation weiter, und sie wird es sich vielleicht sogar leisten können, liberal zu sein.

Ich sehe auch – wiederum anders als Deutscher – in »Sozialismus in einem Lande« keinen unnatürlichen Notbehelf; vielmehr glaube ich, daß der Sozialismus seinem Wesen nach national, der Kapitalismus dagegen international ist. Es scheint mir kein Zufall zu sein, daß die EWG besser funktioniert als das Comecon – aber die Sowjetunion besser als die USA. Das private Kapital hat kein Vaterland; sein Feld ist die Welt. Sozialismus dagegen ist Staatswirtschaft – was sonst? Und solange es keinen Weltstaat gibt, heißt es eben, daß jeder wirtschaftende Staat seinen eigenen Sozialismus in seinem eigenen Lande aufbauen muß. Das ist kein Krampf, das liegt in der Natur der Sache. Nicht nur die Feindschaft einer kapitalistischen Umwelt zwingt sozialistische Regierungen zum Denken in nationalen und nationalwirtschaftlichen Kategorien, sondern, wie mir scheint, das Wesen des Sozialismus selbst.

Deutscher hat sehr fein bemerkt, daß »Sozialismus in einem Lande« die Sowjetunion Stalins (und seiner Nachfolger) international aus einer Quelle der Weltrevolution zu einer Säule des jeweiligen Status quo gemacht hat: Jede internationale Erschütterung gefährdete ja ihren sozialistischen Aufbau, und selbst Revolutionen in anderen Ländern konnten leicht unwillkommene Störungen bringen. Deutscher kritisiert das und hält es für eine Schwäche der stalinschen und nachstalinschen Sowjetunion. Ich bin nicht so sicher, ob es nicht gerade ihre Stärke ist. Gewiß, der internationale Status quo ist in den letzten fünfzig Jahren sehr unstabil, seine Verteidigung keine dankbare Aufgabe gewesen: darin hat Deutscher recht. Aber Verteidigung des Status quo ist nun einmal Verteidigung des Friedens; und Frieden ist, dank der Atombombe, heute das stärkste Allgemeinbedürfnis der Welt geworden. Es zahlt sich heutzutage aus, ein Friedenshort zu sein, auch wenn Friedfertigkeit, verglichen mit revolutionärem Schwung und missionarischen Weltordnungsstreben, etwas Prosaisches ist.

Aber Sozialismus ist überhaupt etwas Prosaisches. Es ist der Irrtum – scheint mir – vieler Revolutionäre, ihn für etwas Begeisterndes und Aufregendes zu halten. Der Kapitalismus ist viel aufregender, viel abenteuerlicher und unterhaltender. Er produziert nicht nur ein viel reicheres Sortiment von Konsumgütern, sondern auch ständiges Auf und Ab, Krisen, Überraschungen und Sensationen, allerdings auch manchmal Katastrophen. Der Sozialismus ist nüchtern, solide, schwerfällig, vernünftig und spießbürgerlich. Das ist – in meinen Augen, nicht in denen Deutschers, der es im übrigen bestritten hätte – sein Vorteil. In den sozialistischen Ländern geht es einleuchtend und eintönig zu, alles hat seine Ordnung. Keiner kann plötzlich Millionär und keiner arbeitslos werden. Das Geld ist heute ebensoviel wert wie gestern. Die Anzüge sind dauerhaft, die Zeitungen langweilig und die Autos (und Verkehrsunfälle) selten. Die Romane sind realistisch, die Gedichte verständlich, die Bilder gegenständlich und die Filme dezent. Die Musik ist tonal und das Liebesleben ernsthaft, gefühlvoll und moralisch. Wer begabt, fleißig und seriös ist, macht Karriere; wer aus der Reihe tanzt, tut es auf eigene Gefahr. Die sozialistische Gesellschaft der Sowjetunion ist der klassischen bürgerlichen Gesellschaft des 19. Jahrhunderts viel ähnlicher, als es die spätkapitalistische Gesellschaft des heutigen Westens ist. Sie ist eben eine nachrevolutionäre, stabile, tugendhafte und selbstzufriedene Gesellschaft – so wie es die bürgerliche Gesellschaft nach der Französischen Revolution war. Wenn sie es nur wüßten – am wohlsten würden sich in der Sowjetunion diejenigen fühlen, die heute am meisten gegen sie aufgehetzt sind. Es ist durchaus nicht mehr unvorstellbar, daß sich das westliche Bürgertum eines Tages vor der westlichen Revolution in die rettenden Arme des soliden Kommunismus flüchten könnte.

Isaac Deutscher
Die Unvollendete Revolution
1917–1967
Europäische Verlagsanstalt, Frankfurt/Main

Skeptisches zur Entwicklungshilfe

Was ist Entwicklungshilfe, was bezweckt sie, was richtet sie aus? Bis vor ungefähr dreißig Jahren gab es keine Entwicklungshilfe – weder die Sache noch das Wort. Sache und Wort wurden ungefähr 1950 erfunden, als klar zu werden begann, daß der Kalte Krieg nicht durch einen Dritten Weltkrieg ausgetragen werden würde. Entwicklungshilfe war zuerst einfach Kalter Krieg mit anderen Mitteln – seine globale Ausweitung zugleich mit seiner Verlagerung auf den wirtschaftlichen Kriegsschauplatz. So wie in den späten vierziger Jahren der Marshallplan verhindert hatte, daß Westeuropa sich nach Moskau orientierte und sozialistisch wurde, so sollte nun die Entwicklungshilfe verhindern, daß die »Dritte Welt« sich nach Moskau orientierte und sozialistisch würde. Das Motiv war damals immer noch »Angst vor den Roten«. Angst machte freigiebig; man führte Kalten Krieg mit goldenen Kugeln.

Dieses Motiv fiel mit dem Absterben des Kalten Krieges im Laufe der fünfziger Jahre weg, aber die Entwicklungshilfe ging weiter, und ein anderes Motiv wurde nachgeschoben: »Angst vor den Gelben« – vor dem ansteckenden Beispiel Chinas, vor der Bevölkerungsexplosion in der farbigen Welt, vor dem Rassenkrieg. Man mußte den furchtbar vielen, furchtbar armen Gelben und Braunen und Schwarzen Wohltaten erweisen, damit sie nicht etwa eines schönen Tages auf den Gedanken kämen, die reichen Weißen zu überfallen und auszuplündern. Das unbewußte Vorbild war jetzt nicht mehr der Marshallplan, es war Bismarcks Sozialversicherungspolitik (die ja Versicherungspolitik auch im Sinne einer Rückversicherung der herrschenden Klassen gegen das aufbegehrende Proletariat gewesen war). Entwicklungspolitik wurde »Weltsozialpolitik«.

Auch dieses Motiv fiel im Laufe der sechziger Jahre allmählich weg, weil sich nämlich zweierlei herausstellte: erstens, daß trotz aller Entwicklungshilfe die Armut in der Dritten Welt nicht ab-, sondern eher zunahm; zweitens, daß die Armen der südlichen

Erdhälfte gar nicht daran dachten, über die Reichen des Nordens und Westens herzufallen und sie auszuplündern, daß man vor Phantomen Angst gehabt hatte: Es stand weder eine neue Völkerwanderung ins Haus noch ein Rassenkrieg.
Aber die Entwicklungshilfe ging und geht trotzdem weiter. »Entwicklungshilfe ist«, schreibt Duve, »was sie nie hätte werden dürfen, das schlechthin Gute, Wahre und Schöne westlicher Politik überhaupt geworden – ein Mythos, der aus den Niederungen praktischer Verantwortung in die Höhen globaler Unverbindlichkeit führt. Und so konnte sie den Kritikern des westlichen Wirtschafts- und Gesellschaftssystems zum schlechthin Bösen werden.«
Was ist sie denn nun aber wirklich, worin besteht sie heute eigentlich, was erreicht sie – und wie kommt es, daß sie so wenig erreicht? Denn sie erreicht verdammt wenig; es ist eine Tatsache, daß trotz aller Entwicklungshilfe die armen Länder immer noch ärmer werden, und es ist ganz ernsthaft die Frage, ob die Welt von heute wesentlich anders aussähe, wenn es gar keine Entwicklungshilfe gäbe. Entwicklungshilfe hat die Welt nicht verändert; eher hat sie bewirkt, daß sich die Welt nicht verändert.
Das hat zunächst einmal einen sehr einfachen, sozusagen quantitativen Grund. Entwicklungshilfe ist, schlicht gesagt, ein Tropfen auf einen heißen Stein. Die wirtschaftlichen Beziehungen zwischen den reichen und den armen Ländern bestehen nur zu einem winzigen Teil aus Entwicklungshilfe, zum überwältigenden Teil aber aus Welthandel – und »Welthandel«, schreibt Duve treffend, »ist ein Spiel, das irgendwann einmal von den Europäern mit vorgehaltener Pistole begonnen wurde«. Was die armen Länder durch Entwicklungshilfe gewinnen, ist so gut wie nichts gegen das, was sie im Welthandel ständig verlieren. Denn Welthandel besteht, soweit er zwischen Industrieländern und Entwicklungsländern stattfindet, immer noch fast ausschließlich im Austausch von Industrieprodukten für Rohstoffe, und Industrieprodukte werden immer teurer, Rohstoffe aber nicht. Öl macht neuerdings eine Ausnahme; aber die Ausnahme bestätigt die Regel: Im ganzen tendieren die Rohstoffpreise immer noch eher nach unten; und ein Jahr sinkende Kaffee- oder Kakao- oder Zuckerpreise kosten die Kaffee-, Kakao- und Zuckerländer mehr, als ihnen zehn Jahre Entwicklungshilfe bestenfalls einbringen.

Daran ist auch kaum etwas zu ändern, es liegt in der Natur der Sache. Es ist dieselbe Sache wie in den Industrieländern selbst mit den Bauern, die ja auch Rohstoffe, nämlich Nahrungsmittel, gegen Industriewaren austauschen müssen – und darüber längst pleite gegangen wären, wenn sie nicht mit alljährlichen Subventionen künstlich am Leben erhalten würden. Der »Grüne Plan« ist auch eine Art Entwicklungshilfe – Entwicklungshilfe im eigenen Lande; auch er dient dazu, den benachteiligten, ständig zurückfallenden Handelspartner gerade noch am Leben zu halten, so daß er das für ihn ruinöse Spiel eben noch weiterspielen kann. Nur fließt die Entwicklungshilfe an die fremden Rohstofflieferanten sehr viel spärlicher als an die Bauern im eigenen Land – natürlich, denn die Bauern haben Stimmen bei den Wahlen, die Entwicklungsländer aber nicht.
Trotzdem, der Grundgedanke ist derselbe. So wie die heimische Landwirtschaft, in der Idee, durch Subventionen instand gesetzt werden soll, sich zu modernisieren, selbst zu einer Art Industrie zu werden und eines Tages auf eigenen Füßen zu stehen (wozu es nie kommt), so sollen die Rohstoffländer durch Entwicklungshilfe allmählich zu Industrieländern werden, die im normalen Handel ihren Mann stehen können.
Wenn die Entwicklungshilfe heute noch ein erkennbares Prinzip hat, dann ein missionarisches. Entwicklungshilfe ist Industriemission. Die ganze Welt soll eine Welt von Industriestaaten werden. Und warum nicht? Die meisten Staatsmänner der Dritten Welt wollen ja nichts anderes, Gandhis Spinnrad ist nirgends mehr gefragt. Und wenn die Industriestaaten ihnen dabei helfen, dann ist das auch nicht reiner Altruismus: Die höchsten Profite, das weiß man längst, werden im Handel der Industriestaaten untereinander gemacht.
Soweit, so gut. Bemerkenswert ist nun aber, daß alle Länder, die bisher Industrieländer geworden sind – und kein Land ist ja als Industrieland zur Welt gekommen –, es ohne fremde Entwicklungshilfe geworden sind, und zwar ganz gleichgültig, ob sie sich mit kapitalistischen oder mit sozialistischen Methoden industrialisiert haben. Japan – immer noch das erfolgreichste »Entwicklungsland« aller Zeiten – hat nie Entwicklungshilfe bekommen, die Sowjetunion ebensowenig, und die klassischen europäischen Industriestaaten natürlich auch nicht. (Wer hätte sie ihnen geben

sollen?) Sie haben sich alle, wie Münchhausen, am eigenen Zopf aus dem vorindustriellen Sumpf gezogen, was übrigens jedesmal ein fürchterlicher, grausamer Prozeß gewesen ist. Bei der Industrialisierung geht es schauderhaft zu, wie bei der Geburt – für die arme Masse der Bevölkerung wird es dabei jedesmal zunächst schlimmer, viel schlimmer, ehe es besser wird. Das war im viktorianischen England so, wie wir bei Engels nachlesen können, und im stalinistischen Rußland war es genauso.
Macht Entwicklungshilfe den Industrialisierungsprozeß weniger hart und grausam? Mindestens müßte sie dazu Dimensionen annehmen, die praktisch ganz undenkbar sind. Aber selbst dann, fürchte ich, könnte sie den Prozeß nur beschleunigen, nicht mildern. Seine Grausamkeit ist immanent. Immer handelt es sich um das gewaltsame Aufbrechen hergebrachter Lebensformen, immer werden Bauern ungefragt zu Proletariern gemacht, und immer wird die primitive Akkumulation aus ihrem Schweiß (und oft genug aus ihrem Blut und ihren Tränen) gewonnen, denn irgendwo muß sie ja herkommen. Darin unterscheidet sich der Aufbau einer sozialistischen Industrie nicht vom Aufbau einer kapitalistischen.
In diesem Punkt bin ich anderer Meinung als Duve. Er schildert sehr eindrucksvoll die derzeitige brasilianische und indische Hölle (die er kennt) und glaubt, oder setzt als bekannt voraus, daß es in sozialistischen Entwicklungsländern (die er nicht kennt), also etwa in China, Kuba, Algerien, menschlicher zugeht. Ich fürchte, das ist ein Vorurteil. Gerechter – vielleicht; menschlicher – kaum. Industrialisierung ist immer etwas Unmenschliches, und sie wird nicht menschlicher, wenn man ihren Opfern auch noch Begeisterung abnötigt. Richtig ist, daß Industrieaufbau mit kapitalistischen, profitorientierten Methoden zunächst die Klassengegensätze im Entwicklungsland selbst verschärft. So war es im 19. Jahrhundert in Westeuropa, und so ist es heute in Südamerika. Die Zustände im England Dickens' und im Frankreich Zolas schrien zum Himmel, wie sie heute in Brasilien zum Himmel schreien. Aber in England und Frankreich lebt es sich, ohne daß eine Revolution stattgefunden hätte, längst auch für die Nachkommen der Elenden von einst ganz erträglich. »So wie es ist, bleibt es nicht.«
Entwicklungshilfe schafft kein Glück. Was sie schaffen will, ist

Industrialisierung, und Industrialisierung ist zunächst immer Unglück. Wer industrielle Geburtshilfe leisten will, braucht starke Nerven und ein robustes Gewissen. Ich kann mir nicht helfen, ich glaube, das gilt für Sozialisten und Kapitalisten gleichermaßen. Wie auch immer, kein Land, das sich auf Entwicklungshilfe für andere einläßt, kann dabei über den eigenen Schatten springen. Kapitalistische Länder entwickeln auf kapitalistische Art, denn eine andere haben sie nicht gelernt, und man kann nicht lehren, was man nicht gelernt hat. Sozialistische Entwicklungsländer müssen sich eben an sozialistische Entwicklungshelfer halten – oder sich selbst entwickeln, ohne fremde Hilfe und Bevormundung, was für die nationale Unabhängigkeit ohnehin immer das Beste ist. Wenn Duve zum Schluß vorschlägt, daß die Bundesrepublik, ein kapitalistisches Land, anderswo sozusagen den Sozialismus aufbauen sollte (indem sie wirtschaftliche Entwicklungshilfe mit gesellschaftlicher koppelt), kann ich ihm nicht folgen. Ich zweifle, ob er es selbst ganz ernst meint. Gesellschaftlich gibt es in der Bundesrepublik zu Hause immer noch genug zu entwickeln. Hier heißt es: Arzt, hilf dir selber.

Freimut Duve
Der Rassenkrieg findet nicht statt.
Entwicklungshilfe
zwischen Angst und Armut
Econ Verlag, Düsseldorf

Rüstung und Abrüstung

Nach Fritz Vilmars Ansicht ist der Hoch- oder Spät- oder Monopolkapitalismus des 20. Jahrhunderts nicht nur aus einem, sondern aus nicht weniger als drei Gründen ein Hindernis für Abrüstung und eine Ursache von Kriegen. Wenn ich meine Meinung gleich am Anfang sagen darf: Zwei von den drei Gründen scheinen mir unüberzeugend, mindestens unbewiesen, und zwar sind das die zwei, die Vilmar sozusagen fertig von anderen Autoren übernimmt. Nur der dritte ist seine Neuentdeckung und macht den eigentlichen Gehalt seines Buches aus; und er wäre – scheint mir – für sich allein viel stärker und viel wirksamer.
Zunächst einmal macht sich Vilmar die altmarxistische, besonders von Hilferding und Sternberg entwickelte These zu eigen, »daß der Erste und der Zweite Weltkrieg wesentlich als Konkurrenzkämpfe kapitalistischer Staaten um die Besetzung und Neuverteilung von Weltmarktpositionen zu verstehen sind«. Nun, darüber läßt sich streiten. Daß der Kampf um den »Platz an der Sonne«, mindestens zwischen Deutschland und England im Ersten Weltkrieg, eine wichtige Rolle gespielt hat, ist sicher. Aber wenn es »wesentlich« nur um Weltmarktpositionen ging, warum waren dann die größten imperialistischen Konkurrenzkämpfer von 1914 alle auf derselben Seite? Warum entstand der Krieg nicht aus typisch kapitalistisch-imperialistischen Streitfällen, wie der Faschoda-Krise zwischen England und Frankreich oder den Marokko-Krisen zwischen Frankreich und Deutschland, sondern aus einem Balkankonflikt im Dreieck Österreich – Serbien – Rußland, bei dem es ja nun gewiß nicht um Weltmarktpositionen ging?
Man könnte auch eine genau umgekehrte These plausibel machen, nämlich, daß die kapitalistisch-imperialistischen Konflikte um Weltmarktpositionen im allgemeinen eher die Tendenz hatten und haben, ohne Krieg, durch Teilungs-, Kompensations- oder Fusionsgeschäfte, beigelegt zu werden, während die mehr althergebrachten, sozusagen vorkapitalistischen Konflikte um Territo-

rialbesitz oder nationale Unabhängigkeit nach wie vor zu kriegerischem Austrag tendieren. Der Zweite Weltkrieg spricht sogar noch mehr für diese Vermutung als der Erste: Was den Hitlerischen Imperialismus so ganz und gar unerträglich machte und schließlich kapitalistische und kommunistische Mächte im Krieg gegen ihn einte, war gerade sein sozusagen archaischer, primitiv vorkapitalistischer, auf gewaltsame Landnahme, Ausrottung und Sklavenwirtschaft abgestellter Sonderzug; hätte Hitler seine angestrebte Herrschaft in Osteuropa mit normalen kapitalistischen Mitteln »friedlicher Durchdringung« errichtet, er hätte den vollen Segen der englischen und französischen Kapitalisten dazu gehabt. Was sage ich, »hätte gehabt«? Er hatte ihn.

Die andere These, die Vilmar – vielleicht nicht ganz so entschieden wie die erste – von anderen übernimmt, ist die der westlichen Pazifisten, etwa Noel-Bakers, daß Hochrüstung an sich kriegserzeugend ist, daß also die Kanonen (oder die Atomraketen), wenn genug davon angehäuft sind, sozusagen von selber losgehen. Auch davon bin ich nicht so ganz überzeugt, nicht einmal für die voratomare Vergangenheit, und für die atomare Gegenwart schon gar nicht. Das ungewöhnlich friedliche Europa der Periode zwischen 1871 und 1914 starrte von Waffen, und auch die Jahre seit 1945 sind in Europa trotz Hochrüstung auffallend friedlich gewesen. Hochrüstung muß nicht kriegserzeugend, sie kann auch kriegsverhindernd wirken, besonders wenn sie einen Zustand des Gleichgewichts hervorbringt. Ich bin zum Beispiel ziemlich überzeugt, daß ohne das Atompatt der »Kalte Krieg« zwischen Amerika und Rußland wahrscheinlich schon längst in wirklichen Krieg übergegangen wäre. Gewiß, es stimmt schon – worauf Vilmar warnend hinweist –, daß das Atompatt keine Garantie für ewigen Frieden bietet, daß es durch einen einseitigen technologischen Durchbruch eines Tages zusammenbrechen kann. (Ob auch durch das Hinzutreten neuer Atommächte, scheint mir zweifelhafter; würden diese nicht vielmehr automatisch gegenüber den schon bestehenden Atommächten ebenfalls in eine Patt-Position geraten?) Aber solange das Atompatt dauert – und noch ist sein Ende ja nicht abzusehen –, scheint es mir, jedenfalls im unmittelbaren Machtbereich der Atommächte, die solideste Friedensgarantie zu sein, die wir haben, und ich hätte eher Angst, daran zu rütteln, selbst im Namen der Abrüstung.

Aber natürlich stimmt es, daß Hochrüstung (auch und gerade konventionelle Hochrüstung im Atomzeitalter) eine überaus kostspielige, volkswirtschaftlich bis zur Verrücktheit verschwenderische und auch psychologisch nicht ungefährliche Art der Friedenssicherung ist und daß, gerade wenn ein Gleichgewicht erreicht ist, proportionale Abrüstung ein Gebot der Vernunft wäre. Es wäre zu Abschreckungszwecken ja wirklich genug, wenn die Atomgroßmächte in der Lage blieben, einander, sagen wir, zweimal vernichten zu können. Es hat wenig Sinn, daß sie für teures Geld immer weiter Atomsprengköpfe anhäufen, um einander sieben- oder zehn- oder zwanzigmal vernichten zu können; und erst recht hat es keinen Sinn – ist sogar nicht ungefährlich –, daß sie (und ihre Schutzbefohlenen) daneben noch eine ebenfalls höchst kostspielige »konventionelle« Hochrüstung betreiben, mit der sie einander gegebenenfalls zur Vernichtung hochreizen könnten – was die friedensfördernde, abschreckende Wirkung des Atompatts sogar wieder ins Fragwürdige rückt. Auch wenn Hochrüstung gerade im Atomzeitalter nicht automatisch Krieg erzeugt, bleibt eine vernünftige proportionale Abrüstung wünschenswert – aus Ersparnisgründen ebenso wie aus politisch-psychologischen Gründen.

Aber nun kommt es: Können sich kapitalistische Länder eine Abrüstung leisten? Ist Hochrüstung nicht vielleicht im Spätkapitalismus systemimmanent? Ist die Alternative nicht vielleicht Wirtschaftskrise und Massenarbeitslosigkeit? Muß man, wenn man im Kapitalismus Vollbeschäftigung haben will, ständige Hochrüstung in Kauf nehmen?

Das ist Vilmars eigentliches Thema, und es ist ein großes, in der Öffentlichkeit viel zu wenig behandeltes Thema. Wie gesagt, ich bin nicht überzeugt, daß der Kapitalismus Krieg braucht oder Krieg unvermeidlich macht, und ich bin auch nicht überzeugt, daß Hochrüstung automatisch zum Krieg führt. Aber ich muß gestehen, es spricht eine Menge dafür, daß unabhängig von alledem der Kapitalismus Hochrüstung braucht, um zu funktionieren – und das ist Anklage genug. Es ist Vilmars eigentliche Anklage, und sie würde noch überzeugender wirken, wenn er sie nicht mit den beiden anderen Thesen überfrachtete.

Vilmar geht von zwei Behauptungen aus. Die eine ist, daß in der ersten Hälfte des 20. Jahrhunderts die Rüstungsausgaben in den wichtigsten Industrieländern sich verzehnfacht haben, während die industrielle Produktion nur um das Zwei- bis Vierfache gestiegen ist. Nun, das ist Statistik, über die sich bekanntlich immer streiten läßt. Sein anderer Hinweis aber ist unmittelbar einleuchtend: Nämlich, daß seit der großen Depression von 1929 kein kapitalistisches Land in normalen Friedenszeiten ohne Hochrüstung stabile Vollbeschäftigung erreicht hat. Hochrüstung oder Massenarbeitslosigkeit – das scheint im voll ausgereiften, monopolistischen Großbetriebskapitalismus unserer Tage die unausweichliche Alternative zu sein.

Muß das so sein? Könnte die kapitalistische Industrie nicht auch mit anderen Mitteln, zum Beispiel durch gesteigerten Massenkonsum oder gesteigerte Entwicklungshilfe oder durch große Staatsaufträge friedlicher Art (Städte- und Straßenbau, Bodenverbesserung, Elektrifizierung, Luft- und Wasserentgiftung, mehr und bessere Schulen, mehr und bessere Krankenhäuser), voll in Gang gehalten werden?

Offenbar nicht so gut wie durch Rüstung (oder durch ein Verschwendungsäquivalent wie Raumfahrt – die sich ja, wer weiß, vielleicht auch eines Tages als Rüstung entpuppen wird). Vilmar vergleicht Roosevelts New Deal – der genau dies versuchte: eine leerlaufende kapitalistische Wirtschaft durch große friedliche Staats- und Sozialprojekte wieder »anzukurbeln« – mit Hitlers Aufrüstung, die unter denselben Depressionsbedingungen einsetzte. Die wirtschaftliche Erholung Amerikas unter dem New Deal blieb eine lahme Sache; Hitler dagegen erzeugte ein Wirtschaftswunder. Als Amerika dann – im Kriege – auch zur Rüstungsspritze griff, hatte es ebenfalls sein Wirtschaftswunder. Rüstung bekommt einer hochkapitalistischen Wirtschaft offenbar wie eine Wunderdroge; Sozialprojekte wirken nur wie Hausmittelchen. Warum? Vilmar gibt im wesentlichen zwei Gründe. Ich möchte noch, versuchsweise, einen dritten hinzufügen.

Vilmars erster Grund ist gesellschafts- oder (wie er selbst erfrischend deutlich sagt) klassenpolitisch. Die Eigentümer der großen Industrien empfinden sich nun einmal als eine neue Aristokratie; sie haben kein Interesse daran, ihre gesellschaftliche Vorrang- und Ausnahmestellung durch eine allzu egalitäre Sozialwirtschaft auszuhöhlen. Daher ihr Unbehagen bei allem, was nach Wohlfahrts- und Versorgungsstaat schmeckt. Auch wenn sie

an großen Sozialprojekten zunächst verdienen – sie haben doch immer ein wenig das Gefühl, damit den Ast abzusägen, auf dem sie sitzen. Daher der Mangel an Enthusiasmus, die Halbherzigkeit, mit der zum Beispiel das amerikanische Big Business selbst in der tiefsten Depression auf Roosevelts New Deal ansprach.
Vilmars zweiter Grund: Das Rüstungsgeschäft ist strukturell wie kein anderes auf die großen »technikintensiven« Monopole zugeschnitten – und es ist für die Beteiligten wunderbar risikolos. Sie brauchen nicht auf eigene Gefahr im unübersehbaren offenen Markt zu operieren: Sie haben einen einzigen absolut sicheren Großabnehmer, den Staat. Sie brauchen nicht zu fürchten, daß sie auf einem Produkt sitzenbleiben: Alles ist im voraus abgesprochen und abgenommen. Sie brauchen auch nicht viel Konkurrenz zu fürchten: Es gibt nur ganz wenige Großproduzenten, die Kriegsschiffe und Tanks und Flugzeuge und Raketen bauen können, und die können sich den »Markt« leicht aufteilen. Das Rüstungsgeschäft ist den großen Monopolen auf den Leib geschneidert wie kein anderes. Sie können dabei sozusagen die Vorteile des Sozialismus und des Kapitalismus zugleich genießen: Die Sicherheit und Risikolosigkeit des einen, die Prämien und Profite des anderen.
Der dritte Grund, den ich hinzufügen möchte: In der Rüstung gibt es keinen Sättigungspunkt – wie in der sozialen Bedarfsdekkung vielleicht doch. Waffen veralten heutzutage, ehe sie auch nur in Dienst gestellt sind. Es sind immer schon neue, stärkere, schnellere, vernichtendere auf den Reißbrettern, die die alten obsolet machen. Die Nachfrage hört daher nie auf. Und der Kunde finanziert die Forschung für die neuen Waffen, die die alten überholen. Das Geschäft rollt automatisch immer weiter.
Natürlich ist es ein inflationäres Geschäft. Es wird ja für all die Milliarden, die ständig in der Rüstungsindustrie umgesetzt werden, nichts erzeugt, was die Leute, die das Geld in die Hand bekommen, sich dafür kaufen und verbrauchen können. Und daher steht der Geldumlauf zu den wirklich verbrauchbaren Gütern, die nebenbei erzeugt werden, nie in der richtigen Proportion. Das erklärt, warum eine rüstungsgetragene Vollbeschäftigung unvermeidlich mit ständiger Geldentwertung verbunden ist. Besser als Arbeitslosigkeit, wird man sagen. Gewiß. Besser das Bein gebrochen als den Hals.

Könnte die kapitalistische Großindustrie sich also auf Abrüstung umstellen? Könnte sie ihre Kapazitäten auch anders dauernd auslasten? Vilmar berichtet über einige Ausweichprojekte, die gewisse amerikanische Großfirmen jetzt versuchsweise studieren – für den Fall, daß der Frieden ausbrechen sollte. Ganz wohl ist einem nicht bei ihnen. Denn es handelt sich dabei immer um Dinge, die, ebenso wie Waffensysteme, auf den einen sicheren Großkunden Staat zugeschnitten und zugleich ungeheuer »technikintensiv« sind: Systeme etwa der automatischen Verkehrsregelung, des vervielfachten Fernsehangebots, aber auch der perfektionierten Telefon- oder Personenüberwachung ... Bei manchen davon läuft es einem ein bißchen kalt über den Rücken. Dann schon lieber Flugzeugträger, denkt man unwillkürlich. Die treten wenigstens vielleicht nie in Aktion. Oder Mondraketen. Die sind wenigstens nur überflüssig.
Bei aller Überzeugungskraft dieser antikapitalistischen Anklage – die mindestens Widerlegung, nicht Totschweigen verdient – bleibt eine skeptische Frage: Ist der Rüstungszwang, unter dem die Volkswirtschaft der fortgeschrittensten Länder zur Zeit wie verhext zu stehen scheint, etwas spezifisch Kapitalistisches, oder ist er vielleicht eine Folge des auf die Spitze getriebenen Technizismus und Industrialismus schlechthin? Auch die Sowjetunion und die Volksrepublik China haben ja ständig gerüstet, seit es sie gibt. Vielleicht könnten sie Abrüstung eher verkraften, dank ihren umfassenden Planungssystemen, dank größerem Nachholbedarf im Massenkonsum, und nicht zuletzt, weil eine mächtige, am Rüstungsgeschäft interessierte Klasse bei ihnen fehlt. Aber auch wenn die Klasse fehlt: die gewaltigen, auf Rüstung und rüstungsähnliche Staatsverschwendung eingestellten schwerindustriellen Kombinate gibt es ja dort wie hier. Könnte selbst eine totale Planwirtschaft sie einfach abschreiben? Und hätte eine abgerüstete, rein auf die Erfüllung menschlicher Friedensbedürfnisse gerichtete Wirtschaft volle Verwendung für sie? Braucht sie nicht vielleicht ganz andere Industrien? Würde sie überhaupt die wissenschaftlich-technischen Potentialitäten so total ausschöpfen können, wie es die Rüstung tut? Ist der Rüstungszwang vielleicht einfach eine Folge der Selbstauslieferung der modernen Menschheit an ihre eigenen Erfindungen, des weder in kapitalistischen noch in sozialistischen Industriegesellschaften je ernsthaft ange-

zweifelten Glaubens, daß alles, was heute technisch getan werden kann, auch getan werden muß? Ist vielleicht dieser Glaube, mehr noch als unser unvollkommenes Gesellschaftssystem, die Wurzel allen Übels? Birgt er vielleicht gar, selbst bei völliger Abrüstung, die Dauergefahr der Selbstabschaffung der Menschheit – wenn nicht durch Atomkrieg, dann zum Beispiel durch die biogenetischen Manipulationen, die jetzt möglich werden? Ich frage nur.

Fritz Vilmar
Rüstung und Abrüstung
im Spätkapitalismus.
Mit einem Vorwort
von Ossip K. Flechtheim
Europäische Verlagsanstalt, Frankfurt/Main

Amerika ist anders

Man kennt das Wort, das vor ein paar Jahren aufkam: »Optimisten lernen Russisch, Pessimisten lernen Chinesisch.« Ähnlich könnte man heute sagen: »Optimisten haben Angst um Amerika, Pessimisten haben Angst vor Amerika.« Offensichtlich ist Amerika zur Zeit ein schwer frustriertes, schwer neurotisches Land in einer explosiven Verfassung; die Frage ist: Wird es nach innen explodieren oder nach außen? Ich neige mehr zu der ersten Erwartung, Krippendorff mehr zu der zweiten – wenn er auch, laut Vorwort, viel darum geben würde, vom tatsächlichen Gang der Ereignisse widerlegt zu werden.

Ich denke – Gott helfe mir, ich kann nicht anders – immer noch milder über Amerika als Krippendorff. Wahrscheinlich ist das ein Generationsunterschied. Wer Hitlers Deutschland erlebt hat, kann sich über das heutige Amerika nicht ganz so aufregen wie ein Jüngerer. Auch kann ich nicht ganz vergessen, daß es eine Zeit gab, in der Amerika unser aller Hoffnung war – und keine ganz enttäuschte Hoffnung. Zwar gehe ich nicht so weit wie Thomas Mann, der am 7. Mai 1945 in sein Tagebuch schrieb: »Vollkommene Klarheit darüber, wem dieser Sieg zu danken. Es ist Roosevelt.« Churchill und Stalin gab es auch noch, und ihre Völker haben Schwereres auf sich genommen als Amerika. Immerhin: Wenn ich bei Krippendorff lese, es gebe keinen Fall, in dem die amerikanische Regierung ihre Machtmittel zur Abschaffung faschistischer Diktaturen eingesetzt hätte, muß ich den Kopf schütteln über soviel Vergeßlichkeit.

Aber ehe ich anfange, mit Krippendorff zu streiten, muß ich ein erhebliches Maß an sachlicher Übereinstimmung feststellen. Nehmen wir das Kernstück seines Buches, die ebenso gründliche wie glänzende, ebenso schreckenerregende wie beinah witzige Darstellung des krebsartigen Wucherungsprozesses außenpolitischer Entscheidungsfaktoren im heutigen Amerika. Wir in Europa haben ja immer noch die Vorstellung, daß in einer funktionierenden Regierung jeder seins macht: Der Außenminister macht

Außenpolitik, der Verteidigungsminister kümmert sich ums Militär, der Geheimdienst treibt Spionage, das Informationsamt macht Propaganda usw. Aber so ist es in Amerika eben nicht! Sondern jeder macht alles; ganz besonders macht jeder Außenpolitik.

Zunächst einmal hat natürlich der Präsident seinen eigenen außenpolitischen Beraterstab, also gewissermaßen sein eigenes konkurrierendes Außenministerium, und zwar eins von Mammutausmaßen: Der engere Beraterstab umfaßt ungefähr vierhundert Leute, ein Parlament, der weitere dreitausend, eine Volksversammlung (diese amerikanische Besessenheit mit Quantitäten ist ein Kapitel für sich). Aber davon ganz abgesehen macht auch der CIA natürlich seine eigene Außenpolitik und ebenso das Informationsamt und die Organisation für Wirtschaftshilfe und sogar das Landwirtschaftsministerium (das ja auch mit Wirtschaftshilfe zu tun hat und daraus ein außenpolitisches Mandat herleitet) und diverse private oder halbprivate Organisationen, vom Kongreß nicht erst zu reden; und der mächtigste Staat im Staate, das Pentagon, macht natürlich auch Außenpolitik. Aber wer denkt, daß wenigstens das Pentagon als klare Einheit auftrete, irrt sich. Armee, Marine und Luftwaffe haben ebenfalls jede ihre eigene außenpolitische Doktrin und ihre außenpolitischen Abteilungen, und es hat schon Zeiten gegeben, in denen man in Washington witzelte, der dritte Weltkrieg werde zwischen der US-Army und der US-Air-Force stattfinden. Amerikas Außenpolitik ist die Resultante eines Kampfs aller gegen alle.

Als in der Julikrise von 1914 der österreichische Außenminister Graf Berchtold binnen einer halben Stunde zwei genau entgegengesetzte Telegramme vom deutschen Reichskanzler und vom deutschen Generalstabschef bekam, rief er aus: »Das ist ein Witz! Wer regiert eigentlich in Berlin?« Aber die Doppelherrschaft von ziviler Reichsleitung und Generalstab im kaiserlichen Deutschland war die Übersichtlichkeit selbst, verglichen mit der heutigen Verfassungswirklichkeit Amerikas, und die Frage: »Wer regiert eigentlich in Amerika?« ist heute wahrhaftig kein Witz mehr; sie ist der Alptraum aller Regierungen geworden, die wissen wollen, was sie von der immer noch stärksten Weltmacht zu erwarten haben und woran sie von Fall zu Fall mit ihr sind.

Krippendorff glaubt in diesem Chaos trotzdem eine gewisse

heimliche Ordnung zu entdecken; ein paarmal spricht er sogar von »Verschleierung« – das scheinbare Chaos verschleiere, so meint er, eine durchaus einheitliche außenpolitische Strategie. Das glaube ich nicht. Wo sitzt denn der Verschleierer? Ich halte den ewig unentschiedenen Kampf der verschiedenen Machtkörper in Washington um die jeweiligen Entscheidungen amerikanischer Außenpolitik auch nicht, wie Krippendorf, für einen bloßen Kampf um verschiedene Taktiken innerhalb eines feststehenden strategischen »Konsensus«. Vielmehr scheint mir wirklich die amerikanische Strategie, die Generallinie amerikanischen Verhaltens zur Außenwelt unsicher und unvorhersehbar geworden zu sein. Ich erinnere nur an die vollkommene Kehrtwendung nach dem Tode Roosevelts; oder an Carters Kehrtwendung nach Afghanistan. Natürlich ist Amerika ein imperialistisches Land und ist es, wie Krippendorff überzeugend nachweist, immer gewesen. Aber zugleich ist Amerika bekanntlich das klassische Land des Isolationismus. Bis tief ins 20. Jahrhundert hinein, man kann sagen bis zum Zweiten Weltkrieg, vertrugen sich amerikanischer Imperialismus und amerikanischer Isolationismus ausgezeichnet auf der Basis geographischer Aufteilung: Isolationismus gegenüber Europa, Imperialismus in Richtung Asien und Südamerika. Das ergab sich ganz natürlich. Schließlich war Amerika die Schöpfung europäischer Auswanderer; jeder einzelne Amerikaner – oder sein Vater oder Großvater – hatte irgendwann einmal Europa den Rücken gekehrt, und Amerika als Ganzes tat, sozusagen instinktiv, dasselbe. Außerdem aber war Amerika auch von Anfang an eine institutionalisierte Völkerwanderung, ein ewiger »Zug nach dem Westen«, der auch über den Pazifik hinaus als Richtungsantrieb weiterwirkte. Und drittens war Amerika gewohnt, schon bei der gewalttätigen Auffüllung des eigenen Halbkontinents und ebenso später bei der wirtschaftlichen »Öffnung« und kapitalistischen Durchdringung und Beherrschung Südamerikas und Ostasiens, nur ganz schwachen Widerstand zu finden. Daher die Naivität, man möchte fast sagen: die Unschuld seines Imperialismus. Amerika wurde sich bis vor ganz kurzem nie bewußt, eine Eroberernation zu sein; es fühlte sich sogar als der größte Gegner des Imperialismus, denn der einzige ernsthafte Widerstand, den es im Süden und Westen gelegentlich zu überwinden hatte, war ja der Widerstand europäischer Imperialismen.

Indem es den spanischen und später auch den englischen, französischen und holländischen Imperialismus in Südamerika und Asien bekämpfte und verdrängte, fühlte Amerika sich nicht als konkurrierender Imperialist, sondern als Befreier, und noch heute nennt es ja das amerikanische Imperium ganz ohne Selbstironie »die freie Welt«. Europa den Europäern und den Rest für uns – so könnte man das ganz unschuldige Credo des amerikanischen Imperialismus bis 1946 oder 1950 zusammenfassen. Wobei sogar das »für uns« noch ins Unterbewußtsein verdrängt war durch die Vorstellung, daß außer den verblendeten Europäern alle Menschen natürlich ganz von selbst amerikanisch werden wollten, wenn man sie nur ließe.

Ich glaube, Krippendorff macht einen Diagnosefehler, wenn er Roosevelts und Eisenhowers »Kreuzzug in Europa« und sein Nachspiel, den Marshallplan und die NATO, mit dem amerikanischen Imperialismus in der westlichen Hemisphäre und in Asien über einen Kamm schert. Amerika hat die »Umdrehung«, die Rückkehr nach Europa, die Roosevelt im zumutete und ablistete, immer als eine unnatürliche, widerwillig getragene Last empfunden und keineswegs, wie seinen Zug nach Westen und Süden, als »manifest destiny«, also als selbstverständlichen Schicksalsauftrag. Seine Grundeinstellung zu Europa scheint mir auch heute noch eher isolationistisch als imperialistisch: ein mißtrauischer, mit Ressentiment ebenso wie mit scheuem Respekt versetzter Inferioritätskomplex.

Europa ist der einzige Kontinent, den Amerika sich nie zugetraut hat, amerikanisieren zu können – so wie sich ja auch der erfolgreichste Sohn im allgemeinen nicht zutraut, seinen hoffnungslos zurückgebliebenen Vater noch erziehen zu können. Im Zweiten wie im Ersten Weltkrieg, und auch seither, ist Amerika nie ganz das Gefühl losgeworden, von irgendwelchen listigen Europäern – erst den Engländern, dann den Deutschen – übertölpelt und für ihre Zwecke ausgenutzt worden zu sein. Es strebt im Grunde immer noch weg von hier und würde seine widerwillig übernommenen europäischen Verantwortungen wahrscheinlich immer noch liebend gern den Europäern selbst überlassen. Gerade heute gibt es dafür wieder manche Beispiele.

Der Schock, der Amerika aus dem seelischen Gleichgewicht geworfen hat, war aber etwas ganz anderes: Der »Verlust« erst

Chinas und dann Kubas – die Amerikaner sprechen wirklich in beiden Fällen ganz naiv von »Verlust« – und dann der Vietnamkrieg, der Amerika an eine völlig unvermutete Grenze seiner Macht geführt und es zugleich seines guten Gewissens beraubt hat. Das eine ist so wichtig wie das andere; man könnte den latenten Bürgerkrieg, den Vietnam in den sechziger und frühen siebziger Jahren in Amerika ausgelöst hat, vielleicht geradezu auf die Formel bringen, daß er zwischen denen geführt wird, die Amerika sein früheres Allmachtsgefühl, und denen, die ihm sein früheres gutes Gewissen wiedergeben wollten.
Im Gegensatz zu Krippendorff halte ich diesen »Bürgerkrieg« nicht für schon entschieden. Krippendorff erwartet mit verzweifelter Sicherheit, daß Amerika seine innere Opposition mit Gewalt unterdrücken, sich dabei in einen faschistischen Militärstaat verwandeln und in der Außenwelt Amok laufen wird. Kann sein. Aber auch das Gegenteil kann immer noch sein: Daß Amerika, mit den neuen Grenzen seiner Macht und der Wirklichkeit seines bisher unbewußt gebliebenen Imperialismus konfrontiert, auf seine isolationistischen Traditionen zurückfallen und seine Energien nach innen wenden wird. Ob seine Klienten und Verbündeten darüber sehr erfreut sein würden, weiß ich nicht. Aber genug zu tun gäbe es dort ja auch, und vielleicht könnte man sich davon sogar eine Wiederbelebung der altamerikanischen revolutionären und aufklärerisch-humanitären Ursprünge versprechen.
Denn das kommt in Krippendorffs Aufriß der amerikanischen Geschichte vielleicht doch etwas zu kurz: Daß an ihrem Anfang nun einmal die erste Deklaration der universalen Menschenrechte stand. Gewiß hat die amerikanische Revolution des 18. Jahrhunderts ziemlich bald ihren Thermidor erlebt, wie übrigens jede andere Revolution auch. Aber ganz stirbt die Tradition einer einmal siegreich gewesenen Revolution ja nie, und immer wieder stößt man in der amerikanischen Geschichte, bei allen Scheußlichkeiten, an denen sie wahrhaftig nicht arm ist, auf diese nicht totzukriegende Macht des ursprünglichen, sozusagen uramerikanischen Humanismus und Idealismus.
Krippendorff sieht in dem, was sich heute in Amerika abspielt, nur einen »Prozeß der Selbstzerstörung des liberal-freiheitlichen Amerikas«, und gewiß bewahrheitet sich im gegenwärtigen Amerika aufs überzeugendste Marx' These, daß eine Nation, die ande-

re unterdrückt, selbst nicht frei sein kann. Aber woran wird den Amerikanern am Ende mehr gelegen sein: An der Unterdrükkung anderer oder an der eigenen Freiheit? Die Antwort steht noch aus.

Ekkehardt Krippendorff
Die amerikanische Strategie –
Entscheidungsprozeß
und Instrumentarium
der amerikanischen Außenpolitik
Suhrkamp Verlag, Frankfurt/Main

Nationalismus ist auch anders

Ganz naiv gefragt: Ist Nationalismus eigentlich etwas Schlechtes oder etwas Gutes? Halt, antworten Sie nicht zu schnell. Sie könnten sich leicht in Widersprüche verwickeln.
In Deutschland ist ja Nationalismus heute diskreditiert, ich weiß, und aus guten Gründen. Aber wie ist das zum Beispiel mit dem vietnamesischen Nationalismus? Und fällt Ihnen nicht auf, daß alle Bewegungen, die heute in der Welt gegen Imperialismus, gegen Ausbeutung und Unterdrückung kämpfen, NLF heißen – nationale Befreiungsfront? Glauben Sie, das ist reiner Zufall? Oder sollten vielleicht Nation und Revolution irgendwie zusammengehören, dergestalt, daß jeder sozialrevolutionäre Inhalt eine nationalistische Form annimmt?
Fragen wir jetzt einmal ein bißchen anders, ein bißchen weniger naiv. Was ist der Gegenbegriff zu Nationalismus? Internationalismus? Durchaus nicht. Nationalismus und Internationalismus vertragen sich ganz gut, sie ergänzen und brauchen sich sogar, ja man kann sagen, sie bedingen einander: Wo es Nationen gibt, muß es auch internationale Spielregeln und Einrichtungen geben, denn keine Nation ist ja allein auf der Welt, und gerade, indem sie sich als Nation geographisch und politisch eingrenzt, erkennt sie das an. Man könnte durchaus von einer Internationale der Nationalisten sprechen. Nein, der wahre Gegensatz zu Nationalismus heißt Imperialismus. Die Alternative zu einer Welt der souveränen Nationen ist das universale Imperium.
Nicht, daß der Imperialismus nicht auch seine Vorteile hätte. Das Imperium Romanum, das war ja auch die Pax Romana. Auch die heutigen amerikanischen und russischen Imperien sind ja immerhin, innerhalb der riesigen von ihnen kontrollierten Räume, Friedensmächte. Daß heute die ewigen blutigen Quengeleien etwa der Balkanvölker, aber auch die zwischen Deutschland und Frankreich, plötzlich wie weggeblasen sind, das liegt natürlich einfach daran, daß heute die Balkanstaaten unter russischer und Deutschland und Frankreich unter amerikanischer Vormundschaft leben. Ihr Gutes hat auch die nationale Entmündigung.

Aber Entmündigung bleibt sie, und über eins müssen wir uns klar sein: Imperialismus ist eine »rechte« Idee, Nationalismus eine »linke«. Imperialismus ist Herrschaft – Herrschaft, der es gleichgültig sein kann, ob ihre Untertanen weiß, gelb, braun oder schwarz sind, und die Unterschiede der Volkszugehörigkeit – der Sprache, der Herkunft, der Sitten und Gebräuche – ignoriert oder einebnet. Erst wenn sich Völker gegen diese Herrschaft auflehnen, werden diese Unterschiede relevant. Denn Auflehnung verlangt Verständigung, und Verständigung ein Gefühl der Gemeinsamkeit, mindestens eine gemeinsame Sprache. Wenn man sich das klarmacht, versteht man plötzlich, daß alle Revolutionen nationale Revolutionen sind. Natürlich braucht es zur Revolution mehr als nur die Sprach- und Volksgemeinsamkeit, die die Verständigung ermöglicht; das Entscheidende ist eine revolutionäre Idee; aber nur in einem vorgegebenen Volksboden kann eine revolutionäre Idee Wurzel schlagen. Zur Nation werden Völker erst, wenn sie sich politisieren, und das heißt demokratisieren, und das heißt revolutionieren. Graf Krockow definiert in dem Buch, von dem hier die Rede ist, das Entstehen einer Nation geradezu als »Fundamentalpolitisierung« und sieht die Funktion des Nationalismus in einer allgemeinen »Egalisierung, Solidarisierung und Aktivierung« der Bürger des Nationalstaats. Er zitiert Constantin Frantz: »Das Nationalitätsprinzip, das ist das Revolutionsprinzip.«
Für die heutigen nationalen Revolutionen der Dritten Welt trifft das offensichtlich zu, ebenso für den »Aufstand in der Wüste«, der das Osmanische Reich, und für den »Aufstand der Völker«, der das Habsburgerreich zerstörte, vor allem für die großen historischen Revolutionen der westlichen Welt, in denen die Urnationen geboren wurden: Frankreich wurde zur »grande nation« durch die große Französische Revolution, Holland und Amerika wurden Nationen in Revolutionskriegen, die zugleich anti-imperialistische Sezessionskriege waren, und auch die englische und die italienische Nation entstanden, im 17. und 19. Jahrhundert, in sozialrevolutionären Prozessen. Nationalismus als Außenseite der Demokratie, die Nation als Träger einer revolutionären Idee, durch die sie sich definiert: Für die Franzosen, Engländer, Holländer, Italiener, auch die Amerikaner, auch die Sowjetrussen stimmt es. Aber für die Deutschen?

Für die Deutschen stimmt es hinten und vorne nicht. Den Deutschen sind ihre Revolutionen niemals geglückt, eine »Fundamentalpolitisierung« der deutschen Massen hat niemals stattgefunden, und die Reichsgründung erfolgte bekanntlich von oben, nicht durch Revolution, sondern durch Krieg, und zugleich mit einer Befestigung veralteter Herrschaftsstrukturen, deren Beseitigung anderswo gerade den Inhalt der jeweiligen nationalen Revolution ausgemacht hatte. Man kann trotzdem nicht sagen, daß die Deutschen der Periode von 1870 bis 1945 nicht nationalistisch gewesen wären. Und ob sie es waren!
Aber freilich, dieser deutsche Nationalismus der vorigen drei, vier Generationen war eine merkwürdige Sache. Irgend etwas war nicht geheuer damit. Gerade das, was anderswo dem Nationalgefühl seine Substanz und seinen Inhalt gab, die gemeinsame nationalrevolutionäre Leistung im Innern, fehlte. Die Deutschen wollten »auch« eine Nation sein, ohne das, wodurch man erst zur Nation wird, eine nationale Revolution, zustande gebracht zu haben. Folgerichtig mußte das Ziel dieses deutschen Auch-Nationalismus äußere Machtentfaltung werden, siegreicher Krieg als Ersatz der versäumten Revolution, und sein Inhalt (in Graf Krockows Worten) »eine spezifische, einmalige und einzigartige ›Deutschheit‹ «, die sich mangels einer spezifisch deutschen politischen Leistung nur biologisch, um nicht zu sagen: zoologisch definieren ließ – »völkisch«; in letzter Konsequenz rassistisch. Man könnte sagen: Da den Deutschen der Schritt vom Volk zur Nation nicht wirklich gelungen war, mußten sie ihn schließlich fast zwangsläufig durch den Rückschritt vom Volk zur Rasse ersetzen, um ihrem Nationalstolz irgendeine Begründung zu geben. Daß mit dem deutschen Nationalismus etwas nicht stimmte – und offenbar von vornherein nicht gestimmt hatte –, das zeigte sich schließlich auf frappierende Weise nach 1945, als sich die Deutschen nicht nur ganz unglaublich leicht teilen ließen, sondern sich auch, kaum geteilt, mit einer Gehässigkeit voneinander abwandten, als hätten sie nie etwas miteinander zu tun gehabt – sie, denen »Deutschtum« und »Deutschheit« eben noch ihr ein und alles gewesen war. In Wirklichkeit zeigte sich jetzt, daß diese biologische Deutschheit eben gar nichts bedeutete und daß die Deutschen nie eine Nation gewesen waren. Denn was eine Nation macht und zusammenhält, das ist eine in revolutionärer Tat be-

währte nationale Idee. Die hatte es in Deutschland nicht gegeben, und als seine beiden Teile unter den Einfluß fremder nationaler Ideensysteme kamen, die das Vakuum füllten, wurden sie einander sofort wildfremd.

Graf Krockow bestreitet denn auch, daß das, was man in Deutschland Nationalismus nannte und nennt und was sich heute schon wieder rührt, diesen ehrenvollen Namen überhaupt verdient. Er nennt es »Konter-Nationalismus«, weil es sich nur negativ, durch seine »Konter«-stellung gegen andere Nationen definieren läßt. Ich finde den Ausdruck nicht sehr glücklich; ich würde eher von Pseudonationalismus oder Imitationsnationalismus sprechen, aber darüber will ich nicht streiten. Die entscheidende These Krockows ist, daß der deutsche Konter- oder Pseudonationalismus nur durch einen endlich begriffenen echten Nationalismus zu überwinden ist, also durch die Stellung und Lösung einer wirklichen nationalen Aufgabe; und er ist auch ganz bereit, diese Aufgabe beim Namen zu nennen. Seiner Meinung nach genügt es heute nicht mehr, »sich um nachholende Demokratisierung zu bemühen, die historische Verspätung der ›verspäteten Nation‹ zu tilgen«, sondern wenn den Deutschen der Schritt zur Nation endlich gelingen soll, dann muß die Aufgabe von heute und nicht die von gestern gelöst werden, und die heißt nicht mehr einfach Demokratie, sondern demokratischer Sozialismus. »Gerade in Deutschland müßte angesichts seiner Zerreißung zwischen spätkapitalistischer Demokratie und autoritärem Sozialismus diese Aufgabe eigentlich als nationale Herausforderung und Möglichkeit schlechthin verstanden werden.«

Das ist konsequent, es ist einleuchtend, es ist, wenn man will, sogar begeisternd. Natürlich, der demokratische Sozialismus, das ist etwas, das in aller Welt erstrebt und noch nirgends verwirklicht ist. Wenn die Deutschen es als erste zustande brächten, würden sie sich um die Welt verdient machen und zugleich ihre nationale Einheit wiederherstellen, ja sich als Nation erst richtig konstituieren und gleichzeitig rehabilitieren. Schön wär's. Graf Krockow ist einer jener linken Aristokraten – sie sind heute gar nicht so selten, Peter von Oertzen oder Gösta von Uexküll sind andere Beispiele –, die Fontanes Anspruch wahrmachen, daß im preußischen Junker ein Stück Sozialdemokrat steckt. Sie bringen in das »linke« Denken von heute ein paar Qualitäten ihrer Standesherkunft ein, die es gut gebrauchen kann: eine gewisse Souveränität, Direktheit und Unerschrockenheit, Kühnheit und Konsequenz. Sie schreiben ohne Scheuklappen. Graf Krockows kleines Buch ist von einer gewissen athletischen Logik, auch witzig (etwa, wenn er von den deutschen Schullesebüchern spricht, die mit ihren fleißigen Bauern, Fischern und Hufschmieden »den Eindruck postum verwirklichter Morgenthaupläne vermitteln«). Ich kann auch nicht etwa sagen, daß mir seine Schlußfolgerungen unsympathisch wären. Nur glauben kann ich nicht mehr so recht daran.

Natürlich: demokratischer Sozialismus als Antwort auf die deutsche nationale Frage – das geht glatt auf. Es geht zu glatt auf. Es würde die deutsche nationale Revolution voraussetzen, die immer wieder – 1848, 1918 – mißlungen ist, und diesmal müßte es eine synchronisierte Revolution in zwei Staaten sein und zugleich noch ein Aufstand gegen die Supermächte, die diese zwei Staaten garantieren. Und das sollen die Deutschen schaffen? Ich sehe nicht einmal, daß sie es ernstlich wollen können. Die Deutschen haben nun einmal kein Talent zur Revolution. Sie haben auch, fürchte ich, kein Talent zur Nation.

Und muß man das unbedingt haben? Geht es vielleicht auch ganz anders? Schiller – kein Dummkopf – dichtete seinerzeit, zu einer Zeit, als die nationale Frage gerade anfing, aktuell zu werden:

> »Zur Nation euch zu bilden, ihr sucht es, Deutsche, vergebens.
> Bildet dafür, ihr könnts, freier zu Menschen euch aus.«

Und Goethe (auch kein Dummkopf) im Gespräch: »Deutschland ist nichts, aber jeder einzelne Deutsche ist viel, und doch bilden sich letztere gerade das Umgekehrte ein ... Zerstreut wie die Juden in aller Welt sollten die Deutschen werden, um die Masse des Guten ganz und zum Heile aller Völker zu entfalten, das in ihnen liegt ... Deutsche gehen nicht zugrunde, so wenig wie Juden, weil sie Individuen sind.«

Deutsche und Juden ... Ist nicht auch der israelische Nationalismus ein »Konter-Nationalismus« im Krockowschen Sinne, ein Imitations-, ein Auch-Nationalismus? Die Parallele zum deutschen Nationalismus der Weltkriegszeit ist beängstigend. Ein französisch-jüdischer Soziologe, Georges Friedmann, hat kürzlich die Frage aufgeworfen, ob der Staat Israel nicht eigentlich das Ende des jüdischen Volkes bedeutet. Keine müßige Frage. Ganz ähnlich sprach Nietzsche in den 1870er Jahren ahnungsvoll von der »Exstirpation« des deutschen Geistes zugunsten des Deutschen Reiches. Gibt es vielleicht geborene Nichtnationen, Völker, die nun einmal zu anderem bestimmt sind als zur Nation und die es mit dem Nationalismus, so vorteilhaft und ehrenvoll er sein mag, am besten gar nicht erst versuchen?

Christian Graf von Krockow
Nationalismus als deutsches Problem
Piper Verlag, München

Ist die bürgerliche Revolution zu Ende?

Dieses Buch war einmal fällig. Wir haben nachgerade eine ganze Literatur über Amerika, die den Teufel an die Wand malt – Amerika ist auf dem Wege zum Faschismus, ist schon faschistisch, ist ein krankes Land, ein imperialistisches Land, eine Weltgefahr usw. Ich habe ein paar dieser Bücher besprochen – es sind sehr gute Bücher darunter, und es ist ja auch an allen diesen Kassandrarufen etwas dran –, aber ich habe jedesmal gesagt: Langsam, langsam, es gibt ja auch noch das andere Amerika, das Amerika der Bürgerrechtsbewegung, das Amerika des Vietnamprotests. Und noch kämpft dieses »linke« Amerika, noch hat es seinen Kampf nicht verloren. Es ist auch gar nicht gesagt, daß es ihn überhaupt verlieren muß: Schließlich hat es tiefe Wurzeln in der amerikanischen Verfassung und Staatsmythologie; und immerhin haben die Amerikaner die Demokratie erfunden. Begraben wir also unsere Hoffnungen nicht, ehe sie wirklich tot sind.
Hier kommt nun also einmal ein Buch, das ins andere Extrem fällt. Revel setzt mit einem Trompetenstoß ein: »Die Revolution des zwanzigsten Jahrhunderts wird von den Vereinigten Staaten ausgehen. Sie kann nur dort stattfinden und hat auch schon begonnen. Auf die übrige Welt wird sie sich nur dann ausdehnen, wenn sie zuvor in den USA erfolgreich gewesen ist.«
Nun, das heißt, den Mund ziemlich voll zu nehmen, und für meine Person kann ich nicht sagen, daß mich Revel von dieser These überzeugt hat. Mein Eindruck ist, daß er sich zuviel vorgenommen hat; er möchte Unbeweisbares beweisen, und dabei gerät er natürlich ins Übertreiben, gibt sich Blößen und reizt zum Widerspruch. Das ist schade, denn wenn man alles abzieht, was in diesem Buch an Vorurteilen, Überspitzungen und Gereiztheiten steckt (und es ist leider eine ganze Menge), bleibt immer noch genug übrig, worüber nachzudenken lohnt. Als Korrektiv der gängigen Amerikaliteratur ist es unentbehrlich, und ein paarmal scheint mir Revel den Zipfel einer wichtigen Wahrheit in die Hand zu bekommen – einer Wahrheit freilich, die mit der Frage,

ob die Revolution nun gerade von Amerika zu erwarten ist oder anderswoher, kaum mehr etwas zu tun hat.
Aber bleiben wir zunächst bei Amerika. Unbestreitbar ist ja, daß die internationale Studentenrevolte der sechziger Jahre in Amerika ihren Anfang genommen hat – in Berkeley 1964 –, daß sie sich von dorther über ganz Westeuropa und Teile Osteuropas ausgebreitet hat und daß ihre Methoden – go-in, sit-in, teach-in – in Amerika entwickelt und anderswo nur übernommen worden sind. Ich habe den Verdacht, daß es dieser Vorgang ist, der Revel überhaupt erst auf den Gedanken gebracht hat, die Revolution des 20. Jahrhunderts komme aus Amerika. Nun war ja aber die Studentenrevolte noch keine Revolution, geschweige »die« Revolution des 20. Jahrhunderts, und Revel wäre auch der erste, das zuzugeben. Worin besteht denn aber *die* Revolution?
Ganz klar wird das nirgends in diesem Buch, aber am nächsten kommt Revel einer Konkretisierung am Anfang des letzten Kapitels, wo er ein ganzes Paket von Ideen und Aspirationen zusammenschnürt, die alle im gegenwärtigen Amerika zweifellos eine Rolle spielen und die zusammen in seinen Augen die Revolution des 20. Jahrhunderts ausmachen sollen: »Die Metamorphose der Sitten, die Negerrevolte, der Vorstoß der Frauen gegen die männliche Vorherrschaft, die Ablehnung der ausschließlich wirtschaftlich oder technisch orientierten gesellschaftlichen oder persönlichen Ziele durch die Jugend, die sich allmählich durchsetzende Anwendung zwangfreier Methoden in der Kindererziehung, das Schuldgefühl gegenüber den Armen, das wachsende Verlangen nach Gleichheit, die Eliminierung des autoritären Kunstprinzips, der Argwohn gegen den Einfluß der nationalen Macht als Ziel der Außenpolitik, das Bedürfnis, dem Umweltschutz Vorrang einzuräumen vor dem Gewinn.«
Na ja. Das sind alles respektable linke Anliegen, teilweise allerdings auch nur linke Gefühle (»Ablehnung«, »Schuldgefühl«, »wachsendes Verlangen«, »Argwohn«), aber eine Revolution machen sie, scheint mir, alle zusammen noch nicht aus, nicht einmal ein Revolutionsprogramm. Auch kann man, wenn man einmal von der Negerrevolte absieht, nicht sagen, daß sie auf Amerika beschränkt sind oder auch nur in Amerika ihren Ursprung haben: Es gibt sie mehr oder weniger überall, jedenfalls überall in Westeuropa, und wohl auch in vielen anderen Ländern

und Erdteilen. Allerdings, das ist auffallend, kaum in den sozialistischen Ländern: Dort würde der Katalog der aktuellen Sorgen, Beschwerden und Forderungen anders aussehen. Und noch eins ist auffallend: In Revels Revolutionsprogramm fehlt der allerälteste, sozusagen klassische Punkt: Die Abschaffung des Privateigentums an den Produktionsmitteln, der Sozialismus.

Tatsächlich ist Revel kein Sozialist – oder wenn, dann ein enttäuschter Sozialist. Für ihn hat die Sowjetunion die Hoffnungen des Marxismus widerlegt. Darin steht er natürlich nicht allein: Die Zahl der von der Sowjetwirklichkeit enttäuschten Marxisten ist Legion. Aber während die meisten von ihnen sich zu irgendeiner sozialistischen Sekte geschlagen haben – Trotzkisten, Luxemburgisten, Maoisten, Titoisten oder was weiß ich –, ist Revel in seiner Enttäuschung viel radikaler; tapferer, wenn man will. Er glaubt einfach nicht mehr an das Marxsche Geschichtsschema. »Man kann von der Freiheit zum Sozialismus, aber nicht vom Sozialismus zur Freiheit gelangen«, heißt eine seiner provokanten Kapitelüberschriften.

In gewissem Sinne, könnte man freilich sagen, ist das immer noch gut marxistisch gedacht, denn auch Marx war ja überzeugt, daß die sozialistische Revolution den vollendeten Kapitalismus voraussetzte und nur in den kapitalistischen Ländern Westeuropas stattfinden könne. In Rußland hatte er sie nie erwartet, in China wahrscheinlich noch weniger, und daß Lenins glattes Überspringen der bürgerlichen Revolution vom marxistischen Standpunkt aus eine Ketzerei war, ist ja seinen Mitkämpfern (und vielleicht sogar ihm selbst) nie verborgen gewesen. Auch das läßt sich schwerlich leugnen, daß die heutige Wirklichkeit der sozialistischen Länder, so respektabel und sogar imposant sie unter anderen Gesichtspunkten ist, mit der Marxschen Vision einer klassenlosen Gesellschaft wenig gemein hat. Es ließe sich durchaus ein heutiger westlicher Marxist vorstellen, der sagt: Die von Marx postulierte proletarisch-sozialistische Revolution hat immer noch nicht stattgefunden, sie steht immer noch bevor. Die russische Revolution war es nicht und die chinesische (oder vietnamesische oder kubanische) auch nicht, einfach, weil in diesen Ländern die Voraussetzungen des Sozialismus im Marxschen Sinne fehlten. Diese Voraussetzungen sind eine vollentwickelte kapitalistische Wirtschaft und ein voll ausgebildeter demokratischer Staat. Ohne die erste läßt sich nur der Mangel sozialisieren. Ohne die zweite bedeutet Sozialisierung nicht eine neue Freiheit, sondern nur eine neue, vielleicht sogar schlimmere Form obrigkeitlichen Zwangs. Also, würde ein solcher Marxist sagen, ist durch die russische (und chinesische) Revolution weder etwas bewiesen noch etwas widerlegt. Was der Sozialismus braucht, ist immer noch die Revolution im Westen; und was der Westen braucht, ist immer noch die sozialistische Revolution.

So, wie gesagt, läßt sich vom marxistischen Standpunkt aus argumentieren. Aber so argumentiert Revel nicht. Für ihn ist die sozialistische Revolution durch das Leninsche Experiment diskreditiert. Sie kommt nicht mehr. Andererseits glaubt er trotzdem, eine westliche Revolution im Kommen zu sehen, und er führt dafür auch gute Argumente an. Aber die Revolution, die er im Westen (lassen wir einmal die Frage beiseite, ob gerade nur in Amerika) am Werke sieht, sei eben nicht die sozialistische Revolution. Revel selbst nennt sie die zweite Weltrevolution, wobei er unter der ersten die große Französische von 1789 versteht. Wenn man genauer hinsieht, ist es jedenfalls immer noch ein neuer Akt der bürgerlichen Revolution, die Marx schon vor hundert Jahren beendet glaubte. Und genau hier allerdings scheint mir Revel tatsächlich den Zipfel einer Wahrheit gepackt zu haben.

Noch einmal zurück zu Marx: Marx war ja kein Feind der bürgerlichen Revolution. Wo sie noch nicht vollzogen war, wo es noch um bürgerliche Freiheit gegen feudalistischen Zwang ging, war er ihr Verbündeter. Marx wollte die bürgerliche Revolution – also die Emanzipation des Individuums – nicht rückgängig machen, sondern weiterführen. Die historische Aufgabe der bürgerlichen Revolution, wie Marx sie sah, lag in der Befreiung des Individuums aus den Fesseln der Kirche und des Obrigkeitsstaats. Wo das geschafft war, war die bürgerliche Revolution in seinen Augen historisch vollendet, es gab nichts mehr für sie zu tun, und was nun auf der Tagesordnung der Geschichte stand, das war die proletarisch-sozialistische Revolution, die das Individuum aus den Zwängen des schlimmen Nebenprodukts der bürgerlichen Revolution, des kapitalistischen Wirtschaftssystems, befreien sollte. In Westeuropa war es nach Marx' Dafürhalten bereits in seinen Tagen soweit: Die bürgerliche Revolution war vorüber, die proletarische war »dran«.

Aber war das wirklich der Fall, ist es selbst heute schon der Fall? Selbst wenn man unterstellt, daß sich die bürgerliche Revolution nur gegen Kirche und Obrigkeitsstaat richtete: Noch heute ist ja die Macht der Kirche keineswegs gebrochen, auch wenn es keine Allmacht mehr ist; denken wir nur an die immer noch mächtige kirchliche Opposition gegen die Abschaffung des § 218 und selbst gegen die Freigabe der Pille. Noch heute ist der Staat, wenn auch kein reiner Obrigkeitsstaat mehr, längst nicht voll durchdemokratisiert – nicht einmal in den alten Demokratien, die keinen faschistischen Rückfall durchgemacht haben. Und ein gewaltiges Gebiet hat Marx übersehen, auf dem die bürgerliche Revolution zu seiner Zeit noch nicht einmal ernsthaft angefangen hatte: das Gebiet der Sitte, der Geschlechterbeziehungen und der Familienverfassung. Hier herrschen tatsächlich noch heute weithin dieselben Vorstellungen wie im Mittelalter, hier ist die bürgerliche Revolution erst in den letzten Jahren gerade in Gang gekommen. Wenn es aber stimmt, daß die sozialistische Revolution die Vollendung der bürgerlichen Revolution voraussetzt – kann man dann wirklich sagen, daß sie heute schon historisch fällig ist? Hat nicht die bürgerliche Revolution tatsächlich noch ein großes Stück Arbeit vor sich?
Fast alle jungen Linken von heute empfinden sich als Sozialisten. Es fällt aber auf, daß ihr Sozialismus fast vollständig im Verbalen steckenbleibt, daß ihre Taten, im Gegensatz zu ihren Worten und Gefühlen, fast durchweg immer noch die Taten bürgerlicher Revolutionäre sind. Die wirklichen revolutionären Veränderungen, die in den letzten Jahren bewirkt worden sind, sind die Kommunen und Großfamilien, die Kinderläden, die freien Ehen; wenn man fragt, wo es heute revolutionierte Institutionen gibt, dann heißt die Antwort: Schulen und Hochschulen. Revolutionäre Aktionen findet man auf dem Gebiet der Kommunalpolitik – Hausbesetzungen zum Beispiel. Das alles hat aber mit Sozialismus nichts zu tun. Alles sind noch Fortsetzungen der bürgerlichen Revolution. Es ist die bürgerliche, also die individualistisch-emanzipatorische Revolution, die mit diesen Taten gerade jetzt auf neue Gebiete übergreift – von Kirche und Staat (wo sie auch noch nicht zu Ende ist) auf Sitte und Familie. Von der eigentlichen sozialistischen Revolution, der Revolutionierung der Produktionsverhältnisse, ist dagegen immer noch in der Praxis weit

und breit nichts zu sehen, trotz aller antikapitalistischen Gefühle und Worte. Es scheint auch niemand konkrete Vorstellungen darüber zu haben, wie sie im Augenblick bewerkstelligt werden könnte. Ich finde, das gibt zu denken.
Ob sie nun aus Amerika kommt oder nicht – es hat ganz den Anschein, als ob die bürgerliche Revolution, das Wort im Marxschen Sinne genommen, noch keineswegs zu Ende ist. Marx mag in der Sache durchaus noch eines Tages recht behalten – trotz Lenin und trotz Revel. Im Zeitmaß aber, ich kann mir nicht helfen, scheint er sich gewaltig verschätzt zu haben.

Jean-François Revel
Die Revolution kommt aus Amerika
Hoffmann & Campe, Hamburg

Futurologie und Wissenschaft

Kann man Geschichte vorausbestimmen? Es kommt wohl darauf an, was man unter Geschichte versteht.

Machen Sie einen Test mit sich selbst: Fragen Sie sich – und antworten Sie ganz schnell, ohne lange nachzudenken –, was bisher die wichtigsten geschichtlichen Ereignisse des 20. Jahrhunderts waren. Wenn Sie etwa antworten: die beiden Weltkriege oder die beiden großen Revolutionen (die russische und die chinesische) oder das Ende der europäischen Kolonialreiche oder irgend etwas dieser Art, dann brauchen Sie sich mit Zukunftsgeschichte – »Futurologie« – nicht weiter zu befassen. Ob es einen dritten Weltkrieg geben wird oder (zum Beispiel) eine deutsche Wiedervereinigung dieser oder jener Art oder eine westliche Revolution (oder eine neue östliche), das bleibt so offen, wie es die Zukunft eh und je war.

Wenn Sie aber sagen: Die wichtigsten Ereignisse des 20. Jahrhunderts waren – zum Beispiel – die Erfindung von Radio und Fernsehen, die Luftfahrt und die Weltraumfahrt, die Bombe und die Pille, dann sieht die Sache anders aus. Diese Art von Geschichte ist berechenbar, voraussehbar, vielleicht sogar beherrschbar geworden. Was aus dieser Ecke auf uns zukommt, kann man heute (in gewissen Grenzen) im voraus »hochrechnen«, so wie ein Computer Wahlergebnisse nach den ersten Teilresultaten hochrechnen kann. Insoweit Geschichte durch Wissenschaft und Technik bestimmt wird, ist es heute möglich geworden, nicht nur vergangene, sondern zukünftige Geschichte rational zu erforschen; möglich und vielleicht auch nötig: denn es sieht ja oft so aus, als wird die Geschichte in nächster Zeit immer mehr von Wissenschaft und Technik bestimmt werden.

Daher gibt es seit ungefähr zwanzig Jahren einen neuen Forschungszweig: Zukunftskunde oder (Flechtheims Prägung) »Futurologie«. Das ist etwas grundsätzlich anderes als Prophetie (à la Marx) oder intuitive Spekulation (à la Spengler). Der Gegensatz liegt darin, daß die moderne Futurologie als Grundlage sozusagen einen realen Brückenkopf im Zukünftigen besitzt, ein wißbares Stück Zukunft, auf dem sie bauen kann: nämlich die mit Sicherheit voraussehbaren, mit hoher Wahrscheinlichkeit sogar schon datierbaren Erfindungen, Entdeckungen und technischen Ermöglichungen der nächsten dreißig bis fünfzig Jahre, die alle sozusagen schon im Ansatz vorhanden sind. Soweit sie wissenschaftlich-technische Zukunftsgeschichte ist, ist die Futurologie echte Wissenschaft (was nicht bedeutet, daß sie unfehlbar ist; es gibt auch wissenschaftliche Irrtümer). Soweit sie darüber hinausgeht und von der wissenschaftlich-technischen Zukunft aus die politische, soziale und kulturelle zu erkennen versucht, wird die Sache allerdings problematischer. Die beiden Bücher, die ich hier anzeige, beleuchten diese Problematik der Futurologie, jedes auf seine Weise: das von Buchholz, indem es sie untersucht; das von Steinbuch, indem es sie illustriert.

Steinbuchs Bestseller ist eine Streit- und Anklageschrift, eigentlich eine Folge von Streit- und Anklageschriften, denn seine Kapitel hängen nur sehr lose zusammen. Steinbuch argumentiert kaum; er predigt. Und zwar ungefähr so (trotz der Anführungsstriche ist das folgende kein wörtliches Zitat, aber eine sinngemäße Zusammenfassung): »Hört auf, euch für das zu interessieren, wofür ihr euch bisher interessiert habt – für Philosophie, Kultur, Politik, Religion, Geschichte, Philologie. Das ist alles Ballast und Hinterwelt! Interessiert euch statt dessen für Wissenschaft und Technik, insbesondere für Kybernetik [Steinbruch ist Kybernetiker]. Dann wird alles gut werden. Wenn nicht – dann werdet ihr euch konkurrenzunfähig wiederfinden, zurückgeblieben, unterentwickelt, verarmt, verdummt, vielleicht eines Tages verhungert.«

Mich hat das nicht überzeugt. Natürlich, wenn die Menschen sich nur noch für Wissenschaft und Technik interessieren würden, dann würden viele Probleme verschwinden. Aber die Probleme liegen ja gerade darin, daß die Menschen, bei rapide fortschreitender und weltverändernder Wissenschaft und Technik, sich trotzdem noch für vieles andere interessieren und auch weiter interessieren werden. Mit Predigen und Schimpfen schafft man das nicht aus der Welt, so wenig wie die Bußprediger der christlichen Zeit es aus der Welt schaffen konnten, daß auch damals die Menschen sich noch für vieles andere interessierten als für ihr Seelenheil. Außerdem ist noch sehr die Frage, ob man gut daran tut, eine Entwicklung, die uns ohnehin schon über den Kopf zu wachsen droht, noch gewaltsam zu beschleunigen.

Buchholz' »Große Transformation« – kein Bestseller – ist ein viel besseres Buch: nüchtern, informativ, gedankenreich und gedankenerzeugend. Ich habe noch kein Buch gelesen, das die Wissenschaftsexplosion, in deren Anfängen wir immer noch stehen, so gescheit analysiert und ihre möglichen Auswirkungen so transparent macht. Als Einführung in die Futurologie ist es unübertrefflich. Aber es zeigt auch die Schwäche aller bisherigen Futurologie: Solange sich Buchholz begnügt, wissenschaftlich-technische Zukunftsgeschichte zu schreiben, bewegt er sich auf festem Grund. Sobald er zu den internationalen und gesellschaftlichen Auswirkungen der Wissenschaftsexplosion übergeht, wird alles viel unbestimmter, fragwürdiger und nebuloser.

Wissenschaftsgeschichte ist berechenbar geworden; politische und Sozialgeschichte ist so unberechenbar geblieben wie immer. Darin liegt das Grundproblem der Zukunftskunde – und auch der Zukunft selber. Der Mensch ist dabei, seine Umwelt und vielleicht auch seine eigene Beschaffenheit in früher ungeahntem Maße manipulierbar zu machen: Soviel steht fest, und es gibt dabei auch anscheinend kein Zurück und kein Halten mehr (außer durch Katastrophen). Aber wie er sich mit der veränderten Umwelt zurechtfinden wird, was er daraus machen wird – und was er aus sich selbst machen wird –, das scheint einstweilen immer noch unerforschlich. Hier können auch die Futurologen keine wissenschaftlich fundierten Voraussagen machen, sondern höchstens Warnungstafeln aufstellen: »Vorsicht! Hochspannung! Lebensgefahr!« und Ratschläge geben: »Paßt euch euren Erfindungen an! Verlaßt euch nicht auf Erfahrungsregeln, deren Voraussetzungen nicht mehr stimmen! Vor allen Dingen haltet Frieden!« Sehr weise, aber leichter gesagt als getan.

Was, wie mir scheint, die Futurologen ein wenig zu leicht nehmen, ist die Frage des handelnden Subjekts künftiger Geschichte, sozusagen des Adressaten ihrer Voraussagen, Warnungen und Ratschläge. Fast das Unheimlichste an der Wissenschaft und Technik ist ja ihre radikale Unpersönlichkeit. »Man« kann jetzt (mit Atombomben) die Erde unbewohnbar machen und (mit Raketen) den Planetenraum bereisen, »man« wird morgen wahrscheinlich die Menschennatur verändern, neue Lebewesen schaffen, unbegrenzte Nahrung aus den Elementen gewinnen, vielleicht die Zeit, vielleicht den Tod abschaffen oder wenigstens relativieren können. Aber wer ist »man«? »Der Mensch«, »die Menschheit« ist kein entscheidungsfähiges, handlungsfähiges, geschichtsfähiges Subjekt.

Entscheidungs- und handlungsfähig sind erstens die Besitzer der Produktionsmittel, also die Technokraten in den sozialistischen, die Plutokraten in den kapitalistischen Ländern. Zwischen ihnen ist, was die Förderung und Auswertung der Wissenschaft betrifft, gar kein so großer Unterschied, sie entscheiden alle nach Rentabilität, nach der Frage: »Was zahlt sich aus, was bringt etwas ein?«

Zweitens sind handlungsfähig die Staaten, also die Regierungen und Politiker, und sie handeln – ebenfalls ohne großen Unterschied zwischen sozialistischen und kapitalistischen Staaten – nach Sicherheits- und Machtgesichtspunkten, nach der Frage: »Was macht stärker?«

Schließlich sind noch, in erheblich begrenzterem Maße, die Individuen handlungsfähig, und sie entscheiden, von Religionsresten und abergläubischen Vorurteilen einmal abgesehen, nach Glückserwartungen, sie fragen: »Was macht mir das Leben leichter, was macht Spaß?«

Eine Instanz, die nach dem – von den Futurologen immer stillschweigend unterstellten – Gesichtspunkt des Menschheitsinteresses handelt oder handeln kann, gibt es nicht. Sie steht auch nicht in Aussicht. Dabei will ich auf die äußerst schwierige Frage, was gegebenenfalls im Menschheitsinteresse liegen würde, hier gar nicht eingehen. Wäre es zum Beispiel im Interesse der Menschheit, das individuelle Leben auf hundert oder hundertfünfzig Jahre zu verlängern oder beliebig unterbrechbar und wiederaufnehmbar zu machen, was wahrscheinlich in absehbarer Zukunft möglich werden wird? Knifflige Frage. Aber selbst Fragen, bei denen das Menschheitsinteresse ganz eindeutig scheint, werden wahrscheinlich nach ganz anderen Kriterien beantwortet werden.

Zum Beispiel scheint es sich ja auf den ersten Blick sehr gut zu treffen, daß die Wissenschaftsexplosion gerade zurechtkommt, um mit der Bevölkerungsexplosion fertig zu werden. Dank der Pille ließe sich Überbevölkerung nach Wunsch vermeiden (wobei man allerdings sofort fragen muß: Nach wessen Wunsch?), dank künstlicher Fotosynthese von Nahrungsstoffen (die die meisten von uns noch erleben werden und die übrigens das Züchten und Töten von Schlachtvieh überflüssig machen wird), ließe sich auch ein Vielfaches der heutigen Erdbevölkerung bequem ernähren. Nur: Die Wissenschaftsexplosion und die Bevölkerungsexplosion finden in ganz verschiedenen Ländern und Erdteilen statt, und es gibt keine Weltregierung, die sie koordinieren könnte. Die meisten Futurologen werden antworten: Also sollte man sie schaffen. Aber damit verlassen sie den Boden der Wissenschaft. Was man sollte, ist keine Frage des Wissens, sondern des Wollens. Bisher scheint so recht niemand eine Weltregierung ernsthaft zu wollen, wofür ich übrigens Verständnis habe. Wohin soll man unter einer Weltregierung emigrieren, wenn sie eines Tages in die Hände eines Hitler fällt?

Um es kurz zu machen: Die Wissenschaftlichkeit der Futurologie (soweit sie über reine Wissenschaftsvorschau hinausgeht) steht und fällt mit der Möglichkeit und Wünschbarkeit totaler Anpassung menschlicher Individuen und menschlicher Kollektive an die Wissenschaftsexplosion; und die scheint mir zweifelhaft. Mir scheint, die Fähigkeit des Menschen, sich seinen Entdeckungen und Erfindungen anzupassen, ist begrenzt; sogar der Wille zur Anpassung ist begrenzt. Wobei noch die Frage ist, ob das ganz und gar von Übel ist. Unbegrenzte Anpassungsbereitschaft wäre vielleicht das Ende der Humanität. Jetzt, da die Biologie anfängt, Kreuzungen und Zwittergattungen von Mensch und Tier oder – noch unheimlicher – von Mensch und Maschine möglich zu machen, würde eine allzu anpassungswillige Menschheit sich wahrscheinlich eines Tages selbst nicht mehr wiedererkennen.

Ich sehe deswegen – und damit komme ich noch mal auf den Steinbuch zurück – in der Skepsis gegen den Wirtschaftsrausch, dem Festhalten an vorwissenschaftlichen Humanwerten nichts unbedingt »Hinterweltlerisches«, Dummes und Verwerfliches. Vielleicht liegt darin sogar ein gesunder menschlicher Selbsterhaltungsinstinkt. Es tut nämlich nicht unbedingt gut, wenn der Mensch alles auf eine Karte setzt und das, worin er momentan gerade am erfolgreichsten ist, unter Vernachlässigung aller seiner anderen Möglichkeiten auf die Spitze treibt. Genau so, wie übersteigerte Religiosität in religiösen Wahnsinn ausarten kann (die

Geschichte des Spätmittelalters kennt furchtbare Beispiele), kann ich mir eine Art Wissenschaftswahnsinn vorstellen; ich weiß nicht einmal, ob nicht heute schon mitunter Züge davon aufflakkern. Ich bin deshalb auch ganz froh, daß es in der letzten Zeit auch schon ausgesprochene Gegenbewegungen gegen die reine Verwissenschaftlichung und Technisierung gibt.

Auch scheint mir, daß es irgendwo eine Erträglichkeitsgrenze für Veränderung innerhalb eines Menschenlebens gibt. Früher umfaßte eine Geschichtsepoche viele Generationen. Die Generation der heute Fünfzigjährigen aber hat bereits mehrere Epochen durchlebt. Natürlich, Abwechslung macht Spaß, und Umlernen und Dazulernen hält munter. Aber es kann zu viel werden. Wenn das Tempo zu heiß wird, dreht möglicherweise irgend etwas im menschlichen Gehirn durch, der Mensch gibt sozusagen auf, er kommt nicht mehr mit, versteht die Welt nicht mehr und läßt die Zügel schießen. Auch dafür gibt es heute manchmal schon Anzeichen.

Vielleicht wird sehr bald schon als die wichtigste aktuelle Frage erkannt werden, nicht, wie man das Tempo der Wissenschaftsexplosion und ihrer technischen Auswertung vorantreiben, sondern wie man es auf ein gerade noch erträgliches Maß drosseln kann. Und vielleicht werden in hundert oder zweihundert Jahren nicht die Länder und Völker am besten dastehen, die den wissenschaftlich-technischen Fortschritt als ein Wettrennen aufgefaßt haben, in dem sie unbedingt an der Spitze liegen mußten, sondern diejenigen, die darin eine Art Sortimentsangebot gesehen haben, aus dem sie sich unaufgeregt, kritisch und wählerisch das herausgesucht haben, was sie gerade gebrauchen konnten.

Karl Steinbuch
Falsch programmiert
Deutsche Verlagsanstalt, Stuttgart

Arnold Buchholz
Die große Transformation
Deutsche Verlagsanstalt, Stuttgart

Auf dem Weg in eine andere Welt

Die Große Maschine, von der hier die Rede ist, steht in Meyrin bei Genf und ist ein Protonen-Synchroton, kurz PS genannt, das vom Conseil Européen pour la Recherche Nucléaire, kurz CERN genannt, in den fünfziger Jahren erstellt wurde. Sie ist ein liegendes Rad von einem halben Kilometer Umfang, dessen Speichentunnel je hundert Meter lang sind. Sie dient dazu, mit einer Energie von 28 Milliarden Elektronenvolt Elementarteilchen (Protonen) des Wasserstoffatoms auf eine Geschwindigkeit von 300 000 Sekundenkilometern zu beschleunigen und mit dieser Geschwindigkeit auf ein Metallziel aufprallen zu lassen. Der Zusammenprall zertrümmert die Protonen, und durch diese Zertrümmerung entstehen neue, subnukleare Teilchen von einer Lebensdauer, die zwischen Billionsteln und Trilliardsteln von Sekunden liegen und während derer sie – oder genauer: die ihre momentane Existenz beweisenden happenings – in »Blasenkammern« photographisch fixiert werden.

Außer solchen Photos produziert die Maschine nichts.

An der Erstellung und den (exorbitanten) Kosten der Großen Maschine (die natürlich ein präzionstechnisches Weltwunder ist) sind dreizehn westeuropäische Länder beteiligt, darunter auch die Bundesrepublik, die mit 23,3 Prozent sogar den größten Kostenanteil trägt; und es arbeiteten an und mit ihr Ende 1965 2191 größtenteils hochqualifizierte und hochbezahlte Personen, von denen allerdings nur noch 349 Wissenschaftler, und davon wiederum nur noch ungefähr die Hälfte eigentliche Kernforscher waren: die Techniker und besonders die Manager sind bereits weit zahlreicher geworden. Die 2191 Mitarbeiter kommen aus allen beteiligten Ländern und arbeiten so einträchtig zusammen, als ob es keine Grenzen zwischen ihren Ländern gäbe. Auch die Maschine selbst, an der immer noch angebaut und vergrößert wird, hat neuerdings die nahegelegene französische Grenze überschritten und ist also sozusagen supraterritorial geworden. Es sind auch, immer schon, amerikanische Wissenschaftler als Hospitanten bei ihr zu Gast gewesen, und neuerdings kommen auch öfters russische und osteuropäische; auch mit einem nordvietnamesischen Kernphysiker hat Robert Jungk sich dort schon unterhalten können, und einmal hat er sogar einen Wissenschaftler aus Aachen und einen aus Ostberlin bei einem gemeinsamen Experiment getroffen. »Hier bei CERN können sie nicht nur frei miteinander sprechen, sondern sogar gemeinsam experimentieren.« Robert Jungk findet das alles begeisternd. Er ist nicht nur der – bewundernswerte – Chronist und Erklärer der Großen Maschine und ihrer menschlichen Umwelt, sondern auch ihr Propagandist und Prophet. In der »weltweiten Bruderschaft von Beschleuniger-Konstrukteuren und Hochenergie-Physikern« sieht er, neben so vielen Kriegsherden, die unsere Welt immer noch produziert, endlich einen »Friedensherd«. »Entsteht hier endlich eine Kraft«, fragt er hoffnungsvoll, »der es vielleicht gelingt, den ungelösten seelischen und materiellen Konflikten, die unsere Zukunft bedrohen, erfolgreicher entgegenzutreten, als es die ›Friedensbewegungen‹ alten Stils vermochten?« Er zitiert den Generaldirektor von CERN, Victor Weisskopf: »Die Grundlagenforschung . . . schafft das intellektuelle Klima, in dem unsere moderne Zivilisation gedeiht«; und er stimmt innig zu: »Ohne Manifeste, ohne Proklamationen und ohne Demonstrationen haben die ›Planetarier‹ in den Laboratorien fast aller Länder begonnen, ihr Denken und Schaffen immer stärker aufeinander abzustimmen. Das ›Nebenresultat‹ ihrer Arbeiten – heutzutage ungleich dringlicher noch als die Suche nach neuen naturwissenschaftlichen Erkenntnissen – könnte die Rettung unserer von Zerstörung bedrohten Erde sein.«

Wirklich? Ist es etwas so Besonderes, daß Kernforscher aller Länder sich gut verstehen, solange sie über Kernforschung reden? Dasselbe gilt schließlich auch für Briefmarkensammler – deren Hobby weniger kostspielig und weniger bedenklich ist. Aber ehe ich begründe, warum ich die Wissenschaftsreligion, als deren Verkünder Jungk hier auftritt, für Aberglauben halte, möchte ich doch erst noch einmal sagen, was für ein vorzüglicher Journalist Jungk ist. Er weiß nicht nur, wie augenblicklich kaum ein zweiter deutsch Schreibender, äußerst Schwieriges verständlich und äußerst Entlegenes interessant zu machen, er bleibt auch, bei aller Begeisterung für seine Sache, vollkommen objektiv in der Darstellung und Analyse und liefert seinen Kritikern selber in aller Fairneß das Material für ihre Kritik an die Hand. Ob man seine Hoffnungen nun teilt oder nicht, man muß ihm für die glänzende Aufhellung eines zeitgeschichtlich wichtigen, wenig bekannten und wegen seiner Unverständlichkeit allgemein gefürchteten und gemiedenen Tatbestandes in jedem Fall dankbar sein.

Ich kann allerdings nicht umhin, mich ein bißchen zu wundern, daß gerade Robert Jungk uns die Internationale der Kernforscher so unverdrossen als Modell einer neuen Welt, einer neuen Menschheitsgemeinschaft andient. Denn, ganz roh gefragt, fällt er damit nicht zum zweitenmal auf dasselbe herein? Gerade Robert Jungk hat doch, eindrucksvoller als jeder andere, in einem früheren Buch, »Heller als tausend Sonnen«, beschrieben, wie schnell diese Forscherinternationale – die es in der Frühzeit der Kernforschung, in den zwanziger und dreißiger Jahren, ja schon einmal gegeben hatte – im Ernstfall auseinanderfiel, wie unvermittelt aus reinen, unbefleckten Wahrheitssuchern die Konstrukteure der Atombombe wurden, und wie schwach ihr Widerstand gegen die Anwendung ihres Produkts in Hiroshima und Nagasaki war. Woher nimmt er die Zuversicht, daß sich das gegebenenfalls nicht wiederholen würde?

Ich fürchte sogar, und zwar aufgrund seiner eigenen aufschlußreichen Darstellung, daß die Gefahr jetzt noch größer ist als damals. Denn die Atomforscher der Frühzeit, von Rutherford bis Hahn, waren noch ziemlich unabhängige Privatforscher, die in ihren rührend primitiven Laboratorien mit bescheidenen technischen und finanziellen Mitteln auf eigene Hand experimentierten und niemandem untertan waren. Die Regierungen interessierten sich nicht für sie, und sie schuldeten den Regierungen nichts. Die heutige Generation von Kernforschern dagegen arbeitet in großen anonymen Teams an »Großen Maschinen«, die ihnen die Regierungen für Riesensummen gebaut haben; sie müssen von vornherein damit rechnen, daß die Regierungen ihnen eines Tages eine Rechnung präsentieren werden. Und sie sind – wiederum nach Jungks eigener, überzeugender Darstellung – keineswegs aus härterem Holz geschnitzt als ihre Vorgänger. Sie können vielleicht nichts dafür, aber sie sind nun einmal die Hätschel- und Vorzugskinder unter den Wissenschaftlern geworden, denen jeder Wunsch von den Augen abgelesen wird; und sie wissen natürlich, warum. Die Regierungen, bis 1939 auf dem Atomgebiet selbst noch unschuldig, wissen jetzt, daß es sich lohnt, auf diesem Gebiet die zweckfreie Grundlagenforschung zu finanzieren, weil unter Umständen Superenergiequellen und Supervernichtungswaffen dabei herausspringen. Daher ihre Bereitschaft, den Kernforschern die Großen Maschinen zu bauen, die sie jetzt brauchen.

Zugegeben, vom Standpunkt der Regierungen bleibt das ein Lotteriespiel. Es ist möglich, daß bei der weitergetriebenen Kernforschung für die Praxis nichts Neues mehr herauskommt (die Atombombe genügt ja auch für den Hausgebrauch). Die Forscher wissen es selbst nicht. Sie denken auch – ebenso wie ihre Vorgänger bis 1939 – gar nicht weiter darüber nach, sondern betreiben ihr Geschäft als reines l'art pour l'art; und darauf sind sie sehr stolz. Sie lassen sich gern mit den Erbauern der Kathedralen vergleichen, die ja auch keinen praktischen Nutzen (oder Schaden) im Auge hatten, oder mit den Mönchen, »die die Abgeschiedenheit ihrer Klöster der Unordnung und Gewalttätigkeit ihres Zeitalters entgegensetzten«. Freilich, die Kathedralen waren den Mitmenschen ihrer Erbauer nicht unverständlich und unheimlich, sie wurden ganz direkt für den Gebrauch dieser Mitmenschen, zu ihrer Freude und Erhebung, gebaut; und jedem, der in eine von ihnen eintritt, weitet sich heute noch die Seele. Die Klöster nun wieder wurden im allgemeinen nicht von den Unordnungstiftern und Gewalttätern des Zeitalters finanziert; und der Vergleich mit Mönchen will auf die smarten jungen Forscher, die heute ständig auf Spesenkonto zwischen den Weltzentren der milliardenschweren »Big Science« hin- und herfliegen, nicht recht passen.

Immerhin: Ihre Tätigkeit ist, wenigstens fürs erste und wenigstens subjektiv, zweckfrei. Fragt sich nur, ob sie nicht auch sinnlos ist. Ist auf dem Gebiet der Kernforschung ein echter Fortschritt heute überhaupt noch denkbar? Genauer gefragt: Hat die Kernforschung noch ein Ziel, das sie anvisieren kann, darf sie noch hoffen, am Ende eine Wahrheit, gar *die* Wahrheit zu entdecken? Ich bin natürlich ein extremer Außenstehender, aber manchmal sieht man ja von außen und von fern etwas, was dem Insider oder dem Nahestehenden entgeht; und so will ich wagen, einen Verdacht zu äußern, der mir bei der Lektüre Jungks unwiderstehlich gekommen ist: den Verdacht nämlich, daß die Kernforschung heute nicht mehr erwarten kann, jemals etwas zu erzielen, was den Namen »Ergebnis« verdient; daß sie bereits in Gefahr ist, sich selbst zum Narren zu halten; daß sie hinter der Wahrheit über die Natur der Materie herläuft wie die Windhunde im englischen Windhundrennen hinter dem elektrischen Hasen, den sie bekanntlich nie fangen können, weil er mühelos immer noch etwas schneller geschaltet werden kann, als sie bei äußerster Anstrengung laufen können.

Der schon zitierte Victor Weisskopf erzählte Robert Jungk folgendes: »Wir haben in nur vierzig Jahren drei Perioden der Kernphysik erlebt. In der ersten beschäftigten wir uns vorwiegend mit der Hülle des Atoms. Damals genügten schon ein paar Volt, um einige Elektronen aus einem Atom herauszuschlagen. Dann kam die zweite Etappe: die Erforschung des Atomkerns, der durch gewaltige Kräfte zusammengehalten wird. Um diese zu überwinden, waren bereits Energien von Hunderttausenden bis zu Millionen Elektronenvolt notwendig. Das geschah in den dreißiger Jahren. Und seit dem Ende des Zweiten Weltkrieges haben wir nun folgerichtig die dritte Stufe erklimmen müssen: die Erkundung der im Atomkern gefundenen Teilchen, der sogenannten Nukleonen. Sie ist aber nur möglich, wenn wir jetzt Milliarden Volt mobilisieren, um hochenergetische Teilchenstrahlen auf andere Teilchen prallen zu lassen. Dazu brauchen wir diese enormen Maschinen!« Also: Je kleiner die Teilchen, die man erforschen will, um so größere Maschinen braucht man. Jetzt ist man bei Milliarden-Volt-Maschinen, und mit deren Hilfe hat man denn auch das, was man früher für die drei »Grundbausteine« des Atoms hielt, Proton, Neutron und Elektron, jetzt in über hundert »subnukleare« Unterpartikel zerlegt – Kaone, Pione, Antiprotone und weiß Gott was noch alles. Schön und gut. Aber nichts berechtigt zu der Annahme, daß man damit nun sozusagen auf Grund gestoßen ist. Im Gegenteil: Alles beginnt jetzt eigentlich dafür zu sprechen, daß man nie auf Grund stoßen wird, ja, daß es einen solchen Grund nicht gibt, daß vielmehr jedes kleinste und ultrakleinste Teilchen aus immer noch kleineren Unter- und Unterunterteilchen zusammengesetzt ist, zu deren Nachweis immer mehr ins Überdimensionale potenzierte Energien und Maschinen erforderlich sind, und so weiter ad infinitum – wörtlich: in die Unendlichkeit. Wenn aber das Ziel der Forschung sich in die Unendlichkeit zurückzieht, hebt der Begriff »Fortschritt« sich selber auf. Es gibt keinen Fortschritt auf ein Ziel hin, das in der Unendlichkeit liegt, das also in der Endlichkeit, die wir bewohnen und bewirtschaften, nicht nur unerreichbar, sondern nichtexistent ist.

»Noch bevor dieses Jahrhundert zu Ende geht«, berichtet Jungk, »soll an einem vorläufig nicht festgelegten Ort des Erdballs eine zusammenhängende technische Konstruktion von sechs Kilometer Durchmesser und zwanzig Kilometer Umfang stehen« – also eine Maschine, so groß wie eine mittlere Großstadt. Darin sollen subnukleare Teilchen nicht, wie heute in Meyrin, mit achtundzwanzig Milliarden, sondern nunmehr mit einer Billion Elektronenvolt beschleunigt und zertrümmert werden; und ohne Zweifel wird man dann finden, daß die hundertundetwas subnuklearen Teilchen, in die man heute mit Gottes Hilfe die Bestandteile des Atomkerns zerlegt hat, sich wiederum in weitere Hunderte oder vielleicht auch Tausende von Unterteilchen zerlegen lassen.

Nun und? Was wäre damit an »Wahrheits«-Erkenntnis gewonnen? Bestünde auch nur die geringste Wahrscheinlichkeit, daß damit nun wirklich das Wesen der Materie enträtselt wäre? Wäre es nicht so gut wie sicher, daß man mit noch größeren Maschinen, mit Trillionen und Quintillionen von Volt arbeitend, immer noch Kleineres und Kurzlebigeres aus der subnuklearen Kleinwelt und Ultrakleinwelt herausfoltern könnte? Nach diesem Rezept müßte man immer noch größere Maschinen bauen, ohne jemals auf irgendeinen letzten Grund zu stoßen, ohne also, exakt genommen, jemals mehr zu wissen als gestern. Es ist die Geschichte von dem Mann im jüdischen Witz, der weiß, daß er gegen einen Falschspieler spielt und trotzdem immer weiterspielt, denn: »Kann ich denn aufhören, wo ich so bin im Verlust?«

Robert Jungk
Die Große Maschine.
Auf dem Weg in eine andere Welt
Scherz Verlag, Bern/München/Wien

Wissenschaft als Religion

Jácques Monods Buch hat in Frankreich einen Sensationserfolg gehabt; es war, man glaubt es kaum, ein ungeplanter Bestseller. Das ist um so erstaunlicher, als von seinen neun Kapiteln sechs für den Laien, auch den gebildeten Laien, beinahe unverständlich, jedenfalls vollkommen unnachprüfbar und im Grunde auch uninteressant sind. Es handelt sich da um reine Naturwissenschaft, Molekularbiologie, Genetik, Evolution. Anscheinend weiß man jetzt, wie das zugeht, daß die verschiedenen Lebewesen sich immer gleichbleiben und sich doch nicht immer gleichbleiben, daß es vor einem permanenten Hintergrund ewiger Wiederholung das Drama der Mutationen und der selektiven Evolution gibt; wer es genau wissen will, der erfährt hier eine Menge über die Nukleinsäuren als Träger der »Invarianz« und die Proteine als Träger der »Teleonomie« und über die gelegentlichen, zunächst mikroskopischen Ungenauigkeiten der Genetik, von denen einige (beileibe nicht alle) sich dann plötzlich vervielfältigen und übersetzen, so daß neue und »höhere« Arten entstehen . . . Geschenkt, geschenkt. Irgendwie muß das alles ja funktionieren, und ob nun gerade auf diese oder eine andere Art, kann uns im Grunde genommen egal sein. Wenn »das ganze Konzert der belebten Natur aus störenden Nebengeräuschen hervorgegangen« und also auch der Mensch, wie alle anderen Lebewesen, nur »ein Betriebsunfall der Natur« ist – so Monods Schlußfolgerung –, dann ist das ja ganz lustig, verleitet aber den nichtspezialisierten Leser zu der Frage: Na und?

Interessant wird Monods Buch für den allgemeinen Leser nur in den drei Kapiteln – den beiden ersten und dem letzten –, in denen er aus seinen naturwissenschaftlichen Funden philosophische Folgerungen zieht. Man muß sich aber darüber klar sein, daß diese Folgerungen, auch wenn es ein Wissenschaftler ist, der sie vorträgt, eben nicht mehr Wissenschaft sind, sondern Philosophie: nichts experimentell Nachprüfbares, sondern spekulative Thesen, die man nach Gefallen akzeptieren oder verwerfen

kann und deren Überzeugungskraft letzten Endes auf nichts Soliderem beruht als Plausibilität.
Diese Plausibilität ist nun allerdings enorm. Mit vielem, was er sagt, rennt Monod sozusagen offene Türen ein, er bestätigt, was wir schon lange im stillen geargwöhnt haben, und sagt uns, was wir heimlich immer hören wollten (daher wohl auch der unverhoffte Riesenerfolg seines Buches). Und was ist das? Zweierlei.
Erstens: Alle Religionen sind unglaubwürdig geworden. Der Mensch war in der Natur nicht vorgesehen, er ist weder die Krone der Schöpfung noch eines Schöpfers Ebenbild. Wenn wir uns etwas anderes vormachen, betrügen wir uns selbst. Zweitens: Statt der Religionen haben wir jetzt die Wissenschaft – und die beiden vertragen sich nicht. Was wir wissen wollen, können wir wissen; und was wir nicht (oder noch nicht) wissen, das gehört es sich nicht mehr zu glauben. Statt der Zehn Gebote ein einziges: Du sollst dir nicht vormachen, du wüßtest, was du nicht weißt.
Klingt einleuchtend. Klingt überzeugend. Klingt sogar altgewohnt. »Der Mensch weiß endlich, daß er in der teilnahmslosen Unermeßlichkeit des Universums allein ist, aus dem er zufällig hervortrat. Nicht nur sein Los, auch seine Pflicht steht nirgends geschrieben. Es ist an ihm, zwischen dem Licht und der Finsternis zu wählen« – steht das nicht schon irgendwo bei Nietzsche? Jedenfalls steht es bei Monod, es sind seine Schlußworte.
Damit beendet Monod den langen Waffenstillstand zwischen Wissenschaft und Religion, der sich während der ersten zwei Drittel des 20. Jahrhunderts eingespielt hatte, und kehrt zurück zu dem offenen Kriegszustand, der im 19. Jahrhundert, zur Zeit Darwins und Nietzsches, aber auch schon im 17., zur Zeit Galileis, herrschte. Und darauf haben wir wohl alle irgendwie gewartet – man merkt es an dem Erfolg seines Buches, man merkt es auch an dem prickelnden Vergnügen, mit dem man seine gereizte Abwehr etwa Teilhards liest – also des berühmtesten derzeitigen Versuchs, Wissenschaft und Religion immer mal wieder unter einen Hut zu bringen. »Mich stößt bei dieser Philosophie der Mangel an intellektueller Schärfe und Nüchternheit ab«, schreibt er. »Ich sehe darin vor allem eine systematische Bereitschaft, um jeden Preis alles miteinander versöhnen, allem stattgeben zu wollen. Alles in allem war Teilhard vielleicht nicht umsonst ein Mitglied jenes Ordens, den Pascal drei Jahrhunderte zuvor wegen

seiner theologischen Laxheit attackierte.« Das ist lustig. Weniger lustig werden viele linke Leser die noch tiefere Gereiztheit finden, mit der der Ex-Kommunist Monod den dialektischen Materialismus als reine Religion denunziert – eine Religion, die ihn um so mehr abstößt, als sie sich wissenschaftlich drapiert, während sie doch genauso mit suggestiven Unbeweisbarkeiten hantiert und der »anthropozentrischen Illusion« erliegt wie jede andere. Ich persönlich allerdings finde auch Monods Marx-Kritik, jedenfalls in dieser Hinsicht, vollkommen überzeugend. Ich finde die kritischen Teile seiner Philosophie überhaupt fast durchweg überzeugend (was nicht dasselbe ist, als ob ich sie für bewiesen hielte). Wo ich meinerseits kritisch werde, ist, wo Monod aufhört, kritisch zu sein, und plötzlich selbst als Religionsstifter auftritt – als Stifter einer Wissenschaftsreligion.

Denn das tut er. Auf den letzten Seiten seines Buches schlägt er plötzlich eine Volte und produziert, nachdem er alle Religionen zur Schnecke gemacht hat, einen Religionsersatz eigener Art: Wissenschaft als Religion, eine »Ethik der Erkenntnis«, die zugleich eine »Erkenntnis der Ethik« sein soll. »Wo sonst soll man die Quelle der Wahrheit und die moralische Inspiration eines wirklich wissenschaftlichen sozialistischen Humanismus finden, wenn nicht bei den Quellen der Wissenschaft selbst – in der Ethik, welche die Erkenntnis dadurch begründet, daß sie sie in freier Entscheidung zum höchsten Wert, zum Maß und Garanten aller übrigen Werte macht? . . . Die von dieser Ethik verlangten Institutionen sind der Verteidigung, Erweiterung und Entfaltung des transzendenten Reiches der Ideen, der Erkenntnis und der Schöpfung gewidmet. Dieses Reich ist im Menschen, und hier würde er, von materiellen Zwängen wie auch von der Knechtschaft der animistischen (= religiösen) Lüge immer mehr befreit, endlich sein wahres Leben entfalten können . . .« usw. Wenn das kein Mangel an intellektueller Schärfe und Nüchternheit ist!

Was Monod sieht oder zu sehen glaubt, ist eine tiefe Kultur- und Bewußtseinskrise, ein Dilemma, das sich aus der zwiespältigen Haltung der gegenwärtigen Gesellschaft (in West und Ost) zur Wissenschaft ergibt: Sie bedient sich der Wissenschaft als Macht- und Reichtumsquelle, aber »versucht noch, Wertsysteme zu praktizieren und zu lehren, die schon an der Wurzel durch eben diese Wissenschaft zerstört werden«. Was er nicht sieht oder nicht sehen will, ist, daß die Wissenschaft dieses Dilemma von sich aus nicht auflösen kann. Sie kann die Religion zwar zerstören, aber nicht ersetzen. Denn sie unterliegt, wie Monod selbst nicht müde wird uns einzuhämmern, dem strengen Objektivitätsgebot, sie setzt keine Werte, im Gegenteil, sie zersetzt alle Religionen und philosophischen Systeme, auf denen bisher die Werte, die Moral, die Pflichten, Rechte und Verbote herkömmlicherweise beruhen sollten.

Soweit Monod selbst. Ich würde hinzufügen: Sie sagt uns nichts für unser menschliches Leben Relevantes. Es ist das Paradox der Wissenschaft, daß sie nur insoweit »exakte« Wissenschaft ist, als sie »Natur«-wissenschaft bleibt – sich also mit der physikalisch-chemischen Natur beschäftigt, in der ja der Mensch, gerade laut Monod, ein Fremdling ist. Je näher sich die Wissenschaft an den Menschen heranarbeitet, um so mehr hört sie auf, Wissenschaft zu sein, und wird bloße Spekulation. Geschichte, Ökonomie, Soziologie, Politologie, Psychologie – das alles nennt sich zwar heute Wissenschaft, ist es aber ebensowenig wie Philosophie und Theologie. Freuds Märchen zum Beispiel sind nicht wissenschaftlicher als Grimms Märchen; das Überich, das Ich, das Es, der Ödipuskomplex und der Todestrieb – alles Mythen und Symbole wie Dornröschen und Schneewittchen, voll ahnungsvoll-poetischen Tiefsinns, aber ohne jeden wissenschaftlichen Erkenntniswert.

Wenn Monod »moralische Inspiration« an den »Quellen der Wissenschaft« schöpfen will, wird der bis dahin so nüchterne Denker plötzlich pathetisch und für mein Gefühl sogar unfreiwillig komisch – er kommt mir vor wie der englische Schuster, der stolz verkündet: »There's nothing like leather.« Für Monod: »There's nothing like science.« Die Wissenschaft kann viel, aber moralische Inspiration kann sie nun einmal nicht geben: Das Objektivitätsgebot, unter dem sie steht, verwehrt es ihr. Dieses Objektivitätsgebot – das eine und einzige sittliche Gebot, das Monod gelten läßt – ist ja schon selbst nicht wissenschaftlich ableitbar; und er gibt es zu. Die »Ethik der Erkenntnis« ermöglicht erst die Erkenntnis, kommt also vor ihr. Aber woher kommt sie?

Offenbar eben daher, woher auch jedes andere ethische Gebot kommt. Denn es gibt noch andere ethische Gebote, und der neue Monismus, mit dem Monod die gesamte Ethik auf eine »Ethik der Erkenntnis« reduzieren möchte, erweist sich in der Lebenspraxis als unzulänglich. »Mach dir nicht vor, du wüßtest, was du nicht weißt« – schön und gut, für den wissenschaftlichen Forscher ist das, in seiner Berufsarbeit, wahrscheinlich das wichtigste Gebot. Aber selbst für den Forscher in seiner Berufsarbeit reicht es nicht aus. Es gibt ihm zum Beispiel keine Antwort auf die Frage, ob er helfen soll, bessere Napalmbomben zu machen oder nicht. Noch weniger reicht es für andere Lebensentscheidungen, um die ja keiner herumkommt: Sollst du als Vater deine Kinder verprügeln oder nicht? Sollst du als Soldat den Befehl, Zivilisten zu erschießen, befolgen oder nicht? Die Ethik der Erkenntnis gibt keine Antwort. Sollst du als Politiker einen Atomkrieg entfesseln oder nicht? Da gibt die Ethik der Erkenntnis sogar die falsche Antwort. Denn sie rechtfertigt ja jedes Experiment, das der Vermehrung unseres Wissens dient, und ohne das Experiment eines Atomkrieges werden wir nie endgültig wissen, ob wir ihn überleben können oder nicht.

Mit der Ethik der Erkenntnis, der Wissenschaft als Religion ist es also nichts. Aber brauchen wir denn überhaupt eine Religion? Was wir brauchen, ist eine Ethik. Aber wieso braucht diese Ethik eine andere Grundlage als die praktischen Zwänge menschlichen Zusammenlebens?

Ich kann natürlich nur für mich selbst sprechen, aber ich muß gestehen, daß ich unter dem Dilemma, das Monod so bedrohlich findet, dem Zwiespalt zwischen Religion und Wissenschaft, nie besonders gelitten habe. Die Wissenschaft hat mich nie interessiert, und die Religion habe ich nie gebraucht. Die Wissenschaft hört genau dort auf, wo es (für mich) interessant wird: bei den ethischen Problemen und den ästhetischen Reizen menschlichen Lebens; und was die Religion betrifft, so habe ich nie einsehen können, warum »das moralische Gesetz in mir« unbedingt denselben Ursprung haben soll wie »der gestirnte Himmel über mir«. Ja, ich muß sagen, es ist mir schwer begreiflich, wie man je auf den fernliegenden Gedanken kommen konnte, Ethik auf Kosmogonie zu begründen; und nichts anderes besagt ja die Chiffre »Gott«. Daß der Schöpfer Himmels und der Erden und der Autor der Zehn Gebote dieselbe Person sein sollten, ist mir schon als Kind immer absurd erschienen, denn jeder kann doch sehen, daß es in der außermenschlichen Natur ganz anders zugeht, als es

nach den Zehn Geboten in der Menschenwelt zugehen soll. »Die Natur ist grausam«, sagte Hitler mit Recht und fuhr fort: »Daher darf ich auch grausam sein« (das »darf« ist unbezahlbar). Ich würde eher sagen: »Die Natur ist grausam, daher soll sie mir vom Leibe bleiben.«
Der Mensch als Fremdling im Universum und als Betriebsunfall der Natur: das finde ich in keiner Weise ängstigend, sondern vollkommen einleuchtend. Und daraus ergibt sich meinem Gefühl nach sowohl die Ethik der Erkenntnis wie jede andere Ethik. Wir brauchen die Wissenschaft, um die außermenschliche Natur, und die Ethik, um die menschliche Natur im Zaum zu halten. Denn schließlich wollen wir es uns ja in unserer Lage als Außenseiter der Schöpfung, als »Zigeuner am Rande des Universums« (Monod), so erträglich wie möglich machen. Was weiter?

Jacques Monod
Zufall und Notwendigkeit.
Philosophische Fragen der modernen Biologie
Piper Verlag, München

Die sexuelle Revolution

Das Buch der Sexualforscher Giese und Schmidt hat vierhundert Seiten, von denen nur die letzten fünfzehn interessant sind, die aber sehr. Was vorausgeht, ist eine Art spezialisierter deutscher Kinsey-Report – spezialisiert, weil er nur eine ganz bestimmte Alters- und Sozialgruppe erfaßt, die Studenten –, und wie bei den Kinsey-Reports erfährt man daraus eigentlich nur, was man auch so weiß, nämlich, daß sehr viel mehr los ist, als die offizielle Moral zuläßt oder wahrhaben will, aber immer noch sehr viel weniger, als sich der einzelne Mensch wünscht; und daß es, unter deutschen Studenten wie unter Amerikanern und Amerikanerinnen, sehr viel sexuelle Misere gibt. Dies alles mit unendlichen Detailstatistiken, die unwiderstehlich zum Blättern verführen, und in dem bekannten appetitverderbenden klinischen Sexologenjargon: »Signifikanz der Pettingpraktiken für Koituserfahrene und -unerfahrene: Die chi-Quadrate werden nach zwei mal drei Kontingenztabellen für jede Praxis berechnet«, wobei das wirklich Interessante sozusagen durch den Rost fällt. Die beste Aufklärung ist immer noch eine gute Bettunterhaltung, die zweitbeste ein guter Roman; bei den Sexologen erfährt man wenig Wissenswertes.

Immerhin haben Giese und Schmidt, anders als Kinsey, nicht nur nach dem Verhalten, sondern auch nach der Einstellung gefragt, also nicht nur danach, was die deutschen Studenten und Studentinnen tun oder notgedrungen unterlassen, sondern auch danach, was sie billigen und mißbilligen und was sie sich wünschen. Und da wird es schon interessanter. Bei der Einstellung nämlich, und nicht bei dem Verhalten, das ja sehr weitgehend ein Zwangs- und Frustrationsverhalten ist, zeigen sich die großen Veränderungen, die auf dem Gebiet der Sitte und Sittlichkeit im Gange sind, die Umwertung der Sexualität, die »sexuelle Revolution«.

Giese und Schmidt bestreiten freilich, daß das, was sie ermittelt haben, eine sexuelle Revolution bedeute; es sei höchstens eine bürgerliche Reform. Nun, das sind zum Teil Terminologiefragen.

Die Worte »Revolution«, »Reform«, »Revolte«, außerhalb des strikt politischen Bereichs angewandt, sind ja immer nur Metaphern. Das gilt für die »sexuelle Revolution« genauso wie für die (erste oder zweite) »industrielle Revolution« oder die »technische Revolution«. In Betten werden keine Barrikaden gebaut, ebenso wenig wie in Fabriken oder Laboratorien. »Revolution« ist hier einfach eine Chiffre für eine grundsätzliche Veränderung des tatsächlich anerkannten, bejahten, gelebten Sittenkodex, während »Reform« für eine Modifizierung des überkommenden Sittenkodex stehen dürfte und »Revolte« einfach für Unordnung mit schlechtem Gewissen.
Sexuelle Revolten hat es immer gegeben, sie liegen sozusagen in der Natur der Sache: Es gibt keine denkbare Art von sexueller Norm, die nicht irgendwann und irgendwie einengend wirkt, und irgendwann und irgendwie erweist sich dabei der Trieb immer wieder einmal stärker als die Norm (welche auch immer). Solange dabei die Norm doch noch bejaht, ihr Bruch bedauert oder bereut wird, ist das soziologisch und selbst biographisch ziemlich bedeutungslos, ein Verkehrsunfall. Anders, wenn die Normen selbst sich wandeln, wenn das, was gestern als böse, verboten, unglückbringend galt, jetzt als gut, erlaubt, glückbringend angesehen wird, wenn also der Bruch der jetzt als falsch und überlebt empfundenen Norm weder bedauert noch bereut, sondern freudig und mit bestem Gewissen bejaht wird: dann handelt es sich um eine wirkliche historische Veränderung, für die die Ausdrücke »Revolution« oder »Reform« angemessen sind. Wobei man von »Revolution« wohl dann sprechen muß, wenn sich die Veränderung kämpferisch und plötzlich, von »Reform«, wenn sie sich friedlich und allmählich vollzieht. Und wobei der Vorgang natürlich nur dann Geschichte macht, wenn er Mehrheiten oder wenigstens große Minderheiten erfaßt. Der einzelne, der diskret nach seiner Privatmoral lebt, verändert nichts.
Nun, genau eine solche mehrheitliche Umwertung herkömmlicher sexueller Moralbegriffe ist unter deutschen Studenten – und nicht nur unter Studenten – ganz offensichtlich im Gange. »Die Studenten zeigen nicht nur Verhaltensweisen, die nach der offiziellen Moral als ›unsittlich‹ oder ›unzüchtig‹ gelten, sie bejahen sie zugleich. Das gilt insbesondere für die voreheliche Sexualität. Die ›Verstöße‹ gegen die traditionelle Moral erfolgen ohne das

Bewußtsein einer Normverletzung, die sexuelle ›Devianz‹ (in Sachen der traditionellen Moral) wird nicht einmal mehr als konflikthaft erlebt. Die offizielle Moral ist durch die informellen Standards als normativer Bezugsrahmen längst ersetzt, nach ihnen, nicht nach den überkommenen Moralvorstellungen, wird gewertet.« So Giese und Schmidt, und was sie hier resümieren, ist in ihren Erhebungen in einer jeden Zweifel ausschließenden Weise belegt. Neun Zehntel billigen voreheliche Beziehungen, noch mehr, nämlich fünfundneunzig Prozent, Empfängnisverhütung, ebenfalls etwa neun Zehntel lehnen jede doppelte Moral ab, und ebensoviele billigen homosexuelle Beziehungen für Homosexuelle. Wobei interessanterweise unter den kirchlich Gebundenen oder politisch konservativ Eingestellten die Prozentsätze zwar – wie zu erwarten – etwas absinken, aber immer noch riesige Mehrheiten übriglassen. Die »sexuelle Revolution« ist keine Angelegenheit der Linken, und sie ist auch nicht ein bloßer Teilaspekt der Säkularisierung. Sie ist, jedenfalls bei der akademischen Jugend, heute eine universelle Tatsache, und wahrscheinlich ebenso bei der ganzen jüngeren Generation.
Warum leugnen Giese und Schmidt dann doch ab, daß eine sexuelle Revolution im Gange sei? Aus zwei Gründen. Erstens wegen dessen, was sie die »Einstellungs-Verhaltens-Diskrepanz« nennen: »Die Standards sind freizügiger als das Verhalten.« »Die Studenten gestehen sich mehr zu als sie tun. Ihre Freizügigkeit ist häufig nur ›verbal‹, und dies spricht dafür, daß sich etliche von ihnen auf der Ebene des Intellekts freizügiger geben, als sie es im Grunde sind oder sein können.«
Ich würde das anders sehen, oder wenigstens würde ich die Worte »sein können« im letzten Zitat dick unterstreichen. Mir scheint, die »Einstellungs-Verhaltens-Diskrepanz« zeigt gerade, daß wir es mit einer Revolution zu tun haben und nicht mit einer Reform: daß nämlich ein Kampf stattfindet und nicht ein friedlicher Übergang, daß die alte Moral sich heftig wehrt, und daß es der neuen nicht leicht gemacht wird, sich in der Praxis durchzusetzen. Es ist nicht so, daß die jungen Leute nur Maulhuren wären, die in Wirklichkeit, »im Grunde«, sich gar nicht trauen, nach ihren neuen Grundsätzen zu leben. Vielmehr ist es so, daß ihnen die alte Generation und die alte Moral eine schwerbewaffnete Abwehrfront entgegenstellt, die von Zimmervermieterinnen bis zum

Bundesgerichtshof reicht, und daß immer noch viel Mut – und auch ein bißchen Kriegsglück – dazu gehört, nach der neuen Moral nun auch wirklich zu leben.

»Opfer fallen hier,
Weder Lamm noch Stier,
Aber Menschenopfer unerhört.«

Ich könnte mir denken, daß Giese und Schmidt im Grunde das selbst zugeben würden. »Koitusabstinenz«, schreiben sie, »ist nur bei einer Minderheit der Studenten ein selbstauferlegter und moralisch motivierter Verzicht. Die meisten lehnen ihre Enthaltsamkeit ab und registrieren bewußt erhebliche Frustrationen.« Na also.

Aber die »Einstellungs-Verhaltens-Diskrepanz« ist nicht der Hauptgrund, aus dem Giese und Schmidt der neuen Sexualmoral den Charakter einer sexuellen Revolution absprechen. Der ist vielmehr, daß sie – überhaupt eine Moral ist. Denn das ist sie allerdings. Sie ist freizügig, während die alte Moral restriktiv war, sie ist egalitär, während die alte eine »doppelte« Moral war, und sie ist »partnerbetont« (Gieses und Schmidts Terminus), während die alte institutionsbetont oder, in ihrer strengsten katholischen Form, reproduktionsbetont war. Aber eben das »partnerbetont« ist Giese und Schmidt verdächtig. Es »stellt Verbindung zu traditionellen Auffassungen her«. »Das schlichte und profane Bekenntnis, daß Sexualität auch Spaß macht, kommt den meisten Studenten heute so schwer von den Lippen wie vormals ihren Vätern und Großvätern. Die Ansicht, daß Sexualität auch ohne Liebe bejaht werden kann als spontanes Erlebnis, das beiden Partnern Freude macht, wird unter Studenten wenig Anhänger finden.«

Ich glaube – nach meiner beschränkten Erfahrung –, daß das stimmt, auch wenn ich in Giese und Schmidts Statistiken keine eindeutige Bestätigung dafür finden kann. Ich glaube tatsächlich, daß die meisten jungen Leute heute den Satz unterschreiben würden: »Sex wird durch Liebe erst schön«, und daß viele sogar weitergehen und sagen: »Sex ohne Liebe – nee.« Übrigens hat das meine Billigung, aber darauf kommt es ja nicht an. Die Frage ist, ob eine Sexualmoral, die an die Stelle des katholischen Satzes: »Sex nur zwecks Zeugung« und des bürgerlichen: »Sex nur in der

Ehe« den Satz stellt: »Sex nur mit Liebe« – ob eine solche Moral eine sexuelle Revolution darstellt oder nicht. Meiner Meinung nach tut sie das.
Ich könnte mir die Begründung leichtmachen, indem ich einfach auf den erbitterten Widerstand hinwiese, den die katholische Kirche und die bürgerliche Gesellschaft dieser neuen Moral entgegensetzt – während die bloße »Unmoral«, das bloße »laßt mich doch, Sex macht Spaß« von der katholischen Kirche milde geduldet und von der bürgerlichen Gesellschaft sogar, oberhalb einer gewissen Einkommensstufe, freudig einkalkuliert und kommerziell ausgebeutet wird. Ich will es mir aber ein bißchen schwerer machen. Meiner Meinung nach ist nämlich gerade »das schlichte und profane Bekenntnis, daß Sex Spaß macht«, keine sexuelle Revolution; es kam unseren Vätern und Großvätern ununterbrochen über die Lippen, wenn sie ein paar getrunken hatten. Es ist ein uraltes Bekenntnis und eine uralte Erkenntnis, und übrigens eine höchst primitive und zweifelhafte. Es stimmt nämlich gar nicht, daß Sex immer Spaß macht; es kann sogar das Gegenteil von Spaß machen. Es kommt ganz auf die Umstände an.
Jede sexuelle Beziehung (außer der mit sich selbst – von der, glaube ich, allgemein zugegeben wird, daß sie keinen besonderen Spaß macht, sondern ein ziemlich trauriger Notbehelf ist) ist nämlich unausweichlich mit zwei anderen verbunden: einer persönlichen und einer sozialen. Spaß macht sie in Wirklichkeit nur, wenn auch diese beiden Spaß machen. Sex mit einem Partner, der einem persönlich fremd oder unsympathisch ist, macht in Wirklichkeit keinen Spaß, oder jedenfalls ist die Peinlichkeit größer als der Spaß. Und auch Sex mit einem Partner, den man kennt und liebt oder gern hat, macht keinen Spaß, wenn er mit Angst verbunden ist – Angst vor Entdeckung, Angst vor Schwangerschaft oder jeder anderen Angst, die sich aus den sozialen Begleitumständen ergibt. Es ist gar nicht leicht, die drei Dinge – das Sexuelle, das Persönliche, das Soziale – einigermaßen zur Dekkung zu bringen; aber wenn es nicht gelingt, ist das Resultat kein schönes Erlebnis, sondern ein häßliches; nicht Spaß, sondern »tristita post«; nicht Glück, sondern Unglück.
Das alles hat mit Moral zunächst gar nichts zu tun, sondern, Verzeihung für den guten alten Fachausdruck, mit Eudämonologie. Es behandelt nicht die Frage: Was ist gut oder schlecht, son-

dern die: Was macht glücklich oder unglücklich? Die Revolution besteht aber darin, daß man die beiden Dinge jetzt zusammenkoppelt, daß man die sexuelle Moral an die sexuelle Eudämonologie bindet, daß man postuliert: Gut ist, was glücklich macht. Bisher ist das nie geschehen. Bisher hat man entweder gesagt: Gut ist, was der Kindererzeugung dient, oder: Gut ist, was staatlich angemeldet und registriert ist. Alles andere war schlecht – wenn auch, solange der einzelne Sünder es als schlecht anerkannte und mit Diskretion und fertiger Reue praktizierte, allenfalls verzeihlich. Die Liebe spielte in der alten Moral keine Rolle – weder eine positive noch eine negative. Auch der liebloseste eheliche Verkehr war moralisch; auch die größte außereheliche Liebe war Unzucht. Wenn man jetzt diesen Stein, den die Bauleute verworfen haben, zum Eckstein macht, scheint mir das die größte Revolution zu sein, die sich denken läßt – eine viel größere, als wenn man nur den lieblosen Sex auch außerhalb der Ehe noch ein wenig großzügiger duldet als schon bisher. Gerade dies würde ich nämlich, im Gegensatz zu Giese und Schmidt, nur eine bürgerliche Reform nennen, die übrigens, neben der wirklichen sexuellen Revolution, auch im Gange ist, als Zusatzprämie für die höheren Einkommensgrade der Wohlstandsgesellschaft.
Giese und Schmidt sehen in der »Renaissance romantischer Liebe« einen neuen »Kontrollmechanismus der Sexualität«; Romantik sei nur die neue »Strategie sexueller Kontrolle«. Sie berufen sich erstens darauf, daß auch Vertreter der alten, offiziellen Moral – besonders auf der protestantischen Seite – neuerdings gern mit der Liebe hantieren, die sie allerdings (wie mir scheint, aussichtsloserweise) für die Ehe monopolisieren wollen; und zweitens darauf, daß auch unter den Studenten zur Zeit zwar neunzig Prozent für die voreheliche, aber nur gut vierzig Prozent für die außereheliche Liebe Toleranz postulieren. Aber darüber, wie sie über die außereheliche Liebe denken, wird man diese Generation wohl erst in zwanzig Jahren mit Effekt befragen können.
Ich glaube nämlich, im Gegensatz zu Giese und Schmidt, daß die Liebesmoral, die sich jetzt bei den Zwanzig- bis Dreißigjährigen durchgesetzt hat, auch die Ehe unvermeidlich relativieren wird. Es liegt im Wesen der Liebe – jedenfalls der ersten –, daß sie sich für lebenslänglich hält, es aber nicht ist. Deswegen sehen die

jungen Leute heute vielfach noch nicht, was für ein Test ihrer Liebesmoral auf sie zukommt, wenn sie erst einmal ihre jetzige Liebe geheiratet haben. Wenn es soweit ist, bin ich überzeugt, daß die meisten über die außereheliche Liebe genau so denken werden wie jetzt über die voreheliche. Die Ehe wird entweder so etwas werden wie jetzt die militärische Dienstpflicht – etwas, dem man ein paar Jahre lang aktiv genügt und dann noch ein oder zwei Jahrzehnte lang in der Reserve, während das eigentliche Leben nebenherläuft; oder aber es wird sich eine Gewohnheit sukzessiver Polygamie entwickeln, wie sie jetzt schon in Amerika wahrnehmbar ist.

Wie auch immer: Gerade die Liebe, und nicht der reine Sex, ist, scheint mir, das revolutionäre Prinzip, und zwar gerade weil sie den Sex überhöht, »adelt« oder »heiligt«, meinetwegen auch: bindet – freilich anders als bisher. Jede Revolution – jede soziale genau so wie jede politische Revolution – ersetzt alte Bindungen durch neue; eine Revolution, die alle Bindungen auflöst, hat es noch nie gegeben. Auch ist der Mensch so beschaffen, daß er eine Revolution nur dann macht, wenn auch sein Gewissen beteiligt ist. Für das Glück macht man Revolutionen; für den bloßen Spaß nicht. Die Entdeckung, daß das sexuelle Glück an der Liebe hängt – eine gar nicht so alte Entdeckung, kaum mehr als zweihundert Jahre alt, und erst jetzt voll durchgesetzt –: das ist die gesellschafts- und sittenrevolutionierende Entdeckung; nicht die, daß Sex Spaß macht oder wenigstens machen kann. Das ist ein alter Hut.

Hans Giese/Gunter Schmidt
Studentensexualität – Verhalten und Einstellung
Rowohlt Verlag, Reinbek

Frauen und Männer

»Sie haben recht«, sagte der Rebbe im jüdischen Witz, als der Kläger seine Rede beendet hatte. Dann sagte der Beklagte seins, und als er fertig war, sagte der Rebbe: »Sie haben auch recht.« »Aber Rebbe!« rief sein vorlauter Schreiber, »Sie können doch nicht beiden recht geben!« »Da haben auch Sie recht«, sagte der Rebbe.

So ungefähr geht es mir mit diesen beiden Büchern. Das eine ist ein Anti-Männerbuch und das andere ist ein Anti-Frauenbuch. Ich kann mir nicht helfen, sie haben beide recht.

Für Elisabeth Dessai ist die Frau eine Sklavin und der Mann ein Sklavenhalter. Der Mann »hat die Frau zur superweiblich-mütterlichen Dienerin gemacht und sie in die Küche gestoßen«. Er hat der Frau »bestimmte, eine Unterdrückung rechtfertigende Eigenschaften . . . aufgezwungen und angedichtet, um den Status quo der Herrschaftsverhältnisse zu erhalten«. Sehr hübsch, wenn auch recht ausführlich, vergleicht Frau Dessai die populären Rechtfertigungstheorien für die Unterdrückung der Frau mit denen für die Unterdrückung des amerikanischen Negers. Die Frau wie der Neger ist beileibe nicht mehr »minderwertig«, nur eben »anders« – einfühlend, aufopfernd, gefühlsbetont usw. –, und diese Andersartigkeit rechtfertigt dann nach wie vor einen Sonderstatus, der auf Unterdrückung hinauskommt. Alle diese Theorien über die Andersartigkeit der Frau haben, laut Elisabeth Dessai, die Männer erfunden, weil die Unterdrückung der Frau ihnen nützt.

Aber Moment mal. Nützt die Unterdrückung der Frau denn eigentlich dem Mann? Esther Vilar ist ganz anderer Ansicht. »Es ist ganz gleichgültig«, schreibt sie, »wie ein bestimmter Mann seinen Tag verbringt, eines hat er mit allen anderen gemeinsam: Er verbringt ihn auf demütigende Weise . . . Was immer der Mann tut, wenn er arbeitet – ob er Zahlen tabelliert, Kranke heilt, einen Bus lenkt oder eine Firma leitet –, in jedem Augenblick ist er Teil eines gigantischen, unbarmherzigen Systems, das einzig und al-

lein auf seine maximale Ausbeutung angelegt ist, und er bleibt diesem System bis an sein Lebensende ausgeliefert.« Und warum? Weil er von frühester Kindheit an von seiner Mutter darauf dressiert ist, später eine Frau zu ernähren und sie in lebenslänglichem Müßiggang zu erhalten.
Genauso wie Frau Dessai alle gesellschaftlich gängigen Theorien über die Verschiedenartigkeit der Geschlechter auf die Unterdrückung der Frau durch den Mann abgestellt sieht, findet Frau Vilar, daß sie dazu da sind, die Ausbeutung des Mannes durch die Frau zu rechtfertigen. »Ein junger Mann, der eine Familie gründet und sich hinfort sein ganzes Leben lang, meist in stumpfsinnigen Tätigkeiten, der Ernährung von Frau und Kindern widmet, gilt als ehrenwert. Einer, der sich nicht bindet . . . wird von der Gesellschaft ausgestoßen und verachtet.« Denn »die Gesellschaft, das sind die Frauen«, und die meisten Frauen beschließen spätestens mit zwölf Jahren, »die Laufbahn von Prostituierten einzuschlagen, das heißt, später einen Mann für sich arbeiten zu lassen und ihm als Gegenleistung ihre Vagina in bestimmten Abständen zur Verfügung zu stellen«. Die Stellung der Frau in unserer Gesellschaft entspricht nach Esther Vilar nicht der des unterdrückten Negers, sondern der des kapitalistischen Ausbeuters. »Überhaupt kann man eine Frau gut mit einer Firma vergleichen. Wenn ihr Mann sie verläßt – immer nur wegen einer anderen Frau und nie, um frei zu sein –, dann betrachtet sie das aus der Perspektive eines kleinen Unternehmers, der seinen besten Angestellten an die Konkurrenz verliert und sich nun der Mühe unterziehen muß, einen brauchbaren Ersatz aufzutreiben.«
Man sieht, beide Damen übertreiben ganz schön, aber Frau Dessais Übertreibungen entspringen tiefernster Entrüstung, während man bei Frau Vilar manchmal doch so etwas wie ein Augenzwinkern zu entdecken glaubt; im Gegensatz zu Frau Dessai hat sie nämlich Humor.
Aber das Interessante an diesen beiden Büchern ist ja gar nicht das, worin sie sich widersprechen. Das Interessante ist, daß sie in allem Widerspruch beide von entgegengesetzten Seiten her auf dasselbe hinauslaufen: auf die Forderung nach dem Ende der hergebrachten Geschlechter- und Familienverfassung. Die berühmte Rollen- und Arbeitsteilung der Geschlechter – »der Mann muß hinaus ins feindliche Leben, und drinnen, da waltet

die züchtige Hausfrau« – wollen sie beide abgeschafft sehen. Ob nun deswegen, weil die Frau darin die unterdrückte Sklavin, oder deswegen, weil der Mann der ausgebeutete Sklave ist, das ist ja eigentlich ganz egal.

Der Aufstand gegen Ehe und Familie, der seit einiger Zeit – und zwar hauptsächlich im kapitalistischen Westen – im Gange ist und dem diese beiden Bücher, alle beide, jedes auf seine Art, weiterhelfen, ist sicher eine der größten Revolutionen der Geschichte, aber er ist kein Aufstand der Frauen gegen die Männer, und übrigens auch nicht, was sich genauso gut darstellen ließe, ein Aufstand der Männer gegen die Frauen. Männer und Frauen sind ja gar keine natürlichen Feinde, im Gegenteil, sie sind die natürlichsten Freunde von der Welt, dazu gemacht, aneinander Gefallen zu finden und einander durch ihre Geschlechtseigenschaften Freude zu machen. Fast jeder Mann und fast jede Frau sind ein potentielles Liebespaar – immer noch, und Gott sei Dank! Aber es ist eine komische Tatsache, die fast jeder und fast jede schon am eigenen Leibe erfahren hat, daß das Glück heute fast nur noch in »irregulären« Liebesbeziehungen blüht. Glückliche Ehen sind die Ausnahme geworden; die Ehe ist das Grab der Liebe.

Es ist nicht wahr, daß Männer und Frauen einen ewigen Geschlechterkrieg führen, ganz im Gegenteil. Es ist nicht wahr, daß die Frauenemanzipation eine Art Klassenkampf der unterdrückten Frauen gegen ihre männlichen Unterdrücker ist; im Gegenteil, die Frauenemanzipation ist auch die Männeremanzipation: Man könnte sie genauso leicht – und genauso falsch – als Klassenkampf der ausgebeuteten Männer gegen die ausbeutenden Frauen aufziehen.

Eine Geschlechterverfassung ohne ökonomische Rollenverteilung; ein Gesellschaftssystem, in dem Frauen wie Männer lebenslänglich ihren eigenen Unterhalt verdienen und ihre eigenen Knöpfe annähen (und in dem dann auch gleicher Lohn für gleiche Arbeit und gleiche berufliche Aufstiegschancen eine Selbstverständlichkeit sind) – das gewinnt heute unter Männern wie unter Frauen ständig an Anhängern; wenn nicht alles täuscht, sogar schneller unter Männern. Die Frauen bekommen, wenns ernst wird, immer noch viel öfter kalte Füße. Schließlich kriegen ja die Frauen die Kinder; und wer sorgt für die?

Vielleicht würde die ganze Emanzipation an den Kindern doch

noch scheitern – wenn die Kinder nicht vor unser aller Augen mitten in ihrer eigenen Rebellion gegen die Familie wären, und zwar noch viel massiver, als es die Elternpaare sind. Denn gerade jetzt beginnt es ja so auszusehen, als werden es am Ende weder die Unterdrückten und eingesperrten Ehefrauen sein noch die ausgebeuteten und angebundenen Ehemänner, die dem trauten Heim schließlich den Todesstoß versetzen, sondern die lieben Kleinen, um derentwillen der ganze Zauber immer noch stattfindet. Es ist ja überhaupt nicht mehr zu verkennen, daß die Kinder von dem Augenblick an, wo sie Menschen zu werden anfangen, von der Familie genug haben. Die Altersgrenze, bei der sie sich von ihren Eltern nur noch geniert und belästigt fühlen und sich ihr eigenes Milieu suchen, sinkt wahrhaftig zur Zeit beinahe jedes Jahr um ein Jahr, und die Zeit ist abzusehen, in der sie schon beim Schuleintritt liegen wird – der seinerseits wahrscheinlich in zehn oder zwanzig Jahren mit fünf statt mit sechs Jahren stattfinden wird. Und wie lange wird es dauern, bis auch für die Dreijährigen der Kindergarten oder Kinderladen ihr eigentliches Heim geworden ist?
Es ist nicht abzuleugnen, der Beruf der Mütter schrumpft langsam auf das Entwöhnen, Stubenreinmachen und Laufen- und Sprechenlehren zusammen – Aufgaben, an denen die Väter sowieso nie einen großen Anteil gehabt haben und für die es sich wirklich nicht mehr lohnt, einen Hausstand zu gründen. Die zwei, drei Jahre Berufsunterbrechung der Frau, die dazu jeweils nötig sind, können ohne weiteres versicherungsmathematisch überbrückt werden.
Ich habe keinen Zweifel, daß sich die westlichen Stadt- und Industrielandschaften allesamt in dieser Richtung bewegen; also in Richtung auf eine ehe- und familienlose Gesellschaft von selbstversorgenden männlichen und weiblichen Individuen, deren kürzere oder längere Liebesbeziehungen reine Privatsache sind. Diese Entwicklung geht natürlich langsam vor sich, wenn man die Dinge vom Standpunkt des einzelnen Menschenlebens betrachtet; aber reißend schnell, wenn in historischen Zeitmaßen gesehen. Ich denke, im Jahre 2000 werden die neuen Lebensformen ungefähr gleich verbreitet und gleich respektiert neben den alten stehen; und im Jahre 2100 wird es andere kaum mehr geben.
Dazu noch drei Anmerkungen.

Erstens: Die Revolution der Geschlechterbeziehungen ist kein Teil der sozialistischen Revolutionen. Sie hat mit der Frage: Privateigentum oder öffentliches Eigentum an den Produktionsmitteln schlechterdings nichts zu tun. In der Praxis ist es sogar ganz unverkennbar, daß sie in den kapitalistischen Ländern zur Zeit viel rascher fortschreitet als in den sozialistischen, die ja in dieser wie in den meisten kulturellen Fragen heute das konservative Element in der Welt verkörpern. Es ist wahr, daß in der DDR die Eingliederung der Frauen in den Produktionsprozeß weiter gediehen ist als in der Bundesrepublik, aber das ist eine Besonderheit der DDR, die mit dem dort herrschenden Arbeitskräftemangel zu tun hat. In allen anderen sozialistischen Ländern, einschließlich der Sowjetunion, sind die Geschlechterbeziehungen und Familienverhältnisse noch viel patriarchalischer als im heutigen Westen.

Der Aufstand gegen die alte Geschlechterverfassung ist, auch ihrer individualistischen Ideologie nach, weit eher eine Fortsetzung der bürgerlichen Revolutionen als ein Teil der sozialistischen, und sie wirft, ebenso wie die Kulturrevolutionen, die in der westlichen Welt im letzten Jahrzehnt in Gang gekommen sind, die Frage auf: Ist die bürgerliche Revolution zu Ende?

Zweitens: Ganz zweifellos hat die beginnende Umwälzung der Geschlechterbeziehungen außerordentlich weitreichende, noch kaum abzusehende politische Implikationen. Das freistehende Individuum, das nur für sich selbst zu sorgen hat, wird viel schwerer regierbar als der sorgenbeladene Familienvater, der bei allem, was er tut, an sein armes Weib und seine hilflosen Kinder denken muß. Die meisten Revolutionen, die wir kennen, sind eines natürlichen Todes daran gestorben, daß die Revolutionäre eines Tages heirateten, Kinder bekamen und »vernünftig wurden«. Mit der privaten Verantwortungslast wächst die Bereitschaft zur politischen Resignation und Anpassung. Die Familie ist eben auch in diesem Sinne »die Keimzelle des Staates«, nämlich des Obrigkeitsstaates. Kann der Staat das Absterben dieser Keimzelle überleben? »Das Absterben des Staates« – Marx versprach uns das vom Sozialismus, der aber bisher keineswegs Anstalten macht, es herbeizuführen. Sollte es vielleicht noch einen ganz anderen, bisher unvermuteten Weg zum Absterben des Staates geben?

Und schließlich drittens: »Die Befreiung der Frau« – »die Befreiung des Kindes« – und schließlich sogar die Befreiung des Mannes, die vielleicht sogar die allergrößte ist: das klingt natürlich großartig und wie ein Glücksversprechen. Das ist es aber nicht. Freiheit ist nicht dasselbe wie Glück, und jede Befreiung bringt auch Verluste, zum Beispiel den Verlust von Geborgenheit, die ja nun einmal das Gegenteil von Freiheit ist. Heute ist es sogar noch eine – freilich abnehmende – Mehrheit, die bei der Änderung der alten Geschlechterverfassung die Verluste höher einschätzt als die Gewinne und sich mit Händen und Füßen gegen die allgemeine Emanzipationswelle sträubt. Ich glaube, diese Mehrheit wird allmählich zur Minderheit werden, und die Auflösung von Ehe und Familie, die ökonomische Verselbständigung jedes männlichen und weiblichen Individuums, wird unaufhaltsam kommen. Aber ich verspreche mir davon keinen Himmel auf Erden. Die Erde wird unter jeder Lebensordnung bleiben, wie sie nun einmal ist – nämlich: durchwachsen. Es ist der Irrtum der Linken, zu glauben, alles würde besser, wenn es anders wird. (Der Irrtum der Rechten ist, zu glauben, alles würde schlechter, wenn es anders wird.)
Die Dinge werden in Wahrheit niemals besser oder schlechter; nur eben anders. Die Summe des Glücks und Unglücks auf Erden ist unveränderlich; aber ihre Verteilung wird von Zeit zu Zeit veränderungsbedürftig. Ein Schläfer, der auf der linken Seite liegt, drückt mit seinem ganzen Körpergewicht aufs Herz. Nach einer Weile wird ihm das unerträglich, und er wälzt sich auf die rechte Seite. Nun ist das Herz erleichtert, aber nun beginnt das ganze Körpergewicht auf die Leber zu drücken. Nach einer Weile wird auch das unerträglich, und er wälzt sich wieder auf die linke Seite. Aus solchen Umwälzungen besteht die Geschichte der Menschheit.

Elisabeth Dessai
Sklavin – Mannweib – Weib
Delp Verlag, München

Esther Vilar
Der dressierte Mann
Bertelsmann Verlag, München

Die christliche Linke

Die jungen Christen, besonders die protestantischen, sind heute zum großen Teil Linke; man braucht nur an den Hamburger Kirchentag von 1981 zu denken oder an die Bonner Friedensdemonstration desselben Jahres, die ja auch kirchliche Veranstalter hatte. Das macht ein kleines Buch von Reimar Lenz wieder aktueller, das schon vor mehr als zehn Jahren erschienen ist.

Sein Thema ist »die Konvergenz von (neo-christlicher) Revolutionstheologie und Neo-Marxismus«. »Im Medium des sozialen Engagements und der säkularisierten Eschatologie treffen sie sich; als gemeinsamer Nenner zeigt sich der neue Glaube an die kommende, radikal veränderte Gesellschaft.« Die Verschmelzung neo-marxistischer und säkularisiert-christlicher Elemente führt »zu einem politisch orientierten, rein auf Immanenz gerichteten Zukunftsglauben«. In den Worten Ernst Blochs, die Lenz zitiert: »Wenn christlich die Emanzipation der Mühseligen und Beladenen wirklich noch gemeint ist, wenn marxistisch die Tiefe des Reichs der Freiheit wirklich substanziierender Inhalt des revolutionären Bewußtseins bleibt und wird, dann wird die Allianz zwischen Revolution und Christentum in den Bauernkriegen nicht die letzte gewesen sein.«

Das klingt großartig, aber Lenz bleibt kühl. »Meine Bemerkungen sollen zur Entmythologisierung dieses neuen Glaubens an die künftige Gesellschaft beitragen«, schreibt er in der Einleitung. Was er liefert, ist nicht nur die Entdeckung und Analyse, sondern auch die erste ernsthafte Kritik der neuen Revolutionstheologie.

Als Text dafür nimmt er sich eine Reihe von Thesen vor, die ein Arbeitskreis der Evangelischen Studentengemeinschaft der Weltkirchentagung in Uppsala unterbreitet hat, um sich »zum Sprecher zu machen für die kritische Intelligenz oder ›die Linke‹«. Natürlich trifft es sich gut für Lenz, daß diese Thesen das, was man üblicherweise vielleicht nur die »Philosophie« oder »Ideologie« der neuen Linken nennen würde, bereits in wenigstens teilweise theologischer Sprache vortragen. Ins Idiom junger linker Christen übersetzt, springt der insgeheim religiöse Charakter dieser »Philosophie« oder »Ideologie« natürlich stärker ins Auge als in der Sprache linker Soziologiestudenten. Das ist aber nur eine Verdeutlichung. An der essentiell religiösen Substanz der neuen Linken ist auch dort nicht zu zweifeln, wo sie sich schamhaft verleugnet.

Man wird einwenden, daß die linken Christen in der Kirche immer noch eine Minderheit sind, und daß andererseits die Marxisten ausdrücklich, die übrige Linke stillschweigend sich als irreligiös, rationalistisch und materialistisch verstehen. Beides trifft zu. Nur kann Selbstverständnis auch Selbsttäuschung sein. Mir scheint es sogar leichter, das uneingestanden religiöse Element im Marxismus, und im Revolutionsdenken überhaupt, nachzuweisen, als das Christentum zu einer Revolutionsreligion umzustilisieren.

Was Religion von bloßer Philosophie oder Ideologie unterscheidet, ist, daß sie »Erlösung« oder »Heil« verheißt. Genau dies unterscheidet aber auch das Revolutionsdenken vom bloßen Reform- oder Fortschrittsdenken. Auch die Revolution verspricht, nicht nur diese oder jene Veränderung und partielle Verbesserung des ewig Unvollkommenen, sondern den »Sprung aus dem Reich der Notwendigkeit in das Reich der Freiheit«. Das ist eine essentiell religiöse Verheißung, und sie wird dadurch nicht weniger religiös, daß sie sich strikt auf das Diesseits bezieht. Religionen können durchaus diesseitig sein und sogar ohne Gottesidee auskommen (»daß er atheistisch ist«, schreibt Lenz, »hat der kommunistische Glaube mit dem buddhistischen gemeinsam«, übrigens auch mit dem konfuzianischen).

Das Christentum allerdings hat es bisher immer mindestens unentschieden gelassen, ob es die Erlösung und das Heil im Diesseits oder in einem Jenseits sucht. »Mein Reich ist nicht von dieser Welt« – freilich auch: »Dein Reich komme, Dein Wille geschehe wie im Himmel also auch auf Erden.« Wenn die jungen evangelischen Theologen, die Lenz zitiert, jetzt hart proklamieren: »Etwas anderes als die Welt kann nicht beeinflußt werden . . . Kirche ist also säkular. Sie entsteht durch Geschichte und macht Geschichte . . . Die revolutionäre Theorie der Kirche ist das Evangelium als Zeugnis einer menschenmöglichen, Menschsein ermöglichenden Praxis« – dann werfen sie wahrscheinlich die Hälfte des bisherigen Christentums über Bord. Möglich, daß sie meinen, nur so wenigstens die andere Hälfte für unsere Zeit wieder lebendig und wirksam machen zu können. Möglich sogar, daß die Radikaloperation erfolgreich sein könnte: Das Christentum ist eine sehr vielseitige, sehr schillernde Religion und hat ja bereits die erstaunlichsten Wandlungen und Abenteuer durchgemacht und irgendwie überstanden.

Aber die spezifische Problematik, die eine Revolutionstheologie für Christen hat, ist nicht das eigentliche Thema des Lenzschen Buches. Was ihn interessiert und was er kritisiert, ist die Revolutionstheologie als solche, die uneingestandene und unformulierte Religion und Theologie der Linken; also der »Neue Glaube« an die Heilung der Welt durch Vernunft, die Durchschaubarkeit der Gesellschaft, die Machbarkeit der Geschichte, den radikalen Wandel durch Revolution und den Sprung ins Reich der Freiheit als Verheißung. Das ist, auch ohne Gott und Jesus, ein wirklicher religiöser Glaube, ob diejenigen, die von und aus ihm leben, es sich und anderen eingestehen oder nicht. Beweisbar, »wissenschaftlich«, ist schlechterdings keiner seiner Glaubenssätze. Im Gegenteil, die experimentelle Erfahrung, auch und gerade die jüngste, die ja in Rußland, China, Kuba usw. einiges konkrete Studienmaterial über das neue säkulare Jenseits – das Jenseits der Revolution nämlich – bereitstellt, stimmt eher skeptisch.

Trotzdem bietet dieser neue Glaube das, was jeder Glaube seinen Gläubigen bietet, nämlich eine Art vorweggenommener subjektiver Erlösung: Erlösung von Zweifel und drohender Verzweiflung. Das ist ja das große Paradox – und die große Anziehungskraft – aller Religionen, daß das objektiv nie mit Sicherheit einlösbare Heilsversprechen, aus dem sie bestehen, den Glaubenswilligen bereits jetzt und sofort mit der Wohltat einer subjektiven Heilsgewißheit oder Heilsillusion beschenkt. »Wer glaubt, wird selig« – durchaus nicht erst nach dem Tode (oder nach der Weltrevolution), sondern hier und jetzt: Er kommt sofort in den Genuß eines Gefühls vollkommener innerer Sicherheit, hochbefriedigender Überlegenheit über die Ungläubigen und berauschender Gemeinsamkeit mit denen, die seinen Glauben teilen. Er fühlt seine Kräfte wachsen, alles wird ihm plötzlich sonnenklar, und er gewinnt die beneidenswerte Fähigkeit, Leiden freudig zu ertra-

gen; selbst der Tod verliert oft seine Schrecken für ihn. Die kommunistischen nicht weniger als die christlichen Märtyrer haben wieder und wieder aufs großartigste über Tod und Todesfurcht triumphiert.
Glaube – jeder Glaube; auch jeder Irrglaube (vielleicht ist jeder Glaube in gewissem Sinne ein Irrglaube) – macht also subjektiv glücklich. Aber es ist ein gefährdetes Glück. Das Glück, glauben zu können, ruht nämlich auf einer höchst labilen, unberechenbaren, schwankenden Grundlage: auf Plausibilität. Was geglaubt werden will, muß einleuchten. Religiöse »Erleuchtung« – das bedeutet ja nichts anderes, als daß einem etwas durchaus Unbeweisbares plötzlich »einleuchtet«, ganz hart und nüchtern gesagt: daß man einer Suggestion erliegt.
Dem Christentum wie überhaupt jedem metaphysischen Glauben fällt es heute schwer, so wie einst einzuleuchten, einfach deswegen, weil im Bewußtsein der heutigen Menschheit die Physik die Metaphysik verdrängt hat.
Vielleicht das größte und weltverändernste Ereignis der letzten fünfzig oder hundert Jahre ist das stille Absterben des früher allgemeinen und selbstverständlichen Glaubens an ein Weiterleben nach dem Tode. Dieser Glaube ist heute nicht etwa widerlegt, genausowenig wie er früher bewiesen war. Er leuchtet den meisten einfach nicht mehr ein. Eine Ewigkeit sozusagen hinter der Zeit – Ewigkeit als Fortsetzung, Ergänzung und Berichtigung der zeitlichen und irdischen Existenz: das ist für fast alle heute eine absurde und für sehr viele auch bereits eine ganz unerwünschte Vorstellung; sie entspricht keinem seelischen oder intellektuellen Bedürfnis mehr. Und damit ist im zeitgenössischen Bewußtsein die Bühne weggefallen, auf der das Christentum bis vor kurzem sein geistliches Drama von ausgleichender Gerechtigkeit, Gott und Teufel, Himmel und Hölle, Auferstehung und Jüngstem Gericht, Vergebung (oder Nichtvergebung) der Sünden usw. inszenieren konnte.
Die Bühne ist weggefallen; aber merkwürdigerweise nicht das Drama. Das Interessante ist, daß gerade die neue Linke dieses Drama jetzt ganz wie gehabt weiterzuspielen versucht: nur eben auf einer anderen Bühne, keiner jenseitigen, sondern einer diesseitigen, keiner seelischen, sondern einer materiellen, keiner individuellen, sondern einer gesellschaftlichen. Seine Schauplätze

sind alle neu, aber seine Rollen und Requisiten sind ganz die alten: Gott und Teufel treten wieder auf als Fortschritt und Reaktion, Sozialismus und Kapitalismus fungieren als Himmel und Hölle, das Jüngste Gericht ist jetzt die Weltrevolution; der Ort der Handlung heißt Geschichte, und die Gesellschaft ist, was einst die Seele war: das große Streitobjekt, um das Gott und Teufel ewig ringen. Es ist fast zum Lachen, wie genau sich das christliche und das revolutionäre Heilsdrama in allen Einzelheiten entsprechen, nur daß eben das christliche Jenseits ins Diesseits, die Ewigkeit in die Zukunft verlegt ist. Nicht zum Lachen, sondern zum Respektieren, vielleicht auch zum Beneiden, ist etwas anderes: nämlich die Seelenstärke, die innere Sicherheit und Hoffnungsfreudigkeit, der Märtyrer- und Todesmut, die Fähigkeit zum Heldentum, zum Über-sich-Hinauswachsen, die der neue Glaube seinen Gläubigen beschert – so wie früher der alte den seinen. Aber zum Lachen ist wieder, daß diese Gläubigen durchaus nicht wahrhaben wollen, daß sie Gläubige sind und ihre Kraft und ihr Glück einem säkularisierten Glauben verdanken; daß sie vielmehr allen Ernstes auf ihren vermeintlichen Unglauben stolz sind und für aufgeklärte Rationalisten, Materialisten, wohl gar für Wissenschaftler gehalten werden wollen.

Hier setzt Reimar Lenz mit seiner Kritik an, und was er etwa über »Gesellschaft« als »liturgisch-magische Fluchtformel des neuen Glaubens« zu sagen hat, über die fatale Bindung des Materialismusbegriffs an überholte wissenschaftliche Hypothesen des neunzehnten Jahrhunderts, überhaupt über das Mißverständnis des neuen Glaubens zu den letzten Entwicklungen der exakten Wissenschaften (er »verhält sich zu den theoretischen Kenntnissen, die er eigentlich schon über die heutige Welt hat, wie Stalin zu Einstein«), auch über sein immer noch merkwürdig europazentrisches Verhältnis zur Dritten Welt (»Wären nicht die progressiven Varianten nichtchristlicher Weltreligionen ... natürlichere Bündnispartner als die nichteuropäischen Ableger des europäischen Atheismus und Kommunismus?«): das alles ist höchst bedenkenswert.

Von mir aus möchte ich noch eine kleine Anmerkung zu einem der theologischen Zentralbegriffe des neuen Glaubens hinzufügen, nämlich zur Geschichte. Für die Revolutionstheologie ist Geschichte Wirklichkeit – erkennbare und erkannte Wirklichkeit, so wirklich wie Himmel und Hölle für den Christen oder materielle Substanz für den Wissenschaftler. Mir scheint aber, Geschichte ist einfach ein Zweig der Literatur. Die Masse des wirklich Geschehenen – des auch nur an einem Tag, geschweige in dreitausend Jahren Geschehenen – bleibt nämlich für immer vollkommen unbekannt und unkennbar. Was davon »Geschichte« wird, das bestimmen die Geschichtsschreiber – indem sie aus dem unentwirrbaren Knäuel jeweils einen Faden herausziehen und als intellektuellen Roman abspinnen. Alles, was sie erzählen, mag wahr sein: Die ganze Wahrheit ist es nie. Es ist immer nur das, was die jeweiligen Geschichtsschreiber und ihr jeweiliges Publikum gerade interessiert; und kein Mensch kann wissen, was die morgen oder übermorgen interessieren wird. Die Geschichte – die vergangene wie die zukünftige – steckt immer noch voller Überraschungen. Ihre »Gesetze«, falls sie welche hat, sind unerforschlich.

Reimar Lenz
Der neue Glaube. Bemerkungen zur Gesellschaftstheologie der jungen Linken und zur geistigen Situation
Jugenddienst-Verlag, Wuppertal

Geschichte, Gegenwart und Zukunft

Marx lehrte: »Das Sein bestimmt das Bewußtsein« und hat damit seinen Anhängern eine ständige Verlegenheit bereitet. Denn wenn das Sein das Bewußtsein bestimmt – wie erklärt sich dann das bis zur Unausrottbarkeit zählebige Phänomen des »falschen Bewußtseins«? Warum sind zum Beispiel die Träger des sozialistischen Gedankens fast immer – angefangen bei Marx und Engels selbst – keineswegs Proletarier, sondern bürgerliche Intellektuelle gewesen, und warum haben sie solch verzweifelte Mühe, den Proletariern, deren gesellschaftlichem Sein doch ein sozialistisches Bewußtsein viel eher entsprechen sollte, ein solches Bewußtsein beizubringen? Ist das wirklich mit Manipulation und Verdummung durch die Kapitalisten überzeugend zu erklären? Toynbee gibt eine viel einfachere und viel einleuchtendere Erklärung, die allerdings auf eine entschiedene Korrektur des Marxschen Satzes hinausläuft. Er sagt: »Das vergangene Sein bestimmt das Bewußtsein.«

Wie so oft ist der originale englische Titel seines Buchs viel treffender als der etwas sensationellere, den ihm seine deutschen Übersetzer gegeben haben. Das Buch heißt im Original »Change and Habit« – »Wandel und Gewohnheit«. Und das Verhältnis von Wandel und Gewohnheit – ein dialektisches Verhältnis und zur Zeit ein hochdramatisches – ist tatsächlich das Grundthema dieses Buchs, auch wenn es nebenbei für den Weltstaat plädiert. Das Plädoyer für den Weltstaat läßt sich hören (mich hat es allerdings nicht überzeugt). Aber das wirklich einprägsame, ja, Unvergeßliche an diesem Buch ist ein Geschichtsbild, das man, frei nach Schopenhauer, »Die Geschichte als Wandel und Gewohnheit« betiteln könnte. Geschichte ist Wandel, aber der Mensch ist ein Gewohnheitstier: Darin liegt das Drama menschlicher Geschichte – ein Drama, das manchmal zur Tragödie wird.

Toynbees Geschichtshorizont ist ungeheuer weit. Er geht ganz buchstäblich bis zu Adam und Eva zurück, und er führt dem Leser auf frappierende Weise zum Bewußtsein, wie lang der An-

lauf war, den die Menschheit brauchte bis zum Absprung in das, was wir Geschichte nennen; und wie stark diese unabsehbare, nur im Mythos beglaubigte Anlaufzeit noch im Seelenleben der heutigen Menschheit nachwirkt. Rund 900 000 Jahre, stellt er fest, dauerte die Periode, in der die Menschen als freischweifende »Wildbeuter«, ständig auf Nahrungssuche und ständig in Gefahr, selbst zur Nahrung stärkerer Raubtiere zu werden, zu Fuß über wegloses Gelände wandernd und sich notgedrungen immer weiter zerstreuend, »eine dünne Schicht von Menschlichkeit über fast die ganze bewohnbare Erdoberfläche breiteten«; erst 9000 Jahre her ist dagegen die Erfindung der Landwirtschaft und das erste Seßhaftwerden von Menschengemeinschaften, mit dem unsere »Geschichte« anfängt. »Von dieser zeitlichen Perspektive her gesehen sind diese letzten 9000 Jahre Zeitgeschichte und die vorangegangenen 900 000 Jahre nicht ›Alte Geschichte‹, sondern sind praktisch die ganze Geschichte, die alles umfaßt, von unseren Anfängen bis zu unserer jüngsten Vergangenheit.«
Und die Folge? Noch heute »erholt« sich der Zivilisationsmensch von der Zivilisation, indem er das Leben seiner Ur-Urahnen, von denen er nichts mehr weiß, instinktiv nachmacht: »Die Lust, die der heutige Mensch empfindet, wenn er jagen und fischen geht oder wenn er Heidelbeeren pflückt, Pilze sucht oder nach Trüffeln gräbt, ist ein Zeichen für das ständige Heimweh nach dem Leben, das, von den letzten wenigen Jahrtausenden abgesehen, alle Generationen seiner Vorfahren gelebt haben.« Es ist dasselbe Heimweh, das sich in dem Mythos von der Vertreibung aus dem Paradies niedergeschlagen hat (die ja interessanterweise durch einen Fortschritt in der Erkenntnis verursacht wurde). Das jahrhunderttausendelange Leben des freischweifenden, nackten Urmenschen oder der nahrungssuchenden Urhorde war ganz gewiß alles andere als paradiesisch, es war in Wirklichkeit zweifellos »widerlich, viehisch und kurz« (Hobbes); aber in der Erinnerung wird es der Menschenseele zum verlorenen Paradies! Wie außerordentlich nachdenkenswert!
Mir scheint, hier ist Toynbee einem psychologischen Gesetz auf die Spur gekommen, dessen geschichtliche Tragweite man gar nicht hoch genug einschätzen kann und das ich hiermit als Haffners Gesetz der Öffentlichkeit unterbreite: Der Mensch ist so beschaffen, daß er stets seiner Gegenwart instinktiv das Unange-

nehme, seiner Vergangenheit aber das Angenehme abgewinnt. Es gehört sehr viel Lebenstalent und Gefühlsklugheit und immer auch eine gewisse seelische Anstrengung dazu, in dem jeweils gegenwärtigen Zustand die gute Seite wahrzunehmen; aber derselbe Zustand, kaum Vergangenheit geworden, wird automatisch zur »guten alten Zeit« – und wiederum gehört eine gewisse seelische Anstrengung dazu, sich zu überreden, daß die alte Zeit durchaus nicht nur gut war. Anders ausgedrückt: Das Gegenwärtige ist immer überwiegend unbefriedigend, ärgerlich oder schmerzlich – und das Zukünftige unheimlich und angsterregend; aber das Vergangene ist schön – ach, so schön! So schön wird es nie wieder. Erinnerung verklärt.

Das ist natürlich ein Lebenstrost – wie übel wären wir dran ohne diese Gabe, das Unangenehme der Vergangenheit zu vergessen und das Angenehme zu erinnern und in der Erinnerung noch immer weiter zu vergolden! –, und es ist auch eine liebenswürdige Seite des Menschen, daß er diese Gabe hat. Aber als geschichtliches Wesen ist der Mensch durch diese trostreiche und liebenswürdige Eigenschaft eher benachteiligt, denn das Gesetz der Geschichte ist nun einmal Wandel, und das ewige Heimweh nach dem Vergangenen wirkt der Wandlungsbereitschaft und Wandlungsfähigkeit des Menschen – und der Menschheit – stark entgegen. Erinnerung und Gewohnheit schaffen ständig genau das, was der Marxist »falsches Bewußtsein« nennt; sie bewirken, daß der Mensch, von seinem gegenwärtigen Sein bedrückt, instinktiv immer lieber zurückstrebt in eine eingebildete goldene Vergangenheit als vorwärts in eine unbekannte, unbehagliche und angstmachende Zukunft. Deshalb haben auch kluge Revolutionäre ihr »Vorwärts« immer gern als ein »Zurück« verkleidet – »Zurück zur Natur«, »Zurück zum reinen Evangelium«.

Und damit denn also auch zurück zu Toynbee. »Die erste und bis jetzt auch größte technische und wirtschaftliche Revolution in der menschlichen Geschichte«, stellt er fest, »war vor 9000 Jahren die Erfindung des Ackerbaus und der gleichzeitigen Zähmung mehrerer Arten nichtmenschlicher Geschöpfe.« Die zweitgrößte ist 4000 Jahre jünger. »Im Unterlauf des Tigris und Euphrat, im südöstlichen Teil des heutigen Irak, trat vor 5000 Jahren eine Gesellschaft ins Leben, deren Landwirtschaft kräftig genug war, um eine nichtbäuerliche Minderheit mitzutragen, die frei war, ihre Arbeitszeit für Erfinden und Planen, für Herstellung und Verwaltung zu verwenden.« Und damit haben wir schon fast die ganze Zivilisation beisammen, an der sich bis vor knapp hundert Jahren kaum etwas geändert hat: Landwirtschaft als Normalbeschäftigung und Lebensgrundlage, ein bißchen Technik als schwacher Fortschrittsmotor, Verwaltung, Staatlichkeit und Kultur als Überbau. Dazu traten dann nur noch, seit ungefähr 2500 Jahren, die »Hochreligionen«, denen Toynbee (trotz ihrer häufigen Entartung zum organisierten Seelenzwang) eine zunächst befreiende Wirkung beimißt: Indem sie das menschliche Individuum in eine direkte Beziehung zur »letzten geistigen Wirklichkeit« setzten, befähigten sie es zu etwas vorher Undenkbarem: »Seiner Gesellschaft kritisch zu begegnen und im äußersten Fall . . . den Gehorsam zu verweigern« (»Man muß Gott mehr gehorchen als den Menschen«). Diese Aufwertung und Befreiung des Individuums durch Religion ist für Toynbee die Quelle der Freiheit in jeder anderen Sphäre. Freilich läßt er durchblicken, daß nach seiner Meinung von allen Hochreligionen nur der Buddhismus dieser ursprünglichen Befreiungsmission treu geblieben ist. Für den »monströsen christlichen Totalitarismus« findet er sehr harte Worte.

Nun aber wieder das Gesetz von der Herrschaft des Vergangenen über das Bewußtsein: Wenn selbst das über 9000 Jahre zurückliegende »Arkadien« der Urmenschheit im Seelenhaushalt des heutigen Stadt- und Industriemenschen immer noch als unterbewußtes »Heimweh« rumort – wieviel stärker bewußtseinsformend ist dann die Gewohnheit der letzten 9000 oder 5000 oder 2500 Jahre, dieser »guten alten Zeit«, die bis gestern volle Gegenwart war und in ihren Ausläufern ja immer noch in unsere Gegenwart hineinreicht! Alle unsere Einrichtungen, von Ehe und Familie und den dazugehörigen Tauf-, Hochzeits- und Begräbnisritualien bis zur Territorial- und Nationalstaatlichkeit und zur selbstverständlichen »Landesverteidigung« durch Krieg, alle unsere Gesetze, Bräuche und Moralvorstellungen stammen ja aus dieser Zeit, einer Zeit, in der Landbesitz und Landwirtschaft Lebensgrundlage, Naturerkenntnis und Naturbeherrschung eng begrenzt, ein Menschenleben kurz, Kinderreichtum erstrebenswert, Religion mächtig, Wissenschaft unbekannt, Industrie ein Abenteuer, Arbeitskraft billig und Krieg normal war. Und mit diesem

durch 9000 oder 5000 Jahre geformten Bewußtsein treiben wir nun reißend, fast ohne Zeit zur Besinnung, in eine Zukunft hinein, in der die ganze Erdoberfläche ein einziges Megalopolis sein wird, Landwirtschaft abgeschafft, Ernährungsgrundlage Industrie, Lebensbedingung Wissenschaft und Planung, Hauptgefahr Langeweile – und Krieg Menschheitsselbstmord! Fast nichts stimmt mehr, was wir aus dem vor-industriellen, vor-urbanen Menschheitszustand mitbekommen haben: Erfahrung trügt, das »alte Wahre« wird zur sentimentalen Lebenslüge, frühere Tugend wird Verbrechen, Gut und Böse wechseln die Plätze. Der ungleiche Wettlauf zwischen Sein und Bewußtsein, also zwischen Wandel und Gewohnheit, wird jetzt zum erstenmal in der Menschheitsgeschichte wahrhaft kritisch: Der Wandlungsfähigkeit des menschlichen Bewußtseins wird etwas nie Dagewesenes zugemutet, nämlich so etwas wie eine zweite, diesmal selbstgewollte Austreibung aus dem »Paradies« – dem subjektiven Paradies der Gewohnheit, des Hergebrachten und Altvertrauten. Natürlich bockt und rebelliert es dagegen, ja antwortet mit trotzigen Rückfällen in die Vorvergangenheit – die Nazi-Episode war solch ein Rückfall, und vielleicht nicht der letzte. Und doch: Wenn das nie Dagewesene, nie Geleistete nicht gelingt, droht diesmal die Selbstausrottung der Menschheit – sei es durch Atomkrieg, sei es durch Bevölkerungsexplosion und Hungerkatastrophe. (Übrigens erklärt diese Situation auch die zunehmende Isolierung und Verketzerung der Intellektuellen – also der Minderheit, die schneller reagiert als der Durchschnitt und sich damit sozusagen als fünfte Kolonne der ungeliebten Zukunft verdächtig macht. Es ist ein interessantes Zeitsymptom, daß die Intellektuellen niemals dringender gebraucht wurden als heute – und niemals verhaßter waren.)
In diesen Zusammenhang gehört nun Toynbees »Plädoyer für den Weltstaat«: Ohne einen Weltstaat zur Kriegsverhinderung und globalen Ernährungsplanung sieht er keine Rettung für die verstörte und gefährdete Menschheit. Er findet auch Vorstufen und Einübungen des Weltstaats in der Geschichte (allerdings nicht der westlichen) und sieht zwei Chancen für sein Zustandekommen in der nahen Zukunft: Zunächst, fast sofort, durch ein Weltkondominium Amerikas und Rußlands, das er trotz allem, was dagegen spricht, nicht ganz ausschließt; oder, wenn Amerika

und Rußland durch Festhalten an steriler Gegnerschaft »den großen Verzicht« leisten, etwas später durch China, auf das er in aller Gelassenheit sozusagen seine Hoffnung setzt: »Im Jahre 1840 war China schon 2061 Jahre das Reich der Mitte seiner eigenen ostasiatischen Welt gewesen; und in dieser Rolle hatte es seiner Welt Einheit und Frieden gegeben . . . Wenn ein Reich der Mitte nun gebraucht würde, . . . so wäre China das Land, das durch seine Geschichte dazu bestimmt wäre, diese Rolle des Welteinigers wieder einmal zu spielen, diesmal auf buchstäblich weltweiter Ebene.«

Ich habe schon angedeutet, daß mich Toynbees Plädoyer für den Weltstaat nicht überzeugt hat. Zugegeben, daß Amerika und Rußland heute zusammen noch über fast neunzig Prozent des militärischen Machtvolumens in der Welt verfügen und daß China vielleicht morgen oder übermorgen stärker werden könnte als beide zusammen: Es ist trotzdem, scheint mir, nicht darüber hinwegzukommen, daß die Errichtung eines russisch-amerikanischen Weltstaats heute oder eines chinesischen morgen nicht ohne einen vorangehenden Weltkrieg vorzustellen ist – und der wäre schon heute Weltselbstmord. Wenn man aber (wie anscheinend Toynbee) hofft, daß alle übrigen Staaten sich einem amerikanisch-russischen oder einem chinesischen Weltstaat ohne Krieg freiwillig ein- und unterordnen würden – warum sollten sie dann nicht auch ohne Weltstaat das notwendige Minimum an Vernunft und Zusammenarbeit aufbringen, das dazugehört, den Weltuntergang zu vermeiden? Das Opfer schiene mir geringer und die Hoffnung darauf daher realistischer.

Es gibt auch andere Stellen in Toynbees reichem und dichtem Buch, bei denen ich Fragezeichen an den Rand gemalt habe. Aber darauf kommt es gar nicht an. Dies ist kein Thesenbuch, kein Buch der Art, das seinen Wert verliert, wenn man nicht zustimmen kann. Es ist ein horizontweitendes Buch. Es führt den Leser auf ungewöhnliche Gedankenwege und bringt ihn selber auf ungewohnte Gedanken. Junge Linke werden vielleicht enttäuscht sein, daß die ihnen vertrauten Begriffe und Probleme so gar nicht – oder auf so merkwürdig schräge Weise – darin vorkommen; vielleicht tröstet es sie ein wenig, daß die Begriffe und Lieblingsprobleme der alten Rechten ebenso souverän ignoriert werden.

Dies ist ein Alterswerk; mehrfach bei der Lektüre sind mir unwillkürlich wie Melodiefetzen ein paar Versfragmente des alten Goethe in den Kopf gekommen:

»... hab ich mich für frei erkläret
Von den Narren, von den Weisen ...«

Es gibt eine Art unbekümmerter Altersfreiheit, die keine Rücksichten mehr zu nehmen braucht, und die in aller Ruhe und Würde radikaler, unabhängiger, ausschweifender zu denken wagt als die engagierte Jugend. Toynbee, ein großer alter Gelehrter, der »Doktor Allwissend« der dreißiger und vierziger Jahre, hat sich in diesem schmalen Spätwerk, das er seinem historischen Riesenœuvre nachschickte, eine solche Freiheit genommen. Es lohnt sich, seinem freien und weiten Gedankenflug zu folgen. Auch wenn man nicht immer zustimmt: Man wird klüger dabei.

Arnold J. Toynbee
Menschheit – woher und wohin?
Plädoyer für den Weltstaat
Kohlhammer Verlag, Stuttgart

Nachbemerkung

Den in diesem Band gesammelten 36 Essays liegen Buchkolumnen zugrunde, die ich in den Jahren 1963 bis 1971 für die damals von Klaus Rainer Röhl geleitete Zeitschrift »konkret« geschrieben habe. Was in ihnen reine Buchrezension war, habe ich stark gekürzt oder ganz weggelassen. Weggelassen habe ich auch einige polemische Spitzen oder Anspielungen, die ihre Aktualität inzwischen eingebüßt haben. Umgekehrt habe ich mir in einigen Fällen, in denen die Entwicklung die faktische Illustration zu meinen damaligen Gedankengängen sozusagen nachgeliefert hat, erlaubt, einen Hinweis darauf – meist nur in einem Satz oder Halbsatz – einzuflechten. An der gedanklichen Substanz meiner damaligen Artikel habe ich nichts geändert.

Berlin, November 1981 S. H.